RITA RE

Lady Ja

Rita Reys
Lady Jazz

Rita Reys en Bert Vuijsje

Discografie: Henk Zwartenkot

2004
THOMAS RAP AMSTERDAM

Rita Reys: Lady Jazz werd in het najaar van 2004, in opdracht van Uitgeverij Thomas Rap te Amsterdam, gedrukt bij drukkerij Hooiberg te Epe. Het omslag werd ontworpen door Volken Beck, de typografie van het binnenwerk werd verzorgd door Peter Verwey Grafische Produkties.

Foto's omslag: Paul Huf / Maria Austria Instituut (voorzijde) en Patricia Steur (achterzijde)

Discografie: Henk Zwartenkot

Deze uitgave kwam mede tot stand met steun van Het Fonds voor Bijzondere Journalistieke Projecten.

ISBN 90 6005 531 4
NUR 661

Inhoud

Intro

Het debuut

In het zesde nummer, de Rodgers & Hart-song *Where or When*, voltrekt zich het wonder. Half fluisterend zingt ze de tekst, betovering daalt neer op het publiek. Ze rekt sommige woorden uit, krimpt andere in, heerst met superieur gemak over het metrum. *It seems we stood and talked like this before* – en ze loopt onder het zingen flirterig eerst op de saxofonist en dan op de gitarist af. *We looked at each other in the same way then, but I can't remember where or when* – ook in een tempo halverwege *medium slow* en *slow* blijft haar ritmische raffinement adembenemend.

Het liedje dateert uit 1937, vierduizend zangeressen hebben het veertigduizend keer eerder gezongen. Zij laat het klinken alsof het gisteren voor haar werd geschreven. Na haar laatste halve chorus barst een ovatie los en ze kijkt glunderend de zaal in. 'Wat zijn jullie allemaal lief, wat zijn jullie een heerlijk publiek. Ik moet vaker in Amsterdam komen.'

Het is 25 juni 2004. Rita Reys is 79 jaar en zes maanden oud en ze debuteert vanavond in het Bimhuis. Dertig jaar lang, vanaf de opening in 1974, hebben Rita Reys en het Bimhuis elkaar gemeden. Voor het Amsterdamse heiligdom van de jazz en geïmproviseerde muziek symboliseerde zij TROS en *Telegraaf*. Voor *Europe's First Lady of Jazz* was het Bimhuis een verwerpelijk broeinest van gesubsidieerd gepiep.

Vooraf, onderweg naar Amsterdam, is Rita Reys behoorlijk

gespannen – net als de muzikanten, zegt ze. 'Leuk dat de jongens ook een beetje nerveus zijn voor deze avond. Ze willen nog van tevoren repeteren.' Als ze om zes uur het podium van het Bimhuis betreedt, zijn haar musici al aan het spelen: saxofonist Ferdinand Povel (1947), pianist Peter Beets (1971), bassist Ruud Jacobs (1938), drummer Joost Patocka (1969) en, vanavond voor het eerst bij de groep, gitarist Martijn van Iterson (1970). Ze neemt snel wat stukken door die ze later zal vertolken (*I Thought About You*, *The Song Is You*, *The Man I Love*, *Where or When*) en ze klaagt gewoontegetrouw over de belichting en het geluid. 'Het is een beetje scherp, niet zo mooi.'

Ferdinand Povel loopt de lege zaal in om nauwkeurig te kunnen luisteren en haar gerust te stellen: 'Het klinkt hier goed hoor, helemaal niet scherp.' Ook Ruud Jacobs zegt even later: 'Het klinkt heerlijk hier.' Maar Rita Reys is niet overtuigd. 'Ik vind het niet zo lekker, ik controleer het niet. Ik hoor mijn stem niet, de nuances kan ik niet horen.'

Peter Beets wil graag *Have You Met Miss Jones?* doornemen. Rita Reys zingt het grotendeels naar de band toe, met kokette gebaartjes, om het gemeenschapsgevoel op te bouwen. Als de pianist wil doorgaan, zegt ze: 'Je kent toch alle stukken, schatje-batje, dan hoeven we toch niet te repeteren? Maar goed, dan doen we nog maar even *Love for Sale*.' Ze trekt haar pastelgroene jasje uit en hangt het over haar arm.

'Is er wel een kleedkamer in het Bimhuis, met een spiegel?' heeft ze een paar dagen eerder gevraagd. Dat blijkt gelukkig het geval, zodat ze de modieuze outfit die ze voor het concert heeft uitgekozen in alle rust kan aantrekken: een antracietkleurig broekpak boven chique zwarte naaldhakpumps.

In haar eerste set vertolkt ze na de triomf van *Where or When* nog *Love for Sale* en *Watch What Happens*, waarin ze vergenoegd met de band staat mee te swingen. Dan is het, na een nieuwe ovatie, pauze.

In de kleedkamer heerst de sfeer van een kwajongensclub, en Rita Reys is onmiskenbaar *one of the guys*. Drie van de vijf muzikanten zouden haar kleinzoons kunnen zijn, maar ze lacht hartelijk mee om de seksgrappen die over en weer vliegen. De musici bejegenen haar met ontspannen collegialiteit, gepaard aan ontzag voor haar muzikale vakmanschap. 'Rita heeft een paar oren: die hoort echt álles,' heeft Joost Patocka bij een eerdere gelegenheid gezegd.

Voor de pauze heeft ze acht songs vertolkt, na de pauze zingt ze er nog negen, van een medium snel *Just One of Those Things* tot de uitsmijter *Fly Me to the Moon.* Gejuich volgt op ovatie, Rita Reys voelt zich nu helemaal thuis en ze spreekt het publiek steeds vertrouwelijker toe. 'Het is heerlijk om zo te musiceren, maar dat kan alleen maar met allemaal van die lekkere jonge knulletjes achter me. Lekker hoor, als je zo oud bent als ik.'

'Bent niet oud!' roept een stem uit het publiek.

'Ik flirt ook vreselijk met ze,' vervolgt Rita Reys. 'Dan worden ze helemaal gek. Van: mens, hou nou eens even op.'

Om halftwaalf eindigt het concert met een staande ovatie. De musici verlaten het podium, na drie minuten komt Rita Reys nog even in haar eentje terug om het applaus nogmaals in te drinken. Onderweg naar huis, haar bungalow aan het water in Tienhoven bij Maarssen, kijkt ze met tevredenheid terug op de avond. 'We hebben lekker geswingd, en daar gaat het toch maar om.'

Na dertig jaar hebben de grootste Nederlandse jazz-zangeres

en het belangrijkste Nederlandse jazzpodium elkaar eindelijk gevonden.

Rita Reys:

Ik wilde een keer in het Concertgebouw *Misty* inzetten, toen de microfoon plotseling uitviel. Ik dacht: Jezus, wat gebeurt er nou. Maar ja, je kunt niet stoppen. Ik had mazzel, want de dag daarvoor was er een modeshow geweest, dus er liep een plankier een heel eind de zaal in. Ik keek Pim even aan, zo van: doorgaan. En ik ben heel gracieus zonder microfoon dat plankier opgelopen, ik ben op het puntje gaan staan en ik heb *Misty* gezongen. Het was zo mooi en zo intiem dat het publiek niet wist wat ze meemaakten.

Dat zijn de mooie momenten, dat je tegelijkertijd jezelf inspireert en het publiek boeit. Dat komt van twee kanten. Je kijkt de zaal in en je zoekt iemand waarvan je denkt: hé, die is helemaal op mij afgestemd, die zit zo intens naar me te luisteren, die geniet van alles wat ik zing en wat ik doe, die gaat in trance voor mij. Daar ga je dan min of meer tegenaan zingen, daar werk je op en daardoor kom je vaak tot grote prestaties.

Je moet er wel heel voorzichtig mee zijn. Zo'n man – want het is meestal een man – heeft een vrouw bij zich, en vrouwen zijn nu eenmaal niet zo blij als hun man in aanbidding zit voor een vrouw die op de bühne staat, die er beeldig uitziet en die nog verschrikkelijk mooi zingt ook. Het is oppassen gewoon, dat is niet anders.

Sjansen kun je het niet noemen, het is het werk dat je aan het doen bent. Want je bent niet aan het sjansen, je bent aan het zingen en musiceren. Maar onderwijl kijk je iemand aan die je aan het begeleiden is, en je lacht en je kijkt en je doet je ogen dicht, en hij of zij net zo – maar dat betekent niks, het is gewoon genieten van wat je op dat moment doet. Het is natuurlijk vervoering en het is een soort erotische samenwerking.

Het is ook moeilijk. Muzikantenhuwelijken gaan vaak kapot uit pure jaloezie, want die jongens flirten naar de wijfjes die in de zaal zitten, maar ze flirten net zo hard tegen mij. En ja, dan ontstaat er op de bühne een geladen sfeer waardoor de muzikantenvrouwen denken dat we wat met mekaar hebben – wat dan dus niet zo is, maar zo wordt het beleefd. Natuurlijk, er blijft iets erotisch in zitten, maar het is puur muzikaal. Je gaat zo in elkaar op dat het voor die vrouwen geen doen is om ernaar te kijken. Dat kan ik me best voorstellen, maar dat hoort nou eenmaal bij het vak.

Tegenwoordig werk ik met muzikanten die mijn kleinkinderen zouden kunnen zijn, maar daar heb ik maling aan. Ik doe het nog steeds en dan lachen ze zo'n beetje verlegen. Ik ben natuurlijk geen jong mens en je kunt moeilijk van zo'n jongen verwachten dat hij dezelfde uitstraling heeft die ik op hem heb. Maar het is niet de bedoeling dat hij er een geintje van maakt en hard gaat lachen. Je moet dat heel intensief en heel romantisch kunnen blowen. Als ik met Peter Beets speel, sta ik altijd tegen zijn rug te kijken, en als ik klaar ben met zingen, streel ik hem zo even over zijn haar. In het begin zei hij dan: 'Hé, ik heb net mijn haar met gel gedaan.' Maar tegenwoordig speelt hij het lief mee, dat heb ik hem wel bijgebracht. En het publiek vreet ons op, want die vinden het prachtig.

Het is ook handig als ik een muzikant op het podium iets duidelijk wil maken, als ik bijvoorbeeld vind dat de pianist te veel tekeergaat. Dan ga ik over zijn kruintje, kielekielekiele, of ik kriebel hem in zijn nek, en ik zeg: ‘Hou je een heel klein beetje in, hè.’ Dan lacht het publiek zich kapot, want die horen het niet, maar ze zien wel dat ik hem op z’n bol kriebel.

♪

Begeleiden is een vak apart. Natuurlijk, er zijn honderdduizend goede pianisten, maar dat zijn over het algemeen allemaal solisten. Alleen, als ik sta te zingen en ik probeer mijn publiek een beetje te boeien en te entertainen, dan ben ík de solist. En al is de pianist nog zo goed, hij is toch begeleider. Dat vergeten een heleboel pianisten vaak. Omdat ze zo goed zijn, willen ze alles wat ze hebben ook constant te berde brengen. Ze moeten gewoon leren dat wanneer een zangeres bezig is, ze zich een beetje moeten inhouden. De ideale pianist gaat in zijn solo’s tekeer als een wilde en trekt alle registers open om zo mooi mogelijk en zo goed mogelijk te spelen. Maar zodra de zangeres zingt, moet hij zichzelf wegcijferen en het fijn en bescheiden en beschaafd aanpakken. Maar dat doen ze bijna geen van allen hoor.

Peter Beets heb ik tot op zekere hoogte ook moeten opvoeden, omdat hij net als alle grote pianisten vreselijk tekeer kan gaan, en dat stoort. Toen heb ik eens rustig met hem gepraat en gezegd: ‘Joh, luister, zo en zo moet je dat doen, want anders wordt het te druk. Ik raak van de kaart en dat kan niet. In je solo’s mag je alles, voor mijn part neem je tien chorussen en dan kun je net zo gek doen als je wilt. Maar zodra ik ga zingen en jij gaat begeleiden, hou het dan een beetje rustig.’

Dat heb ik met zoveel pianisten moeten doen, vroeger ook

met Lex Jasper, die vijf jaar met mij heeft samengewerkt, tot hij een aanrijding kreeg en door een whiplash is uitgeschakeld. Hij was wel een van de weinigen die het konden opbrengen om echt begeleider te spelen. Lex is natuurlijk ook veel ouder dan Peter, midden vijftig, dus hij is van een heel andere generatie dan de jonge muzikanten van nu.

Pim was de mooiste begeleider die ik ooit heb gehad. Niet omdat het mijn man was en ik zielsveel van hem hield. Hij was gewoon de beste begeleider. Vergeleken met anderen was hij nauurlijk niet zo'n groot pianist – hoewel hij een heerlijk chorus kon spelen als hij de *hu* had, zoals we dat noemden. Dan ging hij fantastisch loos. Hij had iets heel ontwapenends en hij kon zulke prachtige chorussen spelen. Als ik die conservatoriummuzikanten van nu hoor, denk ik wel eens: dat is allemaal goed wat jullie doen, verschrikkelijk technisch, en het kan allemaal best knap zijn en een enorme studie vergen en noem maar op, maar het doet me helemaal niks, ik word er niet koud of warm van.

Van huis uit was Pim heel bescheiden, dus hij was in zijn spel ook bescheiden. Dat heeft hij eigenlijk altijd gehad: het hele simpele begeleiden, maar wel de goede harmonieën. Hoewel we daar vaak over hebben geredetwist. Songcomponisten schrijven vaak zulke pepermuntakkoorden, dat is verschrikkelijk. Dan gingen we samen aan de slag om de mooie harmonieën te vinden. Dan zei hij: 'Ja, hoe wil je het dán hebben.' Dan zei ik: 'Weet ik niet, ik kan het niet zeggen, laten we het maar proberen.' En dan gingen we het uitproberen, net zo lang tot het in mijn oren goed klonk. En dan bleef het zo.

Pim en ik flirtten op het podium ook vaak met elkaar. Maar

als ik tegen iemand anders zo deed, begreep Pim dat goed. Natuurlijk, dat is toch zijn vak. 'Kleine, kleine, kleine,' zei hij dan, 'kleine, kleine, wat ging je weer tekeer vanavond.' En dan was het lachen.

♪

Met het klimmen der jaren zal je stem natuurlijk slijten. Die is al gesleten, dus het eist nu veel meer concentratie. Maar dat is juist wel fijn, want ik hou van uitdagingen. Dat vind ik heerlijk.

En het belangrijkste is: je *timing* blijft. Dat gaat nooit over, dat heb je van binnenuit. Dus die slijtage aan je stem doet niks ter zake. Als ik de bühne opga, geef ik in de snelle stukken alles wat ik heb, en ik kan ook nog steeds een prachtige ballad zingen. Daar is die stem nog goed genoeg voor.

Hoofdstuk 1

Tussen Crooswijk en Kralingen

Het is even zoeken, want we worden gehinderd door het moderne eenrichtingsverkeer en diverse opgebroken straten, maar uiteindelijk weet ze feilloos de weg naar de Paradijslaan te vinden. 'Zie je wel,' zegt Rita Reys, 'ik had gelijk, het is een hele brede straat met bomen.' Het moet bijna zeventig jaar geleden zijn dat ze de Rotterdamse straat van haar jeugd voor het laatst bezocht. Crooswijk was in 1924 een rechtgeaarde arbeidersbuurt, tegenwoordig wonen er voornamelijk allochtone gezinnen.

'57A, deze deur is het,' zegt Rita Reys. 'Boven ons op 57B woonde Valkhoff, je weet wel, Japie Valkhoff, de componist van *Diep in mijn hart*.' Ze zingt het wijsje voor. Het naambordje op de deur van 57A zegt 'K.L. Thomas', maar op ons bellen krijgen we geen gehoor.

Een vriendelijke jonge voorbijgangster vertelt dat het hele blok over anderhalf jaar wordt gesloopt. In Crooswijk verdwijnen in een tijdsbestek van vijftien jaar twintigduizend goedkope woningen en er komen 4500 dure appartementen voor terug. Onze informante verwijst ons naar de snackbar een blok verder op de hoek. 'Die zit er al 28 jaar, misschien weten ze daar meer.'

Zodra Rita Reys binnenkomt, roept het echtpaar achter de toonbank in oer-Rotterdams: 'Hé, bent u weer teruggekomen?'

Ze kennen haar?

'Nee, maar ik zie het gelijk,' antwoordt de vrouw.

Weten ze ook dat Rita Reys hier is opgegroeid?

'Ja, dat hebben we gelezen in een blad of zo,' zegt de man.

'Wie hoorden we nou laatst zingen die hier ook vandaan komt?' vraagt de vrouw.

'Joke Bruijs,' zegt haar man.

'Toen zei ik: nou, geef mij Rita Reys maar,' besluit de vrouw.

Met een vergulde glimlach neemt Rita Reys afscheid van het echtpaar. Aan de overkant lopen we de Couwaelstraat in, waar ze op school heeft gezeten. De niet erg fraaie nieuwbouw brengt haar even in verwarring. Dan vindt ze toch de poort naar het schoolterrein. Het gebouw van haar lagere school is nu onderdeel van het ROC Rotterdam, maar ze herkent het onmiddellijk. Een tweede poort komt uit op de Rusthoflaan, die ons terugvoert naar de Paradijslaan. 'Hé kijk,' zegt Rita Reys, 'het café op de hoek is er nog altijd. Daar moest ik van mijn moeder soms mijn vader gaan halen.'

Na een nieuwe doolrit langs opgebroken straten bereiken we de Sophiakade, hemelsbreed maar een paar honderd meter van de Paradijslaan. 'Ik zei het toch: je hoeft alleen de brug over en dan loop je Kralingen in,' zegt Rita Reys. 'Crooswijk was voor mijn moeder niet mooi genoeg, daar wilde ze niet meer wonen. Ze zei: ik wil de kinderen in Kralingen grootbrengen. En toen zijn we hierheen verhuisd.'

We zoeken Sophiakade 19A, haar vroegere adres, maar het oude huizenblok houdt precies voor dat huisnummer op. Dan volgt er een tien meter breed gat met een doorgang voor voetgangers en fietsers, en daarna begint de onappetijtelijke grauwgrijze nieuwbouw.

'Het huis is weg,' zegt Rita Reys. 'Hier stond het, het kan niet anders. Ik woonde op nummer 19 in het benedenhuis. Mijn moeder wilde alleen maar beneden, met al die kleine kindjes. Zie je hoe leuk het hier was, met dat uitzicht over het water? Zo wilde mijn moeder ons grootbrengen.'

Even later rijden we langs de herenhuizen van de Kralingseplaslaan. Rita Reys vertelt hoe ze daar als meisje van twaalf met haar moeder 's avonds wel eens wandelde. 'Dan keken we naar die mooie huizen waar overal het licht aan was en je zag van die prachtige oude kasten waar allemaal antieke borden op stonden. En dan zei ik: o moe, kijk toch eens hoe mooi, als ik groot ben wil ik dat ook. Dan zei zij: nou lieverd, als je hard werkt heb je best kans dat je dat bereikt in je leven.'

Rita Reys:

Mijn moeder zei altijd: jij bent zingend geboren. Want ik zat in de kinderstoel al heel hard te zingen. In de klas kon ik ook altijd het mooiste zingen. Toen ik van de lagere school af ging, moest ik samen met een jongen die ook heel goed zong *Het zonnetje gaat van ons scheiden* zingen. Jo van Dijk heette hij, en hij had een hele grote adamsappel die dan zo omhoog ging, ik zal het nooit vergeten. Ik was zo zenuwachtig dat mijn onderlip trilde, dus dat klonk als vibrato. Toen zeiden ze: die meid moet zangeres worden. Maar dat was niet mijn vibrato, dat was de angst van het zingen.

Mijn vader was muzikant. Hij speelde viool en zijn bij-instrumenten waren klarinet en saxofoon. Mijn moeder was danseres in Henri ter Hall's Revue geweest, maar eigenlijk was ze muzikaler dan mijn vader. Ze had een paar oren aan haar hoofd, dat was fantastisch. Mijn gouden oortjes heb ik van haar. Als mijn vader op zijn viool aan het studeren was, liep ze naar hem toe en zei ze: 'Hé Karel, dat is helemaal verkeerd wat je daar speelt, die noot is niet goed, jongen.' Dan werd hij wel nijdig, maar hij ging het toch studeren tot hij het eindelijk goed deed.

Ik wilde eigenlijk operettezangeres worden. Dat kwam van mijn moeder, want die was gek op het licht-klassieke genre: Tsjaikovski en Chopin en Debussy. Mijn vader vond het ook prachtig, maar mijn moeder zwijmelde daarbij. Mijn moeder kon ook ontzettend goed zingen, gekke liedjes zoals *De kleine Pierrette en de kleine Pierrot* en *'t Broekie van Jantje*. Ik ken het nog altijd:

Er was eens een haveloos ventje,
die vroeg an z'n moeder een broek.
Maar moeder verdiende geen centje,
en vader was wekenlang zoek.
Ach, moedertje, geef me geen standje,
er zit in m'n broekie een scheur.
En de jongens op school roepen: Jantje
jouw billen die zien we d'r deur.

Heel sierlijk was mijn moeder, echt een plaatje om te zien. Ze danste ook met ons, dan liep ze zo door het huis en maakte van die gracieuze gebaren met haar handjes. Ze was chorusmeisje bij de revue geweest, geen ster, en ze trouwde heel jong, met 21. Ze was heel mooi, heel koket, maar ze zat al zo jong in de kleine kindjes dat er van haar eigen leven eigenlijk niks meer kwam. Ze was niet erg ontwikkeld, dus ze had ook niet de *guts* om er echt iets van te maken – geen geld in de allereerste plaats. Maar het was wel een hele zorgzame moeder. Ze liep bijvoorbeeld alle markten af en kocht dan tweedehands kousen voor ons, van die prachtige dunne kousen van bembergzijde. Dan stak ze haar hand erin en dan zei die vent: 'Drie paar voor vijf cent.' 'Nee hoor, ik geef je maar tweeënhalve cent.' Zo was mijn moeder.

Achteraf vind ik het zo zielig, dan denk ik: wat heeft dat mens hard gewerkt, en ze zag er zo schattig uit, ze had toch ook veel talent, dan is het eigenlijk zonde dat ze aan een muzikant blijft hangen die haar gelijk zoveel kindertjes geeft. Mijn moeder was van 1898 en heette voluit Adriana Helena. We noemden haar Jeanne. Ze kwam uit een heel goede familie. Haar vader, opa Simon Termijn, was antiquair en had daarnaast een groot autobedrijf in Rotterdam, Garage Termijn. Ze is 75 geworden, en ik heb het altijd jammer gevonden dat ze de tijd van mijn echt grote successen niet heeft meegemaakt.

Mijn vader was in 1896 in Zwolle geboren, maar werd al heel jong wees en groeide op in Den Haag. Adrianus Jacobus Karel Reijs was zijn volle naam, hij noemde zich Karel. Hij ging viool studeren, nam er later klarinet en saxofoon bij, en ging in allerlei orkestjes spelen, alle mogelijke schnabbeltjes als *Stehgeiger* of zo. *Wien, Wien, nur du allein*, dat soort repertoire.

Hij was een hele goeie violist. Arena was een grote bioscoop in Rotterdam en voordat de film begon speelde het orkest beneden in de pit, en daar stond mijn vader met dat lange lijf dan voor met zijn viool. Hij was een echte ouwe socialist, een rooie rakker, dus hij keek tegen niks en niemand op. Dat heeft hij ons ook geleerd.

Hij was een doener, hij kon alles met z'n handen, hij zaagde en hij repareerde alles in huis. Alleen kreeg hij op een gegeven moment een staalsplinter in zijn duim. Dat was verschrikkelijk, daardoor kreeg hij fijt aan zijn duim, een soort botontsteking.

Dat was zo'n tien jaar voor zijn dood. Toen kon hij zijn strijkstok wel aan de wilgen hangen, hij kon niet meer spelen. Daarna is hij vertegenwoordiger van een uitgever geworden, ging hij alle winkels af om boeken te verkopen. Hij was ook een echte boekenfreak. In 1964 is hij gestorven, op zijn 68ste.

Of het nou echt een goed huwelijk is geweest, betwijfel ik. Mijn vader was als muzikant altijd weg en hij was een leuke man om te zien, een knappe vent. Hij zal heus wel eens een slipper hebben gemaakt, want hij hield erg van de liefde. Niet dat hij ons dat ooit heeft verteld, maar dat neem ik wel aan, want anders maak je niet zoveel kinderen. We waren niet katholiek.

Mijn moeder voelde dat er wel eens wat gebeurde als hij zo lang van huis was. Er waren natuurlijk een hoop vrouwen bij, allerlei vrouwelijke acts. Carla met de sprekende poppen kan ik me nog goed herinneren. Carla was een mooie meid en daar vertelde hij dan over, hoe leuk dat was geweest. Mijn moeder kreeg een beetje achterdocht en ging in zijn agendaatjes zoeken en ja hoor, daar vond ze inderdaad afspraakjes.

Ze hebben wel eens bonje gehad. Dan liep ze weer te janken. Wat ze allemaal zei, weet ik niet. Dat drong niet echt tot ons door. Wij waren ook maar kinderen, wisten wij veel.

♪

We waren met tien kinderen. Oorspronkelijk twaalf, maar twee zijn doodgeboren, dus mijn ouders moesten er tien grootbrengen. Simon is de oudste, die leeft nog. Hij werkte in Rotterdam in de dierentuin en hij is nu 83. De tweede was Riny, die is ook zangeres geweest. Ze heeft heel lang met het orkest van John

Kristel gewerkt en ze was getrouwd met arrangeur Tom Dissevelt. Ze is in februari 2003 overleden. Ik werd als derde kind geboren, op 21 december 1924, en ik kreeg de voornamen Maria Everdina, naar mijn overleden grootmoeder van moederskant.

De vierde was Karel, die precies zoals mijn vader heet en die ook muzikant is geworden, altsaxofonist. Daarna kwamen Jeanne en Anna – die is ook overleden – en toen Elly. Die werd, net als Riny en ik, zangeres. Elly was eerst een tijdje getrouwd met onze latere gitarist Wim Overgaauw; later heeft ze een Amerikaan ontmoet met wie ze naar de States is gegaan. Ze woont nu in South Dakota. Dat huwelijk duurt al 42 jaar en het gaat fantastisch met haar; ze heeft vijf kleinkindertjes.

Na Elly zijn nog drie knullen geboren, Ko, Tom en Rudy, maar eerlijk gezegd ben ik de familiedraad een beetje kwijtgeraakt. Op verjaardagen en met kerst sturen we elkaar een kaartje, maar verder zie ik ze nooit. Alleen met Riny had ik veel contact, maar die was ook met een muzikant getrouwd, dus dat ging veel lekkerder. En ik schrijf erg vaak met Elly in Amerika.

De familieband was bij ons nooit zo sterk. We zijn gewoon zo opgevoed, dat zal de tijd ook wel hebben meegebracht. We waren natuurlijk arm, het was een groot gezin en er was geen tijd voor de kinderen. Daardoor hebben we ook niet geleerd echt van elkaar te houden, want ik denk dat het zoiets moet zijn. Knuffelen of zo, dat was er helemaal niet bij.

We woonden in de Paradijslaan in Crooswijk. Een klein rijtjeshuis, vier kamertjes achter mekaar. Aan de straatkant had je wat mijn moeder de voorkamer noemde. Daar mochten wij als kinderen niet komen, want daar studeerde mijn vader altijd. De muziek stond op de lessenaar en zijn viool hing daar. Aan de kant van de tuin was de huiskamer. Dan had je de slaapkamer waar mijn ouders sliepen, en grenzend aan de huiskamer het slaapkamertje van de kinderen.

We sliepen met z'n allen in één tweepersoonsbed, met z'n vieren of vijven, en dan hadden we een hele grote herdershond, die sliep er ook vaak nog bij. Dat vonden we heerlijk, we wisten toch niet beter. Lekker warm tegen elkaar aan. Gelukkig waren we allemaal vroeg zindelijk, we waren geen piskousen. Het zou vreselijk zijn geweest als je met je billen tegen een kind aan had moeten liggen dat nat is of zo.

Op zaterdagavond gingen we met z'n allen in de teil, de grootste wasteil die er te koop was. In de winter zette mijn moeder de teil voor de potkachel, omdat het in de rest van het huis natuurlijk te koud was, en daar werd dan een emmer heet water in gegooid. Eerst gingen de kleintjes, dan de groten, en als de groten kwamen werd er nog wat extra heet water bij gegooid. Een paar huizen verderop woonde de waterstoker, en dan zei mijn moeder: 'Haal effe een emmer heet water.' Want dat hadden wij niet in huis. Dus dan haalden we een emmer heet water, dat ging erbij, en dan had je toch het gevoel dat je een lekker schoon bad had. Dat gebeurde maar één keer in de week, maar goed, het werd gedaan.

We hadden wel een grote volkstuin aan de Rotte. Dat was hartstikke leuk. Daar sliepen we allemaal in een grote schuur die mijn vader zelf had gebouwd. Hij maakte voor ons ook een kano van allerlei onderdelen van ouwe boten die daar lagen. Daar speelden we mee op het water en dan gingen we kikkervisjes vangen. Pa leerde ons hoe je kikkervisjes in leven kon houden. Wij dachten dat je die gewoon in een emmer water kon stoppen, maar dat is niet zo. Je moet kikkervisjes laten zwemmen in water uit de plas waar je ze gevangen hebt, met kroos. Dan zagen we ze groeien en als ze groot waren, mochten we ze van ons vader weer loslaten.

Mijn vader was dus een echte *family man*. Hij wist donders goed dat hij die kinderen had gemaakt en dat hij daarvoor hoorde te zorgen. Maar tegelijk was hij soms ook een flierefluiter. Als hij lekker had verdiend ging hij naar Leeflang, de kroeg op de hoek van de Paradijslaan, en dan moest ik hem gaan halen. Dan kwam ik zeggen: 'Pa, je moet naar huis, moeder heeft de aardappelen gaar, als je niet meekomt verpietert het allemaal.' En hij tegen zijn kroegmaatjes: 'Nou ik moet gaan, maar neem nog even een slokkie van mij.' Zo ging dat, dat was mijn vader. Daar was mijn moeder natuurlijk doodsbang voor, want dat geld konden we zelf wel gebruiken.

♪

Toen ik elf was, zijn we verhuisd naar de Sophiakade in Kralingen. Mijn moeder wilde haar kinderen niet in Crooswijk grootbrengen, zoals mijn vader misschien wilde. Ze had het een beetje hoog in haar hoofd, ze kwam ook niet uit een arm gezin, en ze vond dat we in Crooswijk tussen een verkeerd soort mensen woonden. Dus toen zijn we gewoon de brug overgegaan naar de Sophiakade. Dat was dan net op de grens van Kralingen en Crooswijk, maar het was wel veel mooier natuurlijk.

Op de Sophiakade was de huur maar één gulden meer in de week dan in de Paradijslaan. Toch herinner ik me dat mijn vader daar heel verontwaardigd over was: 'Dat kunnen we nooit betalen!' Maar mijn moeder was vastbesloten dat haar kinderen in een betere buurt moesten opgroeien. Het was net als in de Paradijslaan: een rijtjeshuis, maar groter, met een extra kamer. Dus kregen de meisjes een kamer en de jongens een kamer. In de gang was nog een grote bedstee en in de huiskamer ook, dus we hadden veel meer ruimte.

In onze kamer stonden twee opklapbedden. Riny sliep in het ene bed en in het andere sliep ik met Jeanne, want die was toen ook al geboren. We hadden geen warm water, maar er was al wel een wastafel, zodat we ons lekker konden wassen en tandjes poetsen. Dat was voor ons een geweldige luxe.

Ik ging naar school in de Couwaelstraat, een zijstraat van de Paradijslaan, en dat was handig. Toen we verhuisden, kon ik op dezelfde lagere school blijven. Ik hoefde alleen maar de brug over van Kralingen naar Crooswijk. Meneer De Heer was mijn onderwijzer en dat was een fantastische man. Die had zo'n gevoel voor armere kinderen, waarvan ik er natuurlijk één was, en die gaf ons extra lessen in biologie en scheikunde. Dan zei hij: 'Dit is kwik en als je daar een gouden ringetje in gooit, dan lost dat helemaal op.' Dat legde die man ons allemaal uit.

Ik was redelijk goed op school, een kleine bijdehante sodemieter, ik ben nooit blijven zitten. Meneer De Heer adviseerde dat ik naar de mulo zou gaan en dat is ook gebeurd. Het ging heel goed op de mulo, ik heb er in elk geval een ondergrond van de Engelse taal en de Duitse taal gekregen. Maar ik heb er nog niet eens een jaar op gezeten. Omdat er geen geld was moest ik eraf. Dat was nou eenmaal niet anders, het was een groot gezin en ze wilden allemaal graag wat leren, maar dat kon gewoon niet. Toen moest ik in de huishouding bij mijn moeder werken, omdat er inmiddels zoveel kleine kinderen waren.

Als dertienjarige stond ik achter de waskuip de grote was te boenen, zonder wasmachine. Dan lag mijn moeder weer een keer in bed, had ze weer een kind gebaard. Ik was nog zo klein dat de buren boven wel eens zeiden: 'Jezus, mensen toch, je kan zo'n kind toch niet zo hard laten werken.' Riny ook, Rien en ik hebben keihard gewerkt. Elke dag moesten we de loper opnemen en over de waslijn uitkloppen. Want we hadden een grote hond en er gingen twaalf paar benen overheen, met de ouders mee, dus dat werd verschrikkelijk stoffig en vies.

Toen ik veertien werd, was ik oud genoeg om te gaan werken. Ik werd hulp in de huishouding voor halve dagen bij de familie Van Manen, voor een rijksdaalder in de week die ik natuurlijk aan mijn moeder moest afdragen. Die man was advocaat in Rotterdam en ze hadden twee kleine kindertjes, dus daar moest ik voor zorgen. Maar ze hadden ook nog een oude opa in huis. Die zat altijd boven op zijn kamertje en die moest ik zijn eten brengen. Ik was natuurlijk nog een kind, heel tenger en mager, maar ik zag er schattig uit. En die ouwe probeerde mij dan steeds bij mijn billen te pakken.

Dat vertelde ik aan mijn vader en die werd zó verschrikkelijk nijdig. Hij heeft die mensen een brief gestuurd, maar wat deden ze daarna? Ze legden één cent onder het kleed, ik ging stofzuigen, ik vond die cent en ik stopte die in mijn zak. Ik was nu eenmaal arm, dan kon ik wat droppies kopen of zo. Maar dat hadden ze expres gedaan, omdat ze nijdig waren over het feit dat mijn vader die brief had geschreven, dat die ouwe met zijn fikken van mij af moest blijven. Dus toen schreven ze een brief terug, dat ik ontslagen werd omdat ik stal. Moet je toch nagaan.

♪

Op 14 mei 1940, ik moest nog zestien worden, zei mijn moeder 's middags tegen me: 'Riet, haal jij even twee emmers water, ik moet luiers wassen.' Ze had de maand daarvoor net een baby gekregen, mijn broertje Tom. Dus ik weer naar de waterstoker. Op het moment dat ik met twee emmers heet water kwam aanlopen, zag ik vliegtuigen overkomen en daaruit vielen allemaal van die lange dingetjes omlaag. Die hadden wij nooit gezien, maar dat bleken bommen te zijn. We wisten dat het oorlog was, maar we wisten natuurlijk niet dat er een bombardement kwam.

Ik hoorde *boem! boem! boem! boem!*, vreselijke knallen en gedoe, dus ik vloog naar huis, ik gooide die emmers water zo de gang binnen en ik riep: 'O moeder, er komen vliegmachines, die gooien allemaal sigaren eruit.' Wist ik veel als kind.

Mijn moeder pakte ons allemaal op en zei: 'Kom op, iedereen de kelder in.' Dat kon door een luikje in de bedstee in de gang, daar zat een trapje onder. In de kelder gooide mijn moeder allerhande bedden over de kindertjes, peluws en dekens en matrassen, zodat we maar niet geraakt zouden worden. Ze nam ons allemaal als een kloek onder haar armen.

Mijn vader was er niet. Die was op de fiets boodschappen doen, dus wij zaten in de kelder ook van: jemig, waar is pa. Na een uur of zo gingen we weer naar boven en toen stond er een paard in de gang. Door de verschrikkelijke klappen van het bombardement was de voordeur opengeknald en de groenteboer had zijn paard bij ons in de gang gezet. Later is er nog een liedje gemaakt, *Er staat een paard in de gang*, dat ging niet over ons. Maar er stond bij ons écht een paard in de gang. Als ik het nu aan mijn kleinzoon vertel lacht hij zich kapot.

We waren boven, het bombardement was afgelopen, en net op dat moment kwam pa thuis. Gelukkig had hij ergens kunnen schuilen, maar hij was wel van zijn fiets af geslingerd met zijn kop tegen de muur, dus hij had een groot gat in zijn hoofd. Maar dat was niet zo heel ernstig.

Van de angst en de zenuwen had ik allemaal krulletjes in mijn haar gedraaid. Die stonden rechtop, waar ik op leek mag god weten. Ik ging een plas doen op de wc en ik zag bloed. Ik riep: 'O moeder, ik ben geraakt, ik ben tóch geraakt!' En zij: 'O nee, o god help me, laat nou niet een van de kinderen tóch geraakt zijn... Nou, waar zit het, waar zit het?' Dus ik liet het haar zien.

Ze zegt: 'Ach rotgriet, je bent een grote meid geworden. Denk erom dat je je nou niet meer laat zoenen, hoor.'

Hoofdstuk 2

Weg uit Rotterdam

Barend W. Maaskant is een vergeten naam in de Nederlandse journalistiek. Toch komt hem vermoedelijk de eer toe, als eerste over Rita Reys te hebben geschreven. Het is een kort stukje, op 1 mei 1944 gepubliceerd in het vakblad *Amusements-Bedrijf*:

'Onze aandacht werd gevestigd op de jeugdige zangeres Rita Reijs, een vlotte verschijning, die zeker een goede plaats in het amusementsleven kan veroveren, omdat zij naar onze meening de capaciteiten bezit om een lied op de juiste wijze te zingen. Een gemakkelijke stem, een warm geluid en een gevoelige voordracht zijn de middelen, waarmede zij verdiend succes oogst. Ook haar antecedenten zijn in orde. Zij begon haar korte loopbaan bij de Hawaiian Minstreels, waarbij zij enige jaren zong. Zeer verdienstelijk mag het ook genoemd worden dat deze jonge Rita Reijs ook gewerkt heeft bij het orkest van Klaas van Beeck, welke ter zake kundige Orkestleider zich met veel lof over haar heeft uitgelaten: "Rita zal zich zeer zeker tot een der eersten van het land ontwikkelen".'

Nederland is op dat moment vier jaar door de Duitsers bezet. Voor de Nederlandse jazz- en amusementsmusici heeft dat zowel dramatische als paradoxale gevolgen. De Duitse bezetter verbiedt het spelen van Engelse muziek. In december 1941, als de Verenigde Staten aan de oorlog gaan deelnemen, wordt ook Amerikaanse muziek taboe verklaard. De joodse collega's moeten het vak verlaten; de meesten van hen worden gedeporteerd en vermoord. Veel niet-joodse muzikanten krijgen een oproep voor gedwongen arbeidsinzet in Duitsland. In maart 1942 wordt de jazz officieel uitgebannen, als het Departement van Volksvoorlichting en Kunsten het 'Verbod van negroide en negritische elementen in dans- en amusementsmuziek' uitvaardigt.

Tegelijkertijd groeit bij het Nederlandse publiek de honger naar amusement en vertier. Over werk hebben de meeste orkesten niet te klagen. Nu het Nederlanders verboden is jazz te spelen, leggen sommige muzikanten zich toe op de 'Hawaian Swing'. Groepen als de 'M-A-U-I Eilanders' veroveren een grote populariteit. De prille Rita Reys (haar achternaam wordt meestal nog als Reijs geschreven) zet haar eerste schreden als zangeres ook in dat genre. Ze begint in Rotterdam op te treden met de Hawaian Minstrels, begeleid door onder anderen gitarist Frans van Lankeren, die na de oorlog bekend zal worden met het Atlantic Quintet. Later werkt ze in Hilversum in café Sport en heeft ze haar eerste radio-optreden met het destijds gerenommeerde dansorkest van Klaas van Beeck.

In mei 1944, als Barend W. Maaskant zijn artikeltje over haar schrijft, is Rita Reys negentien jaar oud.

Rita Reys:

Ik wilde zingen. En ik wilde mijn vleugels uitslaan. Ik wilde meer dan in de sfeer van dat grote Rotterdamse gezin mogelijk was. Ik wist dat ik het kon, dus waarom zou ik het niet doen? Ik was de enige in het gezin die dat vooruitstrevende had, zo van: ik zal jullie eens even laten horen...

Al mijn zusjes konden schitterend zingen. Thuis zongen we ook vaak met z'n allen; dat was ontzettend leuk. God, hoe vaak hebben we later geen aanbiedingen gehad van de radio en de televisie, of de Reys Sisters wilden komen. Het had makkelijk gekund, met Riny en Jeanne en Elly en Anna. Met die vijf meiden hadden we fantastische dingen kunnen doen. Maar ja, ze wilden het niet, ze durfden het niet. Ze waren doodsbenauwd, dus wat moet je dan.

Mijn broer Karel was eigenlijk net zo. Dat was een hartstikke goeie saxofonist, een geweldige vakman. Maar hij was altijd een beetje gefrustreerd, bang dat hij het niet goed zou doen. Hij had niet die flair van een Piet Noordijk, hij durfde niet echt te blowen. Karel liet zich altijd min of meer op de achtergrond drukken. Hij speelde later in al die radio-orkesten, maar opeens had hij er geen zin meer in. Toen is hij ermee gestopt en oosterse filosofie gaan studeren. Hij is nou eenmaal een eenling.

Dus ik was wel een uitzondering in de hele familie, denk ik. En op den duur ben ik dat milieu gewoon ontgroeid.

Ik ging meedoen aan allerhande concoursen en zangwedstrijden in Rotterdam. Ik won altijd de eerste prijs, ik was echt de zangeres met alle prijzen die je maar kunt bedenken – behalve geld. Geld heb ik er nooit mee verdiend. In 1940, vlak voor de oorlog, had ik mijn eerste echte optreden, in een hele leuke zaak op het Hofplein. Daar zat een orkestje met een paar kennissen van mijn vader erin, en die hadden gevraagd: kom nou eens meezingen.

Dus ik naar die zaak toe, als mager scharminkeltje van vijftien. Maar ik mocht er niet in. De portier zei: 'Wat kom jij hier doen, gratenkutje, jij mag hier helemaal niet binnen, jij moet naar je mammie, naar bedje toe.' Ik was vreselijk beledigd en ik rende terug naar huis. Mijn moeder lag al in bed, maar ik zei: 'O moeder, ik wil zo graag meedoen, ze hebben me uitgenodigd en nou mag ik er van die vent niet in.'

'Nou wat!' zei mijn moeder. Ze kwam haar bed uit, ze heeft mij ernaartoe gebracht en ze is bij mij gebleven. Later ben ik daar regelmatig gaan meezingen, toen kende de portier mij. Hij wist wel dat ik vijftien was, maar hij zei: 'Kom maar bij me hoor, meid, kom maar binnen.' Dat ik er geen geld voor kreeg, vond ik niet erg. Ik moest en ik zou zangeres worden.

♪

Voor die tijd was ik al lid geworden van de Lollypop-club. Dat waren allemaal kinderen van de middelbare school, meisjes met kabelkousen en van die mooie regenjassen. Ze lieten mij oogluikend toe omdat ik toch op de mulo had gezeten. De Lollypop-club had een eigen ruimte in een café ergens op de Oude Dijk, precies weet ik het niet meer. Daar werd gemusiceerd en gedanst en we maakten ook lange fietstochten, met z'n allen helemaal naar Hoek van Holland. Dat was zo'n leuke tijd.

Zo ontmoette ik Frans van Lankeren, die heel aardig gitaar speelde. Zijn broer Robbie speelde piano en er waren nog een paar jongens waarvan ik de namen niet meer weet. Eentje speelde bas op een zeepkist, zoals wij dat toen noemden. Op een keer waren we aan het musiceren in de Lollypop-club, ik aan het zingen, en toen zei Frans: 'Weet je wat we doen, we gaan een eigen orkestje opbouwen.' Dat hebben we gedaan en daarmee gingen we op allerlei schoolfeestjes optreden.

Op den duur hebben we een echte bassist erbij geroepen en gingen we ons de Hawaian Minstrels noemen. Dat was een heel leuk groepje, we speelden overal in clubjes. We verdienden heel weinig, maar het was leuk. Mijn vader werkte toen in de bioscoop Arena en die vroeg aan de directie: 'Mogen zij een keer in het voorprogramma voordat de film begint?' Dat was goed, dus wij speelden daar met z'n allen.

Ik had een ukelele waar geen noot uitkwam. Ik deed alleen maar alsof, want ik kon het helemaal niet. Ik droeg een rieten rokje met een bh'tje, ja god, als je zo jong bent dan zie je er prachtig uit. Een grote bloem in mijn haar. Ik zong natuurlijk Hawaian-liedjes: *I want to go back to my little grass shack, in Kealakekua, Hawaii.* Maar die Engelse woorden zong ik niet, want dat was te gevaarlijk. Het was oorlog, hè.

Frans van Lankeren werd ook mijn eerste liefde. Ik had wel al verkering gehad met een jongen van school, Joop Koelinga, de zoon van de waterstoker. Maar dat was kalverliefde. Als hij me naar huis bracht, gaf hij me een voorzichtig kusje op beide wangen, verder niks. We waren echt nog kinderen. Toch was mijn moeder al doodsbenauwd. Vandaar dat ze toen bij het bombardement tegen me zei: 'Denk erom dat je je nou niet meer laat zoenen.'

Ik begreep daar niets van, dus ik vroeg aan Riny, die twintig maanden ouder was: 'Waarom mag ik me nou niet meer laten zoenen?' Zij heeft het me toen uitgelegd: van het een komt het ander, en dan zou je wel eens een kindje kunnen krijgen. Ja hoor, seksuele voorlichting kreeg ik niet van mijn ouders maar van mijn zuster.

Frans is degene geweest die mij heeft ontmaagd. Dat ging heel moeizaam, we waren allebei achttien, en hij was ook nog jongeling. Het was vreselijk, ik vond er niets aan. Ik was wel heel erg verliefd op hem. Frans was een knappe vent hoor, een hele knappe jongen. Later heeft hij nog heel lang samengeleefd met Sanny Day, de vroegere zangeres van de Millers.

Mijn romance met Frans heeft een jaar of anderhalf geduurd. Toen werd hij opgepakt en moest hij in Duitsland gaan werken, net als de andere jongens uit het orkest. Dus de Hawaian Minstrels vielen uit elkaar.

♪

De mulo waar ik op had gezeten, was gevorderd door de Duitsers. Dat was vlak bij ons, dus er liepen veel Duitse soldaten langs ons huis. Mijn vader was doodsbang dat Riny en ik met ze zouden aanpappen, maar dat deden we natuurlijk niet. Toch moesten we altijd om acht uur binnenkomen. Waren we vijf minuten te laat, dan stond mijn vader achter de deur. Ik moest van Riny altijd het eerste naar binnen, want dan kreeg ik de eerste opdonders: 'Snotmeiden! Lelijke lellebellen!' En dan pakte hij mijn neus en draaide die zowat van mijn kop.

Mijn vader en mijn oudste broer Simon werden op een gegeven moment opgepikt en moesten naar Duitsland om in de fabrieken te gaan werken. Later kwam mijn vader terug omdat hij voor dat gezin moest zorgen. Toen ging hij in de Cascade werken. Dat was een nachtclub in het centrum van Rotterdam en daar was hij de *Stehgeiger*. Hij wist dat ik dolgraag wilde zingen, dus hij vroeg: 'Wil je bij ons komen werken? Dat is leuk voor je en dan verdien je wat geld.' Ik kreeg inderdaad zo'n 75 gulden per week; dat was toen een hoop geld hoor. Ik moest wel alles afdragen, en dan kreeg ik een kwartje in de week zakgeld.

In de Cascade heb ik eigenlijk mijn eerste professionele muziekindruk gekregen: hoe je je moest presenteren, hoe je moest lopen, hoe je je moest kleden. Kleren waren er wel niet, maar ik kreeg toch van mijn moeder een wit capeje met van die witte zwanendons randjes. Daarin zag ik er zó leuk uit, een schatje. Ik moest een keer of drie per avond drie liedjes zingen en daarna ging ik in de kleedkamer zitten wachten tot ik weer aan de beurt was. Dan las ik een boekje of ik ging haken. Ik heb daar heel wat dassen afgehaakt.

Het was een hele mooie club, een chique club, maar er zaten natuurlijk veel Duitsers. Die waren in elke club aanwezig. Ik zong Hollandse liedjes, maar ook *Mamatschi schenk mir ein Pferdchen, ein Pferdchen wär' mein Paradies.* Dat deed ik blijkbaar met zo'n leuk accent dat ze zich kapotlachten. Als ik dan met de microfoon een beetje door de club liep te zingen, kwam mijn vader met zijn viool gebaren dat ik terug moest naar de bandstand. Het gekke was, dat respecteerden ze ook. Ze lieten me met rust. Ik ging elke avond met zúlke bossen gladiolen op mijn rug naar huis. Mijn vader moest soms helpen dragen.

Mijn vader was echt een Duitserhater, dus hij vond het vreselijk om daar te moeten werken. Maar ja, die stumperd had geen keus, hij moest toch zijn gezin onderhouden. Er was één Duitse officier, die heette Kurt en die was verliefd op mij. Toen zei mijn vader tegen hem: 'Als je überhaupt naar mijn dochter kijkt, schiet ik je kop eraf. Want je bent en blijft een mof en jullie zullen het toch altijd verliezen.' Zoiets. Mijn vader was een sodemieter hoor. Dat hij toen niet is opgepikt, is me een raadsel.

♪

Na een paar maanden in de Cascade had ik er genoeg van. Ik zei tegen pa: 'Ik doe het niet meer, ik hou ermee op, ik ga weg.' Dat was in 1943. Ik had de knoop doorgehakt dat ik het huis uit wilde en ik besloot naar Hilversum te gaan, gewoon op de bonnefooi. Waarschijnlijk koos ik Hilversum omdat daar de radio was; zo slim was ik blijkbaar. Mijn vader had er wel de zenuwen over, maar aan de andere kant wisten mijn ouders dat ik heel goed op mezelf kon passen. Ze begrepen dat ik me verder wilde ontwikkelen in mijn vak.

Ik vond een grote mooie kamer op de Sophialaan in Hilversum, en de eerste avond ging ik naar café Sport op de Groest. Ik vroeg of ik mocht meezingen en ik werd gelijk aangenomen.

Ik was achttien en ik was nog echt een puber. Ik zat onder de pukkels, dat weet ik nog heel goed. Ik wist het wel mooi weg te werken met allerhande smeerseltjes en make-up, en ik was bloedjong, dus dan heb je natuurlijk toch iets heel leuks.

In café Sport werkten allemaal verschillende orkestjes, bij mekaar geraapte boeltjes. Rommelmuzikantjes noemde ik ze. Ik was de vaste zangeres, dan hadden we 's middags matinee en 's avonds speelden we tot een uur of tien, want daarna was het spertijd. Het was van alles, lichte muziek, veel Nederlandse liedjes van Han Dunk en Joop Beerta. En ook Franse chansons, zoals *La vie en rose, Où es-tu mon amour?* en *La mer*. Ze speelden zelfs *Blue Skies*, maar dat mocht ik niet meezingen. Dat verdraaiden ze dan tot een Nederlandse titel.

Er werd soms behoorlijk geswingd, we speelden met heel veel ritme. Het leuke was ook dat ik Helmut Zacharias en Werner Müller daar ontmoette. Dat waren hele goeie muzikanten uit Duitsland. Ze waren in Hilversum gelegerd en ze kwamen altijd meespelen in café Sport. Helmut werd na de oorlog een hele beroemde violist. Werner speelde piano en is de leider van het RIAS-dansorkest in Berlijn geworden. Na de oorlog heb ik in Duitsland heel veel met ze gewerkt. Dus wij swingden ons te pletter in café Sport, maar Helmut ook op zijn hotviool.

Op 16 maart 1943 had ik mijn allereerste radio-optreden. Dat was als gast bij het orkest van Klaas van Beeck. Hij had mij uitgenodigd nadat hij een keer in café Sport naar me was komen luisteren. Ans Heidendaal zat vast bij Klaas van Beeck en dat was een goeie zangeres, dus ik ging dood van de zenuwen. Ik heb een stuk of vier liedjes gezongen, ik weet niet meer wat. Maar het ging heel goed, ik herinner me dat de orkestleden applaudisseerden en op hun instrumenten gingen tikken. En ik heb de foto van Ans Heidendaal nog, die ze na afloop aan me gaf: 'Voor Rita Reys, ter herinnering aan onze uitzending op 16-3-43'.

♪*

Ik heb bijna een jaar in Hilversum gewoond, maar toen vond ik het link worden. Het werd een rottijd, de hele oorlog was gevaarlijk en ik voelde me daar niet veilig meer. Als jonge vrouw was ik kwetsbaar, met al die muzikanten die aan mijn rokken zaten te trekken. Dat moest ik niet, ik was echt nog een snotmeid. Ik had lol en ik vond zingen heerlijk, maar dáár moest ik nog niks van hebben.

In 1944 ging ik terug naar huis, maar ik ben niet lang in Rotterdam gebleven. Mijn zusje Anna was heel erg ziek, ze had hongeroedeem. Mijn moeder had het ook, maar Anna was er erger aan toe. Ze was een stuk jonger dan ik, nog maar dertien. Mijn vader zei: 'Wat we moeten doen weet ik niet. Ze gaat dood.'

Ik ben altijd een bijdehante geweest, dus ik zei: 'Ik breng haar wel naar Drenthe, zodat ze te eten krijgt en weer beter wordt.' Anna was daar al een keer geweest, via een vereniging die regelde dat ondervoede kindertjes bij boeren konden logeren. Dat was bij de familie Van Benthum, ze woonden in Smilde bij de Dieverbrug. Mijn vader heeft toen een briefje geschreven of Anna daar weer mocht komen en dat mocht.

We gingen met z'n tweeën op weg, dat zal in september '44 zijn geweest. We volgden gewoon die hele groep mensen die allemaal eten gingen halen. Soms konden we liften op een bakfiets, maar de eerste avond kwamen we niet verder dan Amersfoort. Daar hebben we bij het Leger des Heils geslapen, waar we ook te eten kregen. Vooral voor Anna was dat natuurlijk heel belangrijk. Ik was een ijzeren hein.

In totaal hebben we er vijf dagen over gedaan. Soms kregen we een lift van een vrachtwagen, maar als er dan sirenes gingen, moesten we uitstappen en in kuilen langs de kant van de weg gaan schuilen. Dan gooide ik Anna onder me, ik ging zo over haar heen zitten, je hoorde allemaal *poef poef paf poef paf* – en als dat weer voorbij was, gingen we verder. Soms was Anna zo op dat ze niet meer kon lopen. Ik heb haar vaak op mijn rug moeten dragen. We sliepen soms in een hooiberg.

Toen we de Zwollebrug gepasseerd waren, ging die dicht. Er kwamen zo vreselijk veel mensen die allemaal voedsel wilden halen, dat ze de brug afsloten. Voor mij was dat eigenlijk mazzel, want ik kon dus niet meer terug naar Rotterdam. Daardoor heb ik ook acht maanden in Drenthe gezeten. De mensen bij wie Anna ging logeren, hebben ervoor gezorgd dat ik bij een andere familie kwam. Dat is de familie Bruulsema geweest. Het waren allemaal boeren, maar straatarm, en het leuke is dat ik nog steeds contact met die familie heb. De meesten zijn na de oorlog naar Canada geëmigreerd, net als de twee joodse onderduikers die ze ook in huis hadden. Dus het waren hele goede mensen.

Ik moest daar wel knoerthard werken. Ik ging koeien melken en dat deed ik verschrikkelijk goed. Dat kan ik nog steeds goed, heel raar. Ik moest ook wassen, strijken, de tuin doen, varkens helpen slachten, het bloed opvangen in een soort blaas. Dat was verschrikkelijk, daar maakten ze dan bloedworst van. Ik moest melk karnen, in zo'n melkbus, tot er boter was. Dan bleef het karnwater over en dat ging in een teil die ze in het stookhuis neerzetten. Dat stookhuis zat vol ratten, dat teelde maar aan. Als ik dan 's ochtends in het stookhuis kwam, lag die teil berstensvol jonge ratten, allemaal verzopen.

Ik had natuurlijk geen contact met mijn familie in Rotterdam. Wat kon je doen? Afwachten. Het leven ging gewoon door, ik deed het werk dat ik moest doen en ik ging regelmatig naar Anna toe om te kijken hoe het daar ging. Die knapte gelukkig zienderogen op, ze werd weer een lekker mollig ding. Ze kreeg natuurlijk goed eten, melk en een eitje, gewoon zoals die boeren daar aten. Ik ook, toen ik terugkwam was ik ineens als een papzak zo dik.

In april '45 hoorde ik plotseling ontzettend veel schieten en ik zag een heleboel van die mooie jeepjes aankomen, waar allemaal jongens met mooie petten in zaten. Tommy's noemden we ze. We vlogen met z'n allen naar buiten, gingen voor die boerderij staan, allemaal huilen en schreeuwen: 'O, we zijn bevrijd!'

Van tevoren hadden we een heel stel moffen op wagens de kant van het bos uit zien gaan. Ik sprak nog heel weinig Engels, maar ik dacht: ik moet iets zeggen, want die jongens gaan daar ook naartoe, die worden kapotgeschoten. Dus ik riep: 'Hé, hé, hé, Tommy, Tommy!' Die jeep stopte en ik – bijdehante troel dat ik was – zeg: '*The Dutches, the Dutches, two o'clock, the Dutches! There, there, in the bush!*'

Tien minuten later kwamen ze terug met al die moffen. Als ik eraan denk moet ik weer janken, dat is heel gek.

We moesten nog een maand wachten tot de rest van Nederland bevrijd was en toen bracht het Rode Kruis ons met vrachtwagens terug. In Rotterdam moesten we eerst naar een terrein waar we helemaal werden uitgekleed en onderzocht of we geen luizen hadden en geen schurft. Dat hadden we goddank niet en toen kwam mijn vader ons ophalen.

Hoofdstuk 3

Wessel

Hij heette Wessel Ilcken, hij zou in de jaren vijftig uitgroeien tot de toonaangevende Nederlandse jazzdrummer, en hij werd de eerste belangrijke man in het leven van Rita Reys. Vanaf 1945 waren ze twaalf jaar lang vrijwel onafscheidelijk – tot zijn veel te vroege dood in 1957.

Wessel Johan Ilcken werd op 1 december 1923 in Hilversum geboren. In zijn levensschets voor het *Biografisch Woordenboek van Nederland* vertelt Lex Lammen dat de jonge Wessel op zijn achtste een kinderdrumstel van zijn moeder kreeg. Later volgde hij een paar lessen bij Kees Kranenburg, de drummer van het befaamde dansorkest The Ramblers, maar verder was hij grotendeels autodidact. Nadat hij eerst van plan was geweest golfleraar te worden, werd vanaf 1942 de muziek zijn broodwinning. Toch bleef hij naast de jazz altijd enthousiast aan sport doen, ondanks de ernstige nier- en blaasaandoening die hem kwelde. Hij werd een pionier van het waterskiën in Nederland.

De eerste groep waarin Rita Reys en Wessel Ilcken samenwerkten, was het orkest van saxofonist Lex van Spall. In het tweewekelijkse periodiek *Muziek* ('gewijd aan de amusementsmuziek en variété; behartigt tevens de belangen der Nederlandsche musici en artisten') verscheen op 26 april 1946 een artikel onder de kop *Lex van Spall niet naar Zwitserland?* Daarin wijdde een anonieme recensent profetische woorden aan het jonge paar.

Over Rita Reys: 'Dit is inderdaad een zangeres zoals men er

slechts weinigen hoort in ons land, dat zoo broodarm is aan goede zangers en zangeressen. Hoewel haar stem nog niet vol genoeg is heeft zij een sprekende voordracht en een oorspronkelijken zeer persoonlijken stijl. Daarbij kan zij nog bijzonder "swingy" zingen, een begrip, dat de gemiddelde Nederlandsche ladycrooner totaal vreemd is. Rita Reys staat nog maar aan het begin van haar carrière, maar dat het een veelbelovende carrière is, zal niemand ontkennen.'

En over Wessel Ilcken: 'Het beste deel van het orkest was zeker de rhythmesectie onder leiding van Wessel Ilcken, den nog jongen drummer die den laatsten tijd al meer van zich heeft doen spreken. Hij is zeker een van de weinigen, die er aanspraak op kunnen maken, Nederlandsch jazzdrummer te zijn. Zijn techniek is niet onbegrensd, maar in dit tijdperk van roffel-lawaai-maniakken, die allemaal Krupa willen imiteeren, stoort mij dit niet in het minst. Zijn stijl is rustig en beheerscht en doet soms aan Joe Jones, Basie's eminenten drummer denken.'

Rita Reys:

Ik was net weer thuis op de Sophiakade, vlak na de bevrijding, en opeens ging de bel. Daar stond Wessel Ilcken voor de deur. Het was precies Cab Calloway: zo'n broek met hele smalle pijpen en een paar grote kettingen eroverheen, en hij had een hele kale kop. Ik vond het vreselijk.

Ik had hem in 1943 in Hilversum leren kennen. Hij woonde met zijn moeder op het Melkpad, om de hoek bij café Sport. Hij was toen al een professionele drummer bij een mooi orkest, de band van Lex van Spall in Amsterdam, terwijl ik nog met rommelmuzikantjes werkte. Maar elke middag ging hij een half uur eerder van huis om eerst in die kroeg naar mij te komen kijken. Dan stond hij met z'n stokjes in zijn hand bij de bar, almaar naar mij te staren en een beetje te glimlachen. Wessel zag er meestal fantastisch uit. Mooie schoenen had hij aan en zo'n mooie grijze flanel jas. Chic gekleed, enig kind hè, dus altijd goed verzorgd.

Op een dag trok hij de stoute schoenen aan en kwam hij naar mij toe om te vertellen dat hij me zo geweldig vond zingen. Ik zeg: 'Nou leuk, gefeliciteerd' – zoals ik ben. Ik vond hem een leuke jongen, maar verder was er helemaal niks tussen ons.

Nu stond hij plotseling voor de deur en vroeg of ik zin had om mee te komen naar Amsterdam om bij Lex van Spall te gaan zingen. Ik zei nee, want ik durfde het niet. In Hilversum had ik me veilig gevoeld met dat bekende hofje om me heen. Maar nu was ik gewoon bang van alles, ik was doodsbenauwd voor de zwarthandelaren die misschien in die Amsterdamse club zaten. Ik begreep er helemaal niks van, ik was zo naïef als de pest.

Met Frans van Lankeren was het al eerder uitgeraakt. Vlak voor ik naar Drenthe ging, kwam hij terug van de arbeidsinzet in Duitsland. Hij was heel mager en hij zag er zo verslagen uit dat ik ineens verschrikkelijk afknapte. Ik vond Frans lelijk geworden, er ging niks meer van hem uit. Ik heb het niet uitgemaakt, ik heb alleen maar gezegd dat ik naar Drenthe ging. En toen zei hij: 'Dan moet je maar naar Drenthe gaan.' Hij stond zo wit te kijken, heel zielig eigenlijk. Ik heb hem daarna nooit meer gezien.

Een paar weken na die eerste keer belde Wessel weer aan de deur. Hij moest wel naar Rotterdam komen, want wij hadden geen telefoon. 'We werken nu in Hilversum in een club die is gevorderd door de Canadezen,' vertelde hij, 'en Lex van Spall vraagt of je bij ons wilt komen zingen.' Dat durfde ik wel, dus ik zei: 'Ik kom volgende week wel eens kijken.' Die club heette de Moonlight Gardens, later kreeg hij weer zijn oude naam Hof van Holland.

Ik weet nog goed dat ik door die grote draaideuren kwam en Wessel met zijn slagwerk boven op die hoge bühne zag zitten. Hij was heel *sharp* gekleed. Die kettingen waren een soort provo-achtige uitdaging en dat mocht natuurlijk niet als hij werkte. Dan moest je goed gekleed zijn, en dat was hij dan ook. Het zat barstensvol met al die Canadezen en hun meiden, maar ik liep gelijk naar het orkest toe. Ik zag Wes zo zitten en ik werd meteen – *poing!* – verliefd op hem.

Lex van Spall zei tegen me: 'Zing wat mee, joh, zing wat mee.' Ik zei: 'Ik heb niks, ik heb maar drie liedjes die ik kan zingen, *Exactly Like You*, *Nobody's Sweetheart Now* en *I'll Be Seeing You.*' Nou, die drie liedjes heb ik de héle avond gezongen – wel met tussenpozen van het orkest, maar dan begon ik weer. Die Canadezen vonden het móói... Dus kreeg ik een aanbieding of ik wilde blijven.

Daar voelde ik wel voor. Lex van Spall was een goeie altsaxofonist van Surinaamse afkomst die zijn hele leven al in Nederland woonde. Het orkest bestond uit saxofoon en ritmesectie en het speelde leuke swingende stukken. Een paar dagen later heb ik het contract getekend, 150 gulden per week, dat was toen een hoop geld hoor.

Ik mocht bij Wessels moeder in een achterkamertje slapen. Ik was behoorlijk verliefd en hij ook, dus elke nacht kwam hij stiekem eventjes bij me. En zo is het gesodemieter begonnen.

Op 2 november 1945 zijn we getrouwd. Ik had een beeldig jurkje aan van een soort astrakan stof. Maar mijn schoentjes, die mijn moeder voor heel veel geld op de zwarte markt had gekocht, hadden doorgelopen zooltjes. Mijn grootvader droeg van die hoge schoenen, van die stiefels. Daar sneed ik dan stukken van dik leer uit, we hadden een leest, en zo stond ik op de ochtend van mijn trouwdag met Wessel nog mijn eigen schoentjes te verzolen en te verhakken. Dat had ik allemaal thuis geleerd.

We waren natuurlijk verliefd, maar ik moet heel eerlijk zeggen dat ik met Wes niet zo'n huwelijk heb gehad als met Pim. Misschien was het bij mij ook een beetje avontuur, omdat ik nog niks had meegemaakt op dat gebied. Wessel was een man van de wereld, hij had al vriendinnetjes gehad. Dus voor mij was het ook een heleboel nieuwsgierigheid. Bovendien wilde ik het huis uit. Wessel was voor mij eigenlijk een uitvlucht naar vrij zijn, weg van mijn familie.

Ik had zo langzamerhand wel gezien dat ik iemand bij me moest hebben om me te beschermen – tegen andere muzikanten, tegen alles, tegen de hele wereld. Ik had nou eenmaal een grote bek, die heb ik altijd gehad, maar dat is ook wel eens gevaarlijk omdat ze dan denken dat je veel ouder bent. Dus ik was er altijd op uit dat er iemand was die voor me opkwam en me beschermen kon.

♪

Wes had zijn vader nooit gekend. Die woonde in Indië, daar was hij directeur van Rikkers & Versteeg, een groot hotel-restaurant in Jakarta. Ik heb het in 2002 nog gezien toen ik in Indonesië was. Zijn moeder is in 1923 met de handschoen getrouwd en daar naartoe gegaan. De eerste de beste nacht raakte ze zwanger, maar drie maanden later was die man dood. Hij had suikerziekte en kreeg een negenoog op zijn rug. Toen ging ze terug naar Nederland en is ze in Hilversum bevallen van Wessel. Ze heeft hem dus alleen grootgebracht, en dat heeft ze heel goed gedaan. Ze heeft zich echt kapotgewerkt om die knul goed op te voeden. Doordat ze maar zo kort getrouwd was geweest, was het financieel allemaal niet goed geregeld.

Wessel was vreselijk verwend. Hij had alles wat zijn hartje begeerde: een fototoestel, een elektrische grammofoon, twee drumstellen met dure Zildjian-cymbals, mooie kleren. Terwijl ik niks gewend was. Als ik een jurkje nodig had, kocht ik voor drie gulden een lapje op de markt en dan maakte ik het zelf. Ik kon helemaal niet naaien, maar ik legde dat lapje gewoon op de grond, ik tekende de omvangen en ik knipte het. Als je zo jong bent en je hebt prachtige borsten en hele smalle heupjes, dan is er niets aan om een jurkje te naaien. Ik hoefde er niet eens baleinen in te doen, het bleef gewoon allemaal staan. En ik zag er beeldig uit.

Tegelijk was Wessel een echte rebel. Hij trok zich van de hele wereld geen barst aan. In het begin van de oorlog, op zijn achttiende, probeerde hij via Zwitserland naar Engeland te komen. Dat mislukte, hij heeft me later verteld hoe hij over de bergen moest en door de sneeuw, en dat hij weinig eten had. Daar heeft hij waarschijnlijk zijn ziekte aan overgehouden, want Wes was altijd ziek. Hij had hele slechte bloedvaten en hij had het ook aan zijn blaas en zijn nieren. Hij droeg altijd een reservoir in zijn broekspijp, omdat hij z'n plas niet kon ophouden. Als we gespeeld hadden en we hadden even pauze, dan ging hij staan en dan stond hij te piesen, terwijl wij gewoon naar het toilet gingen. Als we dan 's nachts thuiskwamen en we deden dat ding af, dan zat het vol bloed. Wessel plaste soms klinkklaar bloed.

Wessel was een pietje precies met zijn drumstel. Als het vel van een trommel niet goed zat, moest dat heel zorgvuldig worden verholpen. Maar hij was ook een goeie drummer, hij speelde smaakvol. Hij was een pure jazzjongen en wat dat betreft heeft hij een enorme invloed op me gehad. Ik ben pas echte jazz gaan zingen toen ik met het orkest van Lex van Spall begon. Je had voor de oorlog een filmster die Deanna Durbin heette. Die zong van die musical-achtige liedjes: *My own, let me call you my own, let me make you a part of the song in my heart.* Zo wilde ik eigenlijk zingen en dat kon ik ook heel goed. Als kind ging ik op de tafel staan en dan zong ik dat met een mooi hoog stemmetje. Ik wilde operettezangeres worden, maar er was natuurlijk geen geld voor de muziekschool.

Wessel zei: 'Ben je gek, vergeet toch die operette. Hou eens op met dat gezeur, zing een lekker up-tempo. Je moet jazz-zangeres worden, daar gaan we wel aan werken.' Hij had meteen gehoord dat ik een melodie nooit precies zong zoals ze geschreven was, maar dat mijn oortjes zo goed waren dat ik nooit buiten de harmonieën kwam. En als ik een up-tempootje moest zingen, al was het nog zo'n lullig liedje, dan timede ik het altijd ontzettend muzikaal en interessant. Dan zag ik de muzikanten denken: wat doet ze nou? En dan kreeg ik een glimlach van die jongens, ze wisten eigenlijk niet hoe ze erop moesten reageren. Dus ik ben toch altijd een buitenbeentje geweest.

Door Deanna Durbin was de Amerikaanse taal al in me binnengekomen, dat vond ik zoiets moois. Dus er was maar weinig voor nodig om mij naar de jazz te krijgen, en dat heeft Wes gedaan. Soms zong ik naar zijn idee een beetje te stijf. Dan liet hij me platen horen en zei hij: 'Luister hier nou eens naar, luister goed naar die *timing*.' Wist ik veel wat *timing* was, ik had dat woord nog nooit gehoord. Ella Fitzgerald had je toen al. En Bessie Smith, waar ik geen barst aan vond. En Billie Holiday, waar ik ook geen barst aan vond. Billie Holiday vond ik zelfs verschrikkelijk. Maar de *timing* hadden ze natuurlijk wel, die dames. En Ella vond ik al meteen geweldig goed.

We probeerden als gekken overal vandaan platen te krijgen en uit te wisselen met andere jongens. We luisterden ook naar de Amerikaanse radio, de AFN, American Forces Network in Europe. Wessel had al een taperecorder, zo'n ding met dikke banden, dus die nam het allemaal op. En dan gingen we 's nachts proberen het te ontcijferen. Dan ging Wessel de teksten van de liedjes voor me opschrijven en vertalen, om mij zoveel mogelijk aan het verstand te brengen wat het allemaal betekende. Dat was natuurlijk heel goed, want je kunt niet klakkeloos zo maar zingen en helemaal niet weten waar je het over hebt, zoals de meeste zangers en zangeressen nog steeds doen. En hij probeerde mij de uitspraak zo goed mogelijk te leren. Wessel had een goede opleiding. Hij had de mulo afgelopen, dus hij sprak en verstond aardig Engels.

Later ben ik zelf nog Engels gaan studeren, zo'n cursus met grammofoonplaten. Uiteindelijk, toen ik het eenmaal goed doorhad, sprak ik vloeiend Engels met een verschrikkelijk Amerikaans accent, terwijl Wessel er achteraf gezien eigenlijk geen barst van kon. Dat oude boekje, waarin hij al die teksten heeft opgeschreven, zit boordevol fouten. Ik bedoel maar, je kunt in de praktijk heel veel leren.

Mijn vader vond jazz in het begin maar niks. Als kind stond ik soms ook al te swingen en dan zei hij: 'Joh, sta eens even stil, je hebt de fiedeldans.' Hij vond het een hoop gegil en gejank, een beetje ordinair. Als hij me jazz hoorde zingen, zei hij: 'Mwaah, het kan best goed zijn, maar ik vind je net een neger.' Mijn moeder vond het heerlijk. Die genoot en die ging dan dansen op mijn muziek.

Later werd mijn vader natuurlijk wel trots op mij. En ik moet zeggen, ik herinner me nog dat mijn broer Karel thuis een stuk muziek van Charlie Parker op de lessenaar zette om te proberen zijn solo na te spelen. Mijn vader ging achter hem staan en zei: 'Ach joh, wat je nou speelt dat staat er helemaal niet.' Karel woedend natuurlijk, maar mijn vader hield vol. 'Nee jongen, dat staat er niet.'

'Nou, doe jij het dan beter.'

'Goed, dan zal ik het je wel even voordoen.'

Mijn vader pakte zijn altsax – hij speelde behalve viool ook saxofoon en klarinet – en hij speelde elke noot die er stond. Wel verschrikkelijk *corny* natuurlijk, een *timing* van likmevestje, maar álle noten. Mijn vader was een broodmuzikant; die las muziek als de krant.

♪

Wessel en ik gingen inwonen bij zijn moeder op het Melkpad. We hadden daar samen een kamer. Zij kookte en zorgde dat onze kleren schoon waren. Ze was een doener, ze werkte als hoofd van de huishouddienst bij de VARA. Ik kreeg de kans niet om iets in het huishouden te doen. Als er een zoom uit zijn broek was, mocht ik er niet aankomen. Als er een lusje van mijn jas af was en ik had hem zo over de haak gegooid, kreeg ik op mijn donder. Dan zei ze: 'Ik kan wel zien dat je uit een groot gezin komt.' We hadden vaak bonje, dat was helemaal niet zo best.

Gelukkig gingen we al heel gauw reizen, dus dan sliepen we in hotelletjes en goedkope pensions. Na Lex van Spall stapten Wessel en ik over naar het orkest van Ted Powder, een bassist die ook zong. Dat was wel een goeie muzikant, en hij had een enorm *showmanship* op de bühne. Met Ted Powder werkten we voor het eerst een hele tijd in het buitenland, in Luxemburg. Dat was najaar 1946, in een heel beeldig clubje voor chique mensen. We speelden lekkere stukken en ik zong mooie liedjes en een paar swingnummers. We mochten gewoon jazz spelen, nou ja, voor zover we dan in de jazz ontwikkeld waren. Ze vraten ons op, het was enig.

We woonden tweehoog in een pension in Luxemburg-Stad. En daar stond Wessels moeder ineens met haar keeshondje onder het raam: 'Hoe-oe.' Dan kwam ze gewoon een paar weken op visite, want ze wou bij Wessel zijn. We hadden maar één grote kamer met gebruik van keuken, dus Wessel legde een bed op de grond waar wij dan samen op sliepen, zodat zij in ons bed kon liggen. Daar werd ik natuurlijk verschrikkelijk nijdig om, en dan die rothond er ook nog bij.

Voor Wessel was het zielig. Die moeder was altijd heel lief en goed voor hem geweest. Ze had hem helemaal alleen opgevoed, dus hij kon haar niet een schop na geven. Maar ze trok er ook wel profijt van, want ze kwam constant, waar we ook waren.

Wessel was eigenlijk de enige man in haar leven en ze kon niet verwerken dat ze hem los moest laten.

Maar ze was toch ook lelijk hoor. Op een dag zei ik tegen Wessel: 'Nou is het afgelopen, ik doe dit niet meer. Ik blijf hier niet, ik wil niet langer met jouw moeder leven. Dus je kunt met me meegaan of anders pak ik mijn spulletjes en ga ik weg.'

Ik weet nog, hij was ziek, hij lag op de divan – we hadden zo'n divan op het Melkpad. En zij zei: 'Wessel, wacht maar hoor, blijf jij maar lekker bij je moeder. Laat dat mens maar gaan.'

Maar Wes was gek op mij, dus die liet zich van de divan rollen en sloeg zijn armen om mijn benen: 'O nee, Poppeltje, blijf alsjeblieft bij me.' Hij noemde me Poppeltje, zoals Pim me later Pelletje noemde.

Toen heeft hij de knoop doorgehakt en zijn we weggegaan, naar een zomerhuisje in Loosdrecht bij jachthaven De Otter, huisje Max.

Hoofdstuk 4

Tanger

Op 15 oktober 1949 verscheen het eerste nummer van het nieuwe Nederlandse jazzblad *Rhythme.* Voorop prijkte een glamourportret van de Amerikaanse zangeres en filmster Lena Horne, maar het openingsartikel droeg als kop *Piet van Dijk and his Dutch Radio Dance Orchestra: Van Samba tot Bebop*. Er stond een foto bij van het hele orkest: zeven muzikanten in keurig banduniform, onder wie leider-saxofonist Piet van Dijk, trompettist Ado Broodboom, bassist Ted Powder en drummer Wessel Ilcken. En achter de microfoon in het wit de beide vocalisten: Thom Kelling en Rita Reys.

Piet van Dijk (1916-1978) hoorde in de eerste naoorlogse jaren tot de succesvolste Nederlandse bandleiders. Hij speelde vanaf 1946 in prominente gelegenheden zoals het Scheveningse Kurhaus. Daarnaast vond hij ook werk in het buitenland, bijvoorbeeld in Lissabon en Spanje. Voor Rita Reys was het dus een stap vooruit toen zij in 1947 bij het orkest van Piet van Dijk ging zingen. Aanvankelijk bood de band nog geen plaats aan Wessel Ilcken, maar daar kwam in 1948 verandering in, tijdens een langdurig engagement in Tanger.

Aan de vooravond van het vertrek kwam Piet van Dijk aan het woord in een tijdschriftartikel onder het kopje *Hollands Dansorkest naar Spaans Marokko.* 'Tanger is een mooie stad en er valt veel geld te verdienen,' verklaarde hij. 'Het is behalve leave centra voor Amerikaanse soldaten, ook een centrum van de internationale geldsmokkel.' Hij had vanaf half maart 1948 een contract voor vier maanden in Freddy's Embassy Club, 'de grootste dancing van dit internationale centrum'.

Verderop in het stuk meldde de auteur K.L.K.: 'Wij hebben het orkest enige tijd geleden horen spelen en zijn er van overtuigd, dat het de naam der Nederlandse musici in Afrika zal hooghouden.' Hij roemde de hechtheid van het ensemble ('De verschillende bandleden zijn volkomen op elkaar ingesteld') en had speciale lof voor de zangeres, al wist hij haar naam niet correct te spellen: 'Rita Reijss zingt deze nummers zoals alleen zij dat kan. Haar stem is zuiver en warm en leent zich uitstekend voor de blues. Rita zal zeker een belangrijk aandeel in het Marokkaanse succes hebben.'

Rita Reys:

Piet van Dijk was een stuk ouder dan Wessel en ik. Hij was een goeie tenorsaxofonist in de stijl van Coleman Hawkins en hij had een bekend orkest dat veel op reis ging. Hij zoop alleen als een ketellapper; waarschijnlijk daardoor is hij tamelijk jong gestorven. We speelden allerlei soorten dansmuziek, ook veel Zuid-Amerikaans. Daarvoor zat Thom Kelling als zanger en gitarist bij de band. Ik zong natuurlijk Amerikaanse nummers, maar bijvoorbeeld ook *'s Winters is 't zomer in Arosa*, dat Piet van Dijk zelf had geschreven.

We stonden een keer met het orkest van Piet in Tabaris – dat was een club in Den Haag – toen mijn stem opeens totaal wegviel, net op het moment dat ik dat liedje stond te zingen: *'s Winters is 't zomer in Arosa, in het land van de edelweiss, heerlijk als bloesem van mimosa, zijn de geuren van sneeuw en ijs.* Ik schrok me kapot, ik kreeg er geen noot meer uit. De dokter in Den Haag zei: 'Nou, ik zie iets helemaal achter in uw keel, alsof er een extra tongetje uit komt.'

Hij stuurde me met een briefje naar het Bronovo-ziekenhuis en daar stelden ze vast dat er inderdaad een stuk wild vlees uit mijn amandelen groeide. Dat hebben ze eruit gehaald, maar ik lag wel tien dagen in het ziekenhuis. Daarna moest ik van Piet van Dijk eerst proefzingen. Zo ging dat toen. Gelukkig was die stem weer prachtig, de muzikanten stonden in hun handen te klappen. Ze waren dolblij dat het weer goed was, want ik trok publiek. De mensen vonden het fantastisch, dat kleine drolletje dat daar stond. Zó'n poppie was ik.

In die tijd zat je als zangeres bij een orkest gewoon naast de muzikanten, ergens op een hoekje van de straat, zeg maar. Als ze dan een chorus hadden gespeeld, mocht de zangeres opstaan, die zong dan een chorus en ging weer zitten. Heel anders dan nu. Eigenlijk was ik refreinzangeres. Het maakte me in wezen niks uit, zolang ik maar lekker kon zingen. Maar ik zong niet alles, ik zong alleen de leuke stukken die ik zelf mooi vond. *'s Winters is 't zomer in Arosa* vond ik toen ook een mooi liedje.

Mijn vader had me een beetje muziektheorie geleerd, het allereerste begin, maar ik ben nooit een lezer geworden. Ik vond het ook niet belangrijk, het was niet nodig. Ik hoorde de harmonieën toch wel. De muzikanten zeiden allemaal: 'Je hebt een paar oren aan je kop, dat is ongehoord.' En nog steeds, ik hoor álles.

Ik ken natuurlijk al die muzikantengrappen over zangeressen die niets van muziek begrijpen. Maar die maken ze nooit als je er als vrouw zelf bij bent. Dan doen ze hun mond niet open. Ze hebben wel vaak geprobeerd mij voor gek te zetten, ook bij Piet van Dijk. Ze flikten het ieder ogenblik als ik *Body and Soul* zong. Voordat je naar de *bridge* gaat, naar het tussenstuk, krijg je daar een heel vreemd akkoord. Als dat akkoord niet klopt, kun je de *bridge* niet inzetten. De pianist – Guus Kubbe heette hij, ik weet het nog heel goed – zette dan met opzet een heel ander akkoord neer. Maar dan dacht ik: ik zal je pakken, je krijgt me er niet onder. Ik ben nou eenmaal een vechtertje. Ik wist dat het eraan kwam, dus ik deed mijn handen voor mijn oren, ik zette toch gewoon het goede akkoord in en ik zong rustig door. Dan zat hij voor gek, niet ik.

♪

In het begin speelde Wessel niet mee bij Piet van Dijk. Daar zat Martin Scherpenhuizen nog voor drums. Wessel werkte in die tijd veel met saxofonist Kid Dynamite en trompettist Teddy Cotton in de Casablanca, op de Zeedijk in Amsterdam. Hij voelde zich heerlijk op zijn gemak met al die Surinaamse knulletjes, die allemaal marihuana gebruikten. Wessel dronk geen druppel, omdat hij er met zijn slechte bloedvaten ziek van werd. Maar marihuana roken vond hij het einde. Dat was juist goed voor zijn ziekte, dacht hij. Het gekke is dat het tegenwoordig inderdaad wordt voorgeschreven aan mensen die pijn hebben. Het schijnt de bloedvaten open te maken en het werkt natuurlijk kalmerend.

Toen ik Wessel leerde kennen, blowde hij al. Hij werd nooit echt *stoned*, maar hij was altijd een tikje *high* – ook als hij speelde. In die periode nam ik ook wel eens een blowtje, om uit te proberen of ik het lekker vond. Ik moest eerst leren inhaleren, dat deed pijn op je borst natuurlijk, maar na verloop van tijd heb je dat wel door. Maar ik vond er eigenlijk geen barst aan. Ik kreeg een soort lachkick, ik ging vreselijk hard lachen, en ik kon mijn voeten niet meer stilhouden. Daar heb ik sowieso al last van. En toen heb ik gezegd: 'Jongens, is dat nou alles? Ik vind het zonde van mijn gezondheid.'

Als je *high* bent, denk je dat je muziek er beter van wordt, maar dat is niet zo. Ik heb zoiets wel eens teruggeluisterd en dan dacht ik eerst: o, wat goed, hoor eens wat ik daar durf. Maar daarna bedacht ik: het is wel leuk en ik ben wel wat brutaler dan anders, maar als ik me daarvoor inzet en daarop train, dan durf ik dat normaal ook wel. En zo is het.

Ik was zo aan Wessels marihuana roken gewend dat ik er nauwelijks bij stilstond. Het was mijn man, ik was met hem getrouwd en hij leefde zo. We hadden het er eigenlijk nooit over. Ik wist ook niet hoe hij aan zijn *stuff* kwam, ik was absoluut achterlijk op dat gebied. Pas later heb ik ontdekt waar Wessel het vandaan haalde. Hij ging daarvoor helemaal naar Rotterdam, naar Katendrecht.

Toen ik met het orkest van Piet van Dijk op het Rembrandtplein in Amsterdam werkte, werd ik een keer van de bühne gehaald. Dat zal in 1947 zijn geweest. Er kwam een ober naar me toe, die zei: 'Er staat een meneer in de hal, die moet je even spreken.' Dat bleek een rechercheur te zijn en die ging mij allemaal vragen stellen over Wessel. Ze verdachten hem ervan dat hij dealde, maar dat was absoluut niet waar. Hij had het alleen voor eigen gebruik, verder niks. Ik was zó vreselijk beledigd, want ik had er niets mee te maken. Ik zei tegen die rechercheur: 'Ja man, dat weet ik niet, klaar uit.'

Wessel was zelf ook al ondervraagd en heeft ze waarschijnlijk alles verteld: dat hij wel marihuana gebruikte maar niet handelde. Hij is nooit gearresteerd of veroordeeld, maar hij kwam toen wel op de zwarte lijst van gebruikers te staan. En daardoor heeft hij later nooit een visum voor Amerika gekregen.

♪

In 1948 hebben we met Piet van Dijk maandenlang in Tanger gezeten, in een nachtclub die Freddy's Embassy heette. Daar werkten we van 's avonds tien uur 'tot ziens'. Soms werd het vier, vijf uur 's ochtends. Maar het klimaat was zo heerlijk, zulk schitterend mooi weer, dat we vaak niet eens naar bed gingen. Dan sliepen we met z'n allen op het strand tot een uur of tien en daarna gingen we naar huis om even te ontbijten. We woonden met het hele orkest in een prachtig huis dat de *Charf* heette. Wat dat precies betekent weet ik niet.

Wessel zat nog steeds niet in het orkest, maar hij was wel meegegaan naar Tanger om bij mij te zijn. Toen werd Martin Scherpenhuizen ziek, die moest terug naar Nederland, en zo werd Wessel de drummer van Piet van Dijk.

In Freddy's Embassy Club kwamen vooral rijke Arabieren met allerlei soorten vrouwen. De hele nacht door waren er optredens van danseressen met blote buiken. Die meiden hadden hun eigen muziek, zoals de *gota*; dat is een Spaanse dans. De jongens moesten dat allemaal begeleiden, maar dat was geen probleem want het waren goede lezers. Ik zat er keurig naast en ik zong af en toe een mooi stuk, bijvoorbeeld *Babalou*. En ook veel Spaanse liedjes in een soort steenkolen-Spaans waar iedereen zich kapot om lachte.

Wessel had in Tanger de tijd van zijn leven. In een mum van tijd zat hij in die theehuizen uit zo'n pijp *el khief* te roken, zoals hij dat noemde, hasjiesj. Hij kweekte ook zelf zijn wiet in lange bloembakken. We moesten een keer verhuizen en toen zette hij al die bakken met wiet boven op het dak van de taxi. Ik had geen idee wat het was, ik dacht: dat zijn mooie planten voor bij het huis. Ik verzorgde ze gewoon, wist ik veel. Als ze bloeiden haalde hij de knoppen eruit en zei: 'Dat zijn mooie zaadjes, kunnen we weer nieuwe zetten.' Ik was echt zo groen als gras.

Op een dag was er een repetitie in de club omdat er nieuwe artiesten waren gekomen. Piet van Dijk zei tegen mij: 'Joh, ga jij maar even in de kashba kijken, want je bent voorlopig toch nog niet aan de beurt.' Dat heb ik gedaan, en midden in de kashba werd ik opeens bij mijn arm gepakt. Ik keek om en ik zag drie vreemde kerels met van die jurken aan en die dingen over hun kop. Ze namen me mee naar een pakhuis, gooiden me op een matras in een kamertje met een cementen grond en deden de deur op slot. Het was om dood te gaan van angst.

Na een uur hoorde ik opeens een hard gebonk op de deur, de deur ging open en daar stond Wessel met een paar van de muzikanten en Jimmy. Dat was een Marokkaan die met Amerikanen en drugs en de hele rotzooi rommelde, en die ook bevriend was geraakt met Wessel. Jimmy hing altijd in de kashba rond en had het zien gebeuren, dus hij was Wessel gaan waarschuwen.

Wat bleek nou? Wessel had marihuana gekocht en niet betaald. En die kerels hebben gedacht: als jij niet betaalt, dan nemen wij jouw vrouwtje. Ik was me natuurlijk een ongeluk geschrokken, maar ze hadden verder gelukkig niks met me gedaan. Het verhaal van die kidnap heeft na onze terugkomst in Nederland wel in de kranten gestaan, maar ik heb toen nooit de finesse verteld.

Ik was achteraf niet eens kwaad op Wessel. Ik was heel nuchter, ik zette het meteen van me af. Het hield me eigenlijk niet bezig. We leefden maar een eind weg, we waren allemaal ondeugend. Ik was 23, maar vergeet niet dat ik door de oorlog vijf jaar van mijn jeugd had gemist. Dus het was ook een soort ingehaalde tienertijd.

♪

We waren gewoon kwajongens. Ondeugend zijn betekende niet dat je bezopen moest zijn of dat je vreemd moest gaan, maar dat je je nergens iets van aantrok. Ik weet nog dat we met het orkest van Piet van Dijk in Scheveningen werkten, in een van die nachtclubs op het Gevers Deynootplein. In die tijd had je rondom dat plein nog een melkwinkel en allerlei andere middenstanders. 's Ochtends om vier uur kwam dan de melkwagen met al die kratten waar rinkelende flessen in zaten. Op een keer waren we zo verschrikkelijk doorgezakt dat we met z'n allen – het hele orkest en Wes en ik – op de rand van de blauwe stoep gingen zitten, allemaal zo'n grote fles van die koude melk pikten en dat lekker zaten op te leuten.

En zo hebben we tientallen van die ondeugende rotstreken uitgehaald. Onder het spelen een kiezelsteentje zo – *koing!* – tegen iemands kop gooien. Niemand wist wie het had gedaan, dus we gierden van de lach. Of op de bühne mijn tong uitsteken als iemand in het publiek me een beetje te brutaal aankeek. Daar hadden de jongens dan de grootste lol in. Of als iemand een slok op had, zijn voet met een touwtje vastbinden aan de tafel. Dan was ik natuurlijk al lang weg als hij opstond en op de grond donderde. Dat soort kattenkwaad vond ik heerlijk. Een beetje rebellerig waren we.

Piet van Dijk deed er zelf ook aan mee, alleen niet op de bühne. Daar was hij een echte leider, die ook van ons muzikale discipline verwachtte. Wat geld betrof, was hij minder betrouwbaar. Wij verdienden wel salaris natuurlijk, maar we weten dat hij veel en veel hogere gages voor ons incasseerde. Hij stak eigenlijk zelf alles in zijn zak. En hij was een vreselijke innemer. Ik vergeet nooit dat hij in Tanger, als het afgelopen was en de mensen weg waren, de hele club rondging. Dan dronk hij alle restjes uit de glazen van de gasten die waren blijven staan: champagne, wijn, whisky, cognac, alles door elkaar. Vaak stond er nog een halve fles en die dronk hij dan ook nog even vlug leeg. Je kon er niets van zeggen, want als die man dronken was, dan was hij gewoon niet aanspreekbaar. Dus we lieten hem rustig gaan, het maakte ons uiteindelijk niks uit.

Het gekke is, in het orkest was er verder niet eentje die dronk. Thom Kelling al helemaal niet, die was zó zuinig op zijn stem. Die at niet eens ijs. 'Als ik ijs eet,' zei hij, 'dan krijg ik kou op mijn stembanden.' Zijn moeder Coba Kelling was een actrice, en dat theatrale had hij natuurlijk een beetje van haar overgenomen.

Na die maanden in Tanger hebben we ook een tijd in Oran gewerkt, in Algerije, maar daar herinner ik me niet veel van. Terug in Nederland hadden we nog steeds behoorlijk succes. Vanaf 1 december 1948 speelden we in Tabaris in Den Haag, ook op oudejaarsavond. 'PIET VAN DIJK en zijn Band, terug van zijn buitenlandse tournée, met medewerking van de CHARMANTE ZANGERES RITA REYS,' stond in de advertenties. Een jaar later, op oudejaarsavond 1949, zaten we met Piet van Dijk in Cascade in Rotterdam.

Maar Wessel had geen zin om nog langer bij Piet van Dijk te blijven. Dat drinken ergerde hem en hij vond de muziek ook niet goed: te veel Zuid-Amerikaans en te weinig jazz. Ik hield wel van Zuid-Amerikaans als het goed gedaan werd, maar ja, ik was met die man getrouwd. Bovendien had ik genoeg ondernemingsgeest om ook wel eens wat anders te willen. We besloten voor onszelf te beginnen.

Hoofdstuk 5

Het Rita Reys Sextet

The Wessel Ilcken Combo werd in de jaren vijftig een van de beroemdste jazzgroepen in Nederland, maar slechts weinig Nederlandse jazzliefhebbers van nu hebben ooit van het Rita Reys Sextet gehoord. Toch was dat de naam waaronder Wessel Ilcken en Rita Reys vanaf 1950 met veel succes door Europa trokken, meestal werkend op Amerikaanse legerbases in Duitsland en Groot-Brittannië. Misschien was die keuze gemaakt omdat de zangeres de voornaamste publieksattractie was, misschien ook omdat 'Rita Reys' internationaler klonk dan 'Wessel Ilcken'.

Op 1 april 1950 debuteerde het Rita Reys Sextet met een engagement in bar-dancing Palace op het Amsterdamse Thorbeckeplein. Voor de oorlog, toen de club nog Negro Palace heette, had de beroemde Amerikaanse tenorsaxofonist Coleman Hawkins daar langdurig gespeeld. De eerste bezetting was: Rita Reys zang, haar broer Karel Reys altsax en klarinet, B. Lauw elektrische gitaar en klarinet, Harry de Groot piano, accordeon en vibrafoon, Dub Dubois bas en Wessel Ilcken drums.

Harry de Groot maakte spoedig plaats voor Arie C. Roos, volgens Rita Reys 'een beetje studentikoze pianist', die ze al kende uit de orkesten van Lex van Spall en Ted Powder. Bassist Dub Dubois werd opgevolgd door Henk Jongeleen en daarna Hans van Rossem. En op de plek van gitarist B. Lauw kwam een tenorsaxofonist te zitten, eerst de op Ambon geboren Joop Ayal en later Toon van Vliet (1922-1975), die zou uitgroeien tot een van de grootste tenoristen uit de Nederlandse jazzgeschiedenis.

Doordat het Rita Reys Sextet meestal buitenslands verbleef, werd in de Nederlandse pers weinig over het orkest geschreven. De publiciteit in Duitsland en Engeland beperkte zich grotendeels tot korte stukjes in lokale dagbladen en nieuwsbrieven van Amerikaanse legerbases.

'*Rita Gives Swing Fans A Dutch Treat*,' kopte een krant in het Schotse Edinburgh.

Een knipsel uit een rood gestencild nieuwsblaadje voor Amerikaanse militairen in Duitsland berichtte: '*This was "Rita Rey's Band" from Amsterdam and when she sang those "torchy" numbers, she had the fellows "swooning" and "sighing". We hope you didn't miss Sgt. Art. Inverse's (14th Ordn.) Jitterbug with Rita. We thought he was going to swoon when it was over.*'

Het blad van de Erding Air Base bij München schreef: '*An unusual musical combination, ruled by a wisp of a woman with a solid sense of rhythm, is the Rita Reys Sextet. Rita is a luscious blond with a peach-bloom complexion that not even the fogs and mists of the Lowlands have been able to damage. She sings with hardly a trace of accent and with sound appreciation for both the idiom of American jazz and its rhythms.*'

Het gedrukte programma van een jazzconcert in het Manchester Hippodrome op zondagavond 25 februari 1951 geeft een indruk van het repertoire dat het Rita Reys Sextet speelde als het zijn eigen voorkeur mocht volgen. Instrumentale bop-thema's zoals *Move*, *Godchild* en *How High The Moon*. Vocale solostukken voor Rita Reys: *Detour Ahead*, *How Deep Is The Ocean* en *Deed I Do*. En bebop-vocals van Wessel Ilcken, soms samen met Rita Reys: *Land Of Oobla-Dee*, *Capitolizing* en *Le-*

mon Drop. Als Wessel Ilcken zong, placht Rita Reys achter de drums plaats te nemen.

Op een foto uit de Britse *Melody Maker* van 1951 poseert Rita Reys met saxofonist Ronnie Scott, die acht jaar later in Londen zijn wereldberoemde jazzclub zou openen. Het programma van Barrowland, een grote ballroom in Glasgow, uit de zomer van 1951 laat zien in welke muzikale context Rita Reys en Wessel Ilcken werden gepresenteerd: maandag 16 juli het Rita Reys Sextet, maandag 20 augustus Johnny Dankworth and his Band, maandag 27 augustus Graeme Bell's Australian Dance Band, en maandag 3 september Freddie Randall and his Band.

Het contact met grote buitenlandse jazzmusici zou nog inniger worden toen Rita Reys en Wessel Ilcken in januari 1953 naar Zweden vertrokken.

Rita Reys:

Het heette het Rita Reys Sextet, maar Wessel was natuurlijk de leider. Ik kon toch geen leiding geven. Ik kan aftikken, maar zelfs dat vind ik nog steeds verschrikkelijk om te doen. Het is zo'n lullig gezicht wanneer je als vrouw gaat staan van: ja jongens, dit is het tempo! Ik vind dat de muzikanten de tempo's goed moeten kunnen aangeven. Er zijn alleen een paar stukken waarvan ik denk: dat kunnen ze gewoon niet. En dan doe ik het maar, door zo in mijn handen te klappen: jongens, luister even.

Ons repertoire werd ook grotendeels bepaald door Wessel. Het was van alles: Spaans, Franse chansons, Engelse liedjes, zodat ze lekker konden dansen. We speelden natuurlijk liever jazz dan al die andere rommel en dat werd dan wel getolereerd. We wisten er zo'n slinger aan te geven dat ze er toch op konden dansen.

Bij Piet van Dijk was ik arrangementen gewend, maar met het sextet deden we gewoon: een lekker intro spelen, puin maar een eind weg, en dan zette ik wel in. Een paar instrumentale chorusjes ertussendoor, ik nog een paar chorusjes, een goed coda eraan en klaar. Het was eigenlijk precies hetzelfde als wat we tegenwoordig doen. Alleen zijn de harmonieën nu veel uitgebreider en geraffineerder.

Als ik de aanpak van een stuk niet mooi vond, zei ik het wel. 'Ik wil hier een break hebben.' Of: 'In plaats van zestien maten wil ik er hier acht.' Dat ging allemaal prima, maar je krijgt toch de naam dat je een akelige meid bent, want je doet veel te veel je mond open. Maar daar heb ik altijd maling aan gehad. Anders was ik ook nooit gekomen waar ik nu ben.

Bij ons eerste engagement in Palace op het Thorbeckeplein hadden we Willy Alberti als gast. 'Napolitaans Radio-zanger', stond in de advertentie. Dus daaruit bleek al dat we van alles speelden. Mijn broer Karel zat ook bij het sextet, omdat hij anders niks te doen had. Maar hij was gewoon een collega, een goede muzikant.

In februari 1951 gingen we voor het eerst naar Engeland. We werkten op Amerikaanse militaire bases, maar ook veel in Engelse dansclubs. Dat waren van die zalen met een hele grote dansvloer waar iedereen langs zat, vrouwen, meiden en jongens door elkaar. Wij stonden dan op de bühne en speelden zodat ze gingen dansen. Die Engelsen moesten toen eigenlijk nog niks van echte jazz hebben, dus het was hard werken voor ons. Maar we hadden reuze succes, het was enig.

Wessel zong soms ook, van die bebop-vocals. Daar begon hij

een keer mee tijdens een repetitie. Toen was er natuurlijk geen ritme en ik dacht: laat ik het maar eens proberen. Dus ik ging achter de drums zitten. Ik had de *after-beat* op de *hi-hat* zó lekker in mijn voet, dat Wessel zich omdraaide: 'Goh, wat góéd zeg!' Daarna heeft hij me geleerd om met *brushes* te spelen en dan gaf ik af en toe een tik op het grote cymbal. Bongo's speelde ik ook, in latin-stukken. Dan danste ik met die bongo's in mijn handen.

Ik had het op de een of andere manier gelijk goed door. Er zijn genoeg foto's van, waar ik helemaal in de houding van een slagwerker zit. Alleen had ik natuurlijk niet de kracht in mijn armen en mijn schouders om echt te kunnen drummen. Roffelen kon ik ook niet, maar dat was niet nodig. Als Wessel zo'n liedje zong, moest ik alleen een swingende beat neerleggen en dat ging heel goed. Het swingde de pan uit. Zelfs Art Blakey zei later dat ik het goed deed. Nou, dat wil wat zeggen, dacht ik.

♪

We speelden het meest voor de Amerikanen in Duitsland. Daar werkten toen heel veel Nederlandse orkesten. Ik denk dat de meeste Duitse muzikanten in die beginjaren liever niet op Amerikaanse legerbases wilden spelen. Die hadden immers Duitsland veroverd, dus dat waren eigenlijk hun vijanden. Omgekeerd hadden de Amerikanen ook liever geen Duitse muzikanten. Het eerste wat ze ons vroegen als we ons ergens kwamen inchecken, was altijd: '*Are you Allied?*'

The Millers zaten in Duitsland, het Atlantic Quintet, het Metronome Quintet, iedereen zat er. Je had in het Amerikaanse leger drie niveaus die ieder hun eigen clubs hadden: de *officers*, de *non-commissioned officers*, dat waren de onderofficieren, en de *enlisted men*, de gewone soldaten. The Millers speelden van die hompiekurkie-jazz; die zaten altijd voor de officieren want die wilden slijpen en dansen. Wij speelden veel hippere muziek, dus wij werden altijd voor de gewone jongens neergezet, de *n.c.o.*'s en de *e.m.*'s. Die waren iets moderner, iets wilder, die braken de tent zowat af.

We werkten in Frankfurt, Garmisch-Partenkirchen, Darmstadt, München, Neurenberg, West-Berlijn, Würzburg, Heidelberg, Wenen en zelfs op militaire vliegvelden in Italië en Noord-Afrika. We trokken van hot naar her, we waren altijd weg. Je leerde ook Amerikaanse muzikanten kennen, zoals Burt Bacharach, die toen als jonge pianist voor de Amerikanen in Duitsland speelde.

Meestal moesten we 's avonds om een uur of zeven, halfacht beginnen en bijna zonder pauzes doorspelen tot elf uur, hooguit kwart over elf. Dan kwam de *M.P.* binnen, de *Military Police*, en dan moest iedereen opdonderen. Daarna gingen wij zelf de stad in om kroegen te zoeken waar leuke muziek was en te blowen met andere muzikanten. God, wat hebben we een lol gehad.

De sfeer in zo'n *n.c.o.*-club was altijd hartstikke gezellig, maar die Amerikanen dronken vreselijk veel. Whisky's, whisky's, whisky's – tegen het eind van de avond waren ze allemaal als een oelewapper zo dronken. Het was toch een heel ander publiek dan we in Nederland gewend waren. Ze klapten ook altijd goed mee, op de tweede en de vierde tel. Dat kom je bijna in geen enkel land tegen.

Er zaten natuurlijk ook boeren tussen, echte boeren, die heel onhebbelijk konden zijn. Als de jongens bijvoorbeeld zo'n wild bebop-stuk inzetten – wat ze rustig deden, want ze wilden jazz spelen – dan riepen die boeren: '*Hey man, play some good music, we can't dance to this bullshit!*' Mij vielen ze ook wel eens lastig, zo van: '*Hey chick, you look great, baby.*' Ik stond een keer te praten met een jongen en vroeg waar hij vandaan kwam. Hij zei: '*From Michigan*' of weet ik veel. Toen kwam er een ander tussen en ik zei: '*You shut up.*' Hij begon te krijsen: '*What, shut up! I'll give you...*' Zo ging dat, ze waren echt losgeslagen. De meesten kwamen natuurlijk nog van het front; die hadden overal gevochten.

Handtastelijk werden ze nooit. Daar hoefde je niet bang voor te zijn. De *M.P.* was er altijd bij en die was streng hoor. Als de *M.P.*'s binnenkwamen met die witte puttees aan hun voeten en die helmen op en die stokken in hun hand, dan ging iedereen keurig zitten en deed geen bek meer open.

We werden met militaire vliegtuigen van de ene basis naar de andere gevlogen en ze betaalden ons in dollars. We verdienden erg goed en we hadden ook een kaart voor de *PX Store*. Dat waren hele grote warenhuizen, echt joekels van winkels, net De Bijenkorf. Dat was alleen voor Amerikanen, maar daar konden wij ook kopen wat we wilden. Ik kocht *loafers*, van die beeldige schoentjes waar je een kwartje tussen stopt. *Four and a half B* was mijn schoenmaat. En leuke topjes, haarstukjes, mooie rokken, ondergoed, T-shirts. Dat kon je in Nederland allemaal niet krijgen, want het was nog maar net na de oorlog. Belastingvrije sigaretten, parfums, het kostte allemaal niks. Dus ik had altijd de leukste dingen.

♪

De mooiste herinneringen heb ik aan Garmisch-Partenkirchen. Daar werkten we maanden achter elkaar in verschillende militaire clubs. We woonden in een groot hotel aan een meer, de Eibsee, en daar heeft Wessel leren waterskiën. Ondanks zijn ziekte was hij heel sportief. Hij kon heel goed waterskiën en heel goed paardrijden. Ik heb toen ook geprobeerd te leren waterskiën, maar mij lukte het niet. Gewoon skiën in de bergen kon ik wel, maar dat vond Wessel niet zo lekker.

Het was een zalige tijd: skiën, waterskiën, forellen vangen, tennissen, paardrijden, dat deden we allemaal. Je had eigenlijk permanent vakantie. We hadden een grote kamer in het hotel en die werd schoongehouden door de meisjes die daar liepen. Ik deed niks, we werden echt in de watten gelegd. Eten konden we in het restaurant beneden; zelfs onze kleren werden voor ons gewassen. Als we 's ochtends wakker werden, gingen we douchen, lekker ontbijten, zwemmen, of Wessel ging waterskiën. Als hij terugkwam, meestal tegen een uur of twaalf, dan at hij eerst wat en dan nam hij een stickie.

Toon van Vliet, *stonede Toon*, zat inmiddels ook in het orkest. In de heuvels en de bergen bij Garmisch woonden voornamelijk boeren en Wessel en Toon hebben toen van zo'n boer een stukje land gehuurd. Dat werd hun wiettuin. Ze plantten daar hennep die wel een meter hoog werd, met hele dikke knoppen. Het is een schoonheid van een plant, maar zij waren alleen geïnteresseerd in de bloesems en de toppen, want die rookten ze.

Op een dag gingen Wessel en Toon weer eens kijken hoe het boeltje erbij stond. Die boer kwam op ze af: '*Ach, das geht nicht mehr, das ist Hanf, das muss verbrannt werden.*' En ja hoor, de volgende dag kwam de *M.P.* en die heeft de hele rotzooi in de brand gestoken. Gelukkig hebben Wessel en Toon er daarna niets meer van gehoord. Die boer had niet tegen de *M.P.* gezegd van wie die hennep was; dat vond ik wel lief. Maar het waren een stelletje donders, Wessel en Toon. Ze draaiden hun eigen stickies en dan hadden ze ook nog een waterpijp. Stapelgek waren ze. De rest van de band deed daar niet aan mee. Mijn broer Karel al helemaal niet; die is zo clean, die dronk niet eens een borreltje.

We zouden een keer uitgaan in München. Wessel had een auto gehuurd, Toon en hij zaten voorin, de vrouw van Toon en ik achterin. Wessel was natuurlijk *stoned* en op de weg van Garmisch naar München maakte hij een enorme klapper. De auto lag in de sloot en wij vlogen eruit – *whoing!* – zo over de sloot het weiland in. Na een tijdje kwamen er een paar boeren aan. Die hadden de klap gehoord en dachten dat ze ons eruit moesten zagen. Maar wij lagen in het weiland. Ik had een flink gat in mijn been en een snee bij mijn oog, verder mankeerde niemand iets. Alleen die huurauto lag uiteraard helemaal in puin.

Later hebben we zelf een auto gekocht, een prachtige Plymouth stationcar. Hij was van Harry Metz, een Hollander die al die Nederlandse groepen voor de Amerikanen in Duitsland boekte; eigenlijk onze manager in die tijd. Hij wilde die Plymouth kwijt en wij hadden goed verdiend, dus Wessel zei: 'Die kopen wij.' Hij kostte vijfduizend dollar, maar het was een schoonheid van een kar. We hebben er jaren plezier van gehad.

♪

Na een paar jaar voor de Amerikanen spelen hadden we er geen zin meer in. Er zaten zoveel Hollandse muzikanten in Duitsland dat het vervelend werd. Wij hadden toch het idee van: wij doen het beter dan jullie. En we wilden graag jazz spelen. De Amerikanen werden hoe langer hoe irritanter. Die wilden *square dances* horen en muziek om op te slijmen, en Wessel verdomde dat. Wes was een *enfant terrible* hoor. We zijn nog even teruggegaan naar Nederland, maar in januari 1953 namen we de benen en reden we in onze Plymouth naar Zweden. Puur op de bonnefooi, we kenden er niemand en niks. Maar Zweden was in die tijd een van de belangrijkste jazzlanden van Europa.

De eerste avond in Stockholm gingen we zoeken wat er allemaal gaande was. We kwamen terecht in een hele grote club die Nalen heette. Daar zat een goeie groep met de saxofonisten Lars Gullin en Arne Domnérus en nog een paar van die Zweedse topmuzikanten. Wij zeiden: 'Jongens, we komen even meeswingen, mag dat?' Toen werden ze helemaal gek van ons. Mijn naam kenden ze wel; die van Wes niet. Maar ze vonden hem een goeie drummer. Er was nog wel een andere drummer, Jack Norén, een Amerikaan van Zweedse afkomst. Die was een beetje jaloers en probeerde Wessel af te houden. Maar de baas vond ons zo verschrikkelijk goed – er waren ook nauwelijks jazz-zangeressen in Zweden – dat hij vroeg of wij daar een poosje wilden komen werken. Het betaalde haast niks, maar we deden het natuurlijk. En van lieverlee zijn we steeds verder gekomen.

We waren nog maar net in Stockholm toen in Nederland op 1 februari 1953 de Watersnoodramp gebeurde. Er werd een geldinzameling gehouden en ik ging collecteren. Dat kwam ook in de Zweedse kranten: '*Hollandshjälp... Och får du nån slant över går det bra att lägga den i någon av de bössor Rita, Wes.*' 'Hulp voor Holland... En heb je wat geld over, dan kan dat best in een van de collectebussen van Rita en Wes.' Ze hadden in het centrum van Stockholm een molen neergezet met 'Holland' op de wieken. Ik heb daar nog een foto van: samen met Wessel sta ik voor die molen, met mijn dikke oude bontjas aan, want het was zó koud.

We zaten eerst in een hotel, maar later ontmoetten we een meisje, Ulla-Britt Söderlund. Die was helemaal gek van jazz en die woonde met haar ouders in een grote flat aan de Ölandsgatan. Ze was enig kind, heel verwend en altijd ontzettend *stoned.* Ze stelde ons voor aan haar ouders en die zeiden: 'Jullie mogen wel bij ons komen wonen.' Voor een hele lage huur hebben we daar maandenlang gewoond en ook gegeten. Die mensen vonden dat enig.

Het was moeilijk om in Zweden aan wiet te komen. Lars Gullin was een echte junk, maar die spoot en daar moest Wes niks van hebben. Ten eerste was hij doodsbang van naalden en ten tweede wou hij dat ook niet wegens zijn ziekte. Toen heeft Wessel met zijn moeder geregeld dat die hem krantjes stuurde, heel stijf opgerold, met daarin een zilverfolie vol wiet. Waar ze het vandaan haalde, mag god weten. Dat heeft ze ons nooit verteld. Ze maakte er een mooi pakket van, aan alle kanten dichtgeplakt, met 'Wessel Ilcken' erop. Als ze was gepakt, zou het verschrikkelijk zijn geweest. Maar zo kreeg Wes toch zijn wiet.

♪

In maart 1953 heb ik in Stockholm mijn eerste platen gemaakt, vier 78-toerenkantjes voor het Zweedse label Artist. Dat was met Lars Gullin op alt en bariton en Wessel op drums. Natuurlijk was dat spannend, het waren zulke godsmuzikanten. Maar ik ben gewoon gaan staan en zingen. Ik vond het lekker, ik genoot. Ik ben nooit een zenuwenlijder geweest.

We ontmoetten in Stockholm ook veel grote Amerikanen. Dizzy Gillespie speelde in het Konserthuset en er was een concert van Jazz At The Philharmonic, met Ella Fitzgerald, Oscar Peterson, Gene Krupa en Lester Young. Daar trokken we dan mee op. Na afloop van het concert kwamen ze meestal naar Nalen om met ons mee te doen. Ik weet nog dat Lester Young de trap af kwam en enorm naar wiet rook. Ik snoof zo en zei: '*Oh man, I smell shit!*' Hij keek me heel onschuldig aan: '*Not me, baby, not me.*' Maar hij had natuurlijk ontzettend staan *blowen.*

Het was zo fantastisch om met al die Amerikanen te kunnen spelen, het was een gouden tijd in de jazz. Ik vind het altijd zo jammer dat de jonge zangeressen van nu dat niet hebben. Die missen de invloed en de inspiratie die wij hebben ondergaan. Ik swingde en ik zong met ze mee en dat was heerlijk. Aan de andere kant ben ik niet iemand die in aanbidding gaat liggen. Ik vond die Amerikanen het einde en lekker, maar zij mij ook. Ik besefte wel dat ik met grote jazzmuzikanten verkeerde, maar eigenlijk vond ik het heel gewoon.

Later kwamen ook de bands van Lionel Hampton en Stan Kenton naar Stockholm. Ik heb toen hele leuke gesprekken met Stan Kenton gevoerd. Vele jaren later speelde hij in het Concertgebouw in Amsterdam. Ik liep op hem af en uit de verte zei hij: '*Hello Miss Reys, how are you! That's a long time ago.*' Ik dacht:

hoe is dit in godsnaam mogelijk. Het was precies hetzelfde met Zoot Sims. Die had ik in 1953 als saxofonist van Kenton in Stockholm ontmoet en in 1969 moest ik met hem optreden in New Orleans. Hij was zo dronken als een tempelier, maar hij keek me aan en zei meteen: '*Hey Rita, how are you! Nice to see you.*' Dat hebben die Amerikanen allemaal.

In september 1953 maakten Clifford Brown en Art Farmer, twee trompettisten uit de Lionel Hampton-band, opnamen met Arne Domnérus, Lars Gullin en nog een stel Zweden, onder leiding van Quincy Jones, die toen ook in de trompetsectie van Hampton zat. Die platen – zoals *Stockholm Sweetnin'* en *Falling In Love With Love* – zijn heel beroemd geworden en ik heb nog foto's waaruit blijkt dat Wessel en ik in de studio daarbij zijn geweest. Toch herinner ik me er niets van, alleen dat Quincy Jones helemaal gek was van Wessel – maar dat kwam door het *blowen*. Ach, het ging allemaal zo spelenderwijs.

♪

Door ons engagement in Nalen waren we zo bekend geworden dat we een contract kregen aangeboden voor een zomertournee langs de Zweedse volksparken met het orkest van Emil Iwring. Dat was een violist, een beetje Stéphane Grappelli-achtig, die een grote show had, met een Spaans gedeelte, een cowboy-gedeelte en ook een jazzgedeelte – allemaal met speciale kostuums.

We zijn het hele land door geweest. Eén keer in de week sliepen we in een hotel, omdat ik mijn haar moest verzorgen zodat het lekker in model zat. Maar meestal kampeerden we in onze

Plymouth, zomaar in de vrije natuur. Dat kon toen nog; tegenwoordig zou je bang zijn om te worden overvallen. We hadden twee luchtbedden en kleine gordijntjes voor de ramen van de stationcar. Als we bij die grote meren kwamen, reed Wessel zo'n smal weggetje af, dwars door het land tot hij bij het water was. Dan zetten we de auto neer, de gordijntjes gingen dicht, ik deed de klep open en dan kookte ik op een primus een lekkere grote pan spaghetti of zo. 's Morgens om zeven uur werden we wakker en dan doken we in dat schitterende water. Zo leefden we, het was heerlijk.

Maar voor die tijd waren we eerst teruggegaan naar Nederland, omdat ik maar niet zwanger werd.

Hoofdstuk 6

Leila

Het jaar 1954 bracht Rita Reys niet alleen het moederschap, maar ook een gestage groei van haar bekendheid. Samen met Wessel Ilcken werkte ze geregeld in de Sheherazade, de Amsterdamse nachtclub die het jazzcentrum van Nederland zou worden. Van de muzikanten met wie ze in Duitsland hadden gespeeld, bleef op den duur alleen saxofonist Toon van Vliet over.

Op 15 december 1954 gaf het Rita Reys-Wessel Ilcken Sextet een 'exclusief modern-jazz-concert' in het Minerva-paviljoen in Amsterdam, georganiseerd door jazzplatenwinkel Discotone. In het sextet zat die avond, naast Toon van Vliet, Dick Bezemer (trombone en gitaar) en Kees Slinger (piano), de zestienjarige bassist Rudy Jacobs. Het zal een van de eerste keren zijn geweest dat een lid van de familie Jacobs met Rita Reys optrad. Op haar repertoire stonden de songs *I Get A Kick Out Of You*, *Polka Dots And Moonbeams* en *My Funny Valentine.*

Die laatste ballad werd ook haar eerste Nederlandse platensucces. De opname vond plaats op 17 januari 1955, als onderdeel van de Philips-lp *Jazz Behind The Dikes*, waarmee producer Michiel de Ruyter wilde bewijzen dat Nederlandse jazzmusici volwaardige moderne jazz zonder commerciële concessies konden spelen. De groep die Rita Reys op *My Funny Valentine* begeleidde, heette inmiddels The Wessel Ilcken Combo. De verdere bezetting was: Toon van Vliet, Dick Bezemer (trombone),

Jerry van Rooyen (piano) en Chris Bender (bas).

Al op 16 augustus 1955 volgde een nieuwe sessie, voor de tweede *Jazz Behind The Dikes*-lp. Nu zong Rita Reys twee songs, *I Should Care* en *There'll Never Be Another You.* Jerry van Rooyen speelde deze keer trompet, Dick Bezemer bas, en Rob Madna zat aan de piano.

De opnamen van Rita Reys werden met gejuich ontvangen. Het maartnummer van het jazzblad *Rhythme* prees de 'zeer mooie versie' van *My Funny Valentine.* 'Haar voordracht is tot in de geringste nuances een warm pleidooi voor de moderne muziek, die de sfeer uitstraalt van de gecompliceerde tijd waarin wij leven.'

In het maandblad voor klassieke muziek *Luister* (februari 1955) oordeelde Harm Mobach: 'Dan volgt een ander hoogtepunt: *My Funny Valentine*, gezongen door Rita Reys. Deze talentvolle jazz-vocaliste, die over een mooie stem en een opvallend goede zangtechniek beschikt, draagt de prachtige melodie wel zeer smaakvol voor.'

Peter Schilperoort, zelf klarinettist en leider van de Dutch Swing College Band, schreef in zijn recensie van *Jazz Behind The Dikes* (vermoedelijk voor het Haagse dagblad *Het Vaderland*) enthousiast over 'Wessels formidabele swing en variaties'. En over Rita: '"Groots" is het enige woord wat ik ervoor kan vinden. Rita's wat hese stem grijpt direct het hart van de luisteraar en overtuigt volledig. Haar uitstekende techniek staat geheel ten dienste van de muziek zelf. Ik geloof niet ooit een Nederlandse jazz-zangeres van deze klasse gehoord te hebben! Wessel Ilckens Combo is voor mij heus het beste moderne Hollandse jazzorkest.'

Ook een buitenlandse criticus, die niet van chauvinisme kon worden beticht, toonde zich vol lof. In het gezaghebbende Britse maandblad *The Gramophone* (juli 1955) gaf Edgar Jackson de eerste *Jazz Behind The Dikes*-opnamen van de Wessel Ilcken Combo en Rita Reys vier sterren (het maximum was vijf). De muzikanten, schreef Jackson, '*can hold their own with the best in Europe and many of the best Americans*'. Wessel Ilcken '*leads his own group on drums with a neat, sprightly swing*'. En Rita Reys noemde hij '*a first-rate young vocalist whose sexy voice is not the least of her attractions*'.

In april 1956 kreeg Rita Reys de kans zelf haar muzikale oordeel te geven. Redacteur Skip Voogd van *Rhythme* nam haar een blinddoektest af, waarbij ze commentaar moest leveren op platen waarover haar van tevoren niets was meegedeeld. '*Rita raadde raak!*' luidde de kop terecht. Ze herkende feilloos drummer Max Roach, altist Lee Konitz, trompettist Miles Davis, de big band van Woody Herman en trombonist Carl Fontana.

Met haar collega-zangeressen had ze nog minder moeite:

'Dat hoor je direct! Ella natuurlijk. Die vrouw is werkelijk *great*.'

'Sarah! Daar kan je een millioen platen voor me van draaien.'

'Typisch een blanke zangeres. Ik heb er zo'n vermoeden van dat 't June Christy is. Heb ik 't goed? Ja hoor, 't *is* Christy.'

De plaat van Sarah Vaughan vond Rita Reys het beste dat ze te horen had gekregen. 'Wat een prachtstem bezit die vrouw toch en wat is alles door en door muzikaal. Ze zingt zo vlekkeloos, ik heb haar nog nooit een fout horen maken! Wat een stem! Mijn lievelingszangeres zonder twijfel!'

Rita Reys:

Ik wilde dolgraag een kind. Wessel zei: 'Joh, wat moeten we daar nou mee.' Maar ik vond: als ik geen kind krijg, ben ik geen volwaardige vrouw. Dat denk je als je jong bent. Ik was inmiddels wel al 28, dus ik zei: 'Als ik een kindje wil, moet ik nu zorgen dat ik zwanger raak, anders komt er niks van terecht.' Daarom zijn we naar Holland gegaan en heb ik me door een gynaecologe laten onderzoeken. Die zag wat littekentjes op mijn eierstokken en heeft me daarvoor bestraald. Voordat die behandeling was voltooid moesten we alweer terug naar Zweden voor ons contract in die Volksparken, maar een maand later was ik toch zwanger.

Ik ben heel lang doorgegaan met werken. Ik heb nog foto's met het orkest van Emil Iwring, waarop ik heel keurig stilzit met dat mooi opgeknipte haar en waar ik al een behoorlijk eind zwanger ben. Na zes of zeven maanden gingen we terug naar Nederland. In december 1953 hebben we nog een mooi afscheidsinterview gegeven aan een Zweedse krant. *Sverige drömland för jazzmusiker*, stond erboven.

Ik had er van tevoren niet bij stilgestaan wat een kind voor mijn carrière zou betekenen. Ik dacht gewoon: ik wil een kind en we zien het verder wel. Maar ik heb nooit overwogen om op te houden met werken, want ik kan niet zonder zingen. Toen zeker niet, maar nu ook nog niet. De zwangerschap verliep prima. Ik heb zelfs in Nederland nog gewerkt, begin 1954 in de Sheherazade, dat ik met mijn dikke buik en mijn benen wijd achter het slagwerk zat. De baas zei tegen me: 'Rita, nou moet je echt naar huis, want direct ligt dat kind hier op de bühne.' Op 18 april 1954 is Leila geboren in het ziekenhuis in Hilversum.

Toen we in 1948 in Tanger werkten, hoorden we daar voortdurend een fantastische Arabische zangeres op de radio. Ze kwam uit Egypte, ze was heel beroemd en ze reisde over het hele continent. Wessel was helemaal gek van haar. Ze heette Leila Murad en ik heb later begrepen dat ze oorspronkelijk joods was, maar zich had bekeerd tot de islam toen ze met de Egyptische filmster Anwar Wagdi trouwde. We hebben haar nooit ontmoet, maar als ze op de radio was, zei Wes altijd: 'Als ik ooit een dochter krijg, dan heet ze Leila.'

De dag na de geboorte was Wessel in het ziekenhuis. Ik zei: 'Je moet nog even naar het gemeentehuis om het kind aan te geven.'

Hij zegt: 'Dat heb ik al lang gedaan.'

Ik zeg: 'Hoe kan dat nou, hoe heet ze dan?'

'Leila heet ze'

'Heet ze Leila? Jongen, hoe kun je dat nou doen.' Ik janken. 'O, wat een gekke naam.'

'Ja, we hadden toch altijd gezegd dat ze Leila moest heten? Nou, ze heet Leila.'

Later ben ik het wel een mooie naam gaan vinden. Als andere muzikanten een dochter kregen, noemden ze haar ook vaak Leila – maar dan geschreven als *Laila*, omdat ze dachten dat Leila zo heette.

Leila is altijd vreselijk eigenzinnig geweest, maar als baby was ze schattig. Ze was geen huilebalk. We woonden in huisje Max in Loosdrecht, omdat ik genoeg had van het inwonen bij Wessels moeder. Oma Ilcken kwam wel altijd op Leila passen als ik moest werken. Dan nam ze de bus naar Loosdrecht en 's avonds bracht Wessel haar terug naar het Melkpad. Of ze sliep wel eens bij ons als het erg laat was geworden.

Toen Leila een jaar of twee, drie was, zijn we toch maar weer op het Melkpad gaan wonen. Dat was makkelijker voor het oppassen. Het kon eigenlijk niet, we zaten boven op elkaar. Maar wat moest je anders in die tijd? Ik wilde nu eenmaal werken. En we hadden het geld ook nodig.

♪

We konden begin 1954 terecht in de Sheherazade in Amsterdam. Dat was een jazzclub in de Wagenstraat, niet ver van het Rembrandtplein. We gingen er spelen met de jongens waarmee we ook in Duitsland hadden gewerkt: Toon van Vliet, Arie Roos en Hans van Rossem. En later met Cees Slinger op piano, die zijn naam toen nog gewoon als Kees schreef. Als er even geen werk voor ons was in de Sheherazade, konden we altijd in Hilversum spelen. Café Sport aan de Groest heette inmiddels dancing Benelux en de eigenaar Teus van Schaik was een hele goeie vriend van Wessel.

Samen met Teus is Wessel in Loosdrecht ook een waterskischool begonnen, de eerste in Nederland. De startplaats was bij jachthaven De Otter, om de hoek bij huisje Max. Teus zorgde voor het geld, want er moesten natuurlijk schansen worden gebouwd, en ski's en een boot aangeschaft. Wessel was de waterskileraar. Hij kon het zelf vreselijk goed, hij is twee keer kampioen van Nederland geweest. Waterskischool Extase, zoals ze hem hadden genoemd, werd op 23 juni 1954 officieel geopend.

Het was heerlijk om in de Sheherazade te spelen. Er kwam een echt jazzpubliek: Simon Vinkenoog, Karel Appel, Simon Carmiggelt, noem maar op. En een hoop muzikanten natuurlijk.

Als er een jazzconcert was geweest in het Concertgebouw, kwamen al die Amerikanen na afloop naar de Sheherazade om mee te blowen. Dat waren fantastische sessies. Wij werden zó geïnspireerd, zó meegesleept, we hebben daar echt het vak geleerd. Vanaf 1 juli '54 werden we zelfs het huisorkest van de Sheherazade, zoals later The Diamond Five.

Je had in de Sheherazade één microfoon en drie kleine speakertjes, maar het klonk toch lekker. We stelden onze eisen natuurlijk niet zo hoog, wisten wij toen veel van geluid. Tegenwoordig ben ik, voor ik de bühne op ga, wel anderhalf uur bezig met de soundcheck: 'Nee jongens, iets meer zo, iets meer dit, iets meer dat.' Dat bestond vroeger niet. Je ging gewoon staan, een leuk spotje op je kop en klaar, swingen maar.

De eigenaar heette meneer Vorhauer. Dat was een aardige man, wat ouder, heel kaal, een chique man. Hij had ook een bedrijfsleider die wat minder aardig was. Als we even pauze hadden, zat ik meestal aan de bar. En dan zei hij tegen mij: 'Als je nou een drankje aangeboden krijgt, neem dan een piccolootje.' Dat was zo'n klein flesje champagne, heel duur, het kostte toen al een rijksdaalder, geloof ik. Maar dat was niks voor mij, daar ben ik veel te open voor. Als er een man naast mij kwam staan die vroeg: 'Hé Rita, wil je wat drinken?', dan dacht ik: een piccolootje? nee, dat doe ik niet, die vuiligheid. En dan zei ik: 'Geef mij maar een colaatje.' Aan dat animeer-gedoe deed ik niet mee, dat verdomde ik.

Voor Leila was geboren, hebben Wessel en ik nog een poosje op een kamer boven de Sheherazade gewoond. Dat was verschrikkelijk, de muizen en ratten liepen over je kop bij wijze van spreken. Het was oorspronkelijk een kleedkamer en ik kan me nog goed herinneren dat Arie Roos er een keer zijn jas had opgehangen met een stuk brood in zijn jaszak. Arie was altijd een beetje... niet *stoned*, maar hij dronk iets te veel. Na het werk kwam hij naar boven en toen sprong er een grote rat uit zijn jaszak. Die had dat hele stuk brood opgegeten.

In de Nederlandse jazz waren wij *the cream of the crop*, wij waren gewoon de grootsten. We waren in feite ook de enigen die helemaal van jazz moesten leven. De meeste moderne jazzmuzikanten in Nederland waren semi-profs. Die hadden nog een baan naast de muziek. En dan had je natuurlijk de radiomuzikanten, van The Ramblers en The Skymasters. Die hadden het ook graag anders gewild, maar die moesten daar werken omdat ze anders hun gezin niet konden onderhouden. Uit jaloezie scholden ze ons uit voor nozems, vooral de jongens van The Skymasters. Wessel had zo'n *crew-cut*, ik zag er ook altijd jong en hip uit, en we waren succesvol. Ja, dat mocht dus niet. Als we die radiomuzikanten wel eens in de studio tegenkwamen, riepen ze altijd: 'Hai, nozems!'

♪

In januari 1955 maakte ik mijn Nederlandse platendebuut. Dat was voor de eerste lp *Jazz Behind The Dikes* op Philips. Onze groep heette inmiddels The Wessel Ilcken Combo en ik zong *My Funny Valentine*. Het zal wel een historisch moment in mijn leven zijn geweest, maar ik heb er nauwelijks bij stilgestaan. Ik vond het de normaalste zaak van de wereld. Ik had eerder het gevoel dat het schandelijk zou zijn als ze me niet hadden genomen, omdat ik tenslotte al platen in het buitenland had gemaakt. Wat dat betreft ben ik een hele nuchtere Hein.

Ik denk dat Wessel het liedje had uitgekozen, maar *My Funny Valentine* is wel een soort handelsmerk van mij geworden. Ik heb het al duizenden keren gezongen en ik probeer er steeds weer iets anders op te verzinnen – wat me tot nu toe nog vrij aardig lukt – maar soms denk ik wel eens: ja jongens, nou weet ik het niet meer, gooi het in de prullenbak, ik krijg het lazarus van dat *Funny Valentine* zingen. Maar dat kan niet, want het publiek wil het horen. Jonge mensen niet meer, die willen heel andere stukken van mij, lekkere up-tempo's. Maar ouderen, mensen van mijn generatie, die roepen uit de zaal: *Valentine, Valentine, Summertime*. En dan moet je het weer zingen, daar ontkom je niet aan.

De recensies van *Jazz Behind The Dikes* waren heel positief over mij. Toen ik die las, dacht ik: god, wat heerlijk, wordt er eindelijk een keer een veer op mijn hoed gezet, krijg ik eindelijk een beetje erkenning voor wat ik doe. Ik was er trots op, maar ik dacht niet: tsjongejonge, wat geweldig, wat word ik groot. Ben je gek. Voor hetzelfde geld was er niks van gekomen. De verkoop is ook echt niet zo best geweest. De mensen waren nog lang niet rijp voor die muziek. Het was een heel klein select publiekje dat die platen kocht.

Ze hebben nog wel een tweede *Jazz Behind The Dikes* gemaakt waarop ik twee liedjes zong, en een derde waarop ik niet meer meedeed omdat ik inmiddels soloartiest was geworden. Maar de muzikanten verdienden in die tijd niks, dus het kostte de platenmaatschappij ook niks. Als ik een keer 300 of 400 gulden in het jaar aan royalty's kreeg, was ik de koning te rijk. De mensen denken dat ik schatrijk ben, maar dat word je niet in onze muziek.

Hoofdstuk 7

New York

Halverwege de jaren vijftig was George Avakian een van de machtigste mannen in de Amerikaanse platenindustrie. Hij werkte bij Columbia Records, op dat moment het leidende platenlabel in de VS, in twee sleutelfuncties tegelijk. Als *Popular Albums Director* had hij de supervisie over de productie van alle lp's met lichte muziek en jazz. De 33-toerenplaat was een nieuwigheid die in snel tempo de markt veroverde, en Columbia speelde in dat proces een lucratieve pioniersrol.

Als *International Department Director* was Avakian belast met het tot stand brengen en onderhouden van samenwerkingsverbanden met platenmaatschappijen buiten Amerika. Ook dat was een essentieel onderdeel van Columbia's bedrijfsvoering in een tijd dat de omzet van grammofoonplaten internationaal explodeerde, met de vs als belangrijkste producent van populaire muziek voor de nieuwe wereldmarkt.

Maar zijn hart bleef altijd bij de jazz liggen. George Avakian was in 1919 uit Armeense ouders geboren in de zuid-Russische stad Armavir. (Ook zijn vrouw, de concertvioliste Anahid Ajemian, is van Armeense afkomst.) Op vierjarige leeftijd emigreerde hij met zijn ouders naar New York en daar ontwaakte zijn jazzliefde. Als student Engelse literatuur aan de Yale-universiteit begon hij jazzkritieken te schrijven; vanaf 1939 werd hij actief als producer van jazzplaten. In 1946 trad Avakian in dienst bij Columbia Records en daar had hij rond 1956 de sterkste jazzstal ter wereld verzameld: Louis Armstrong, Duke Ellington, Miles Davis, Erroll Garner, Dave Brubeck.

Eind 1954 liep het contract tussen Columbia en de Britse platenmaatschappij EMI af, mede doordat EMI op dat moment weinig perspectief zag in de langspeelplaat. De nieuwe Europese partner van Columbia werd, zoals Avakian het zich herinnert, 'een voor ons totaal onbekende elektronicafabrikant uit Nederland, Philips, die geïnteresseerd was geraakt in grammofoonplaten'. Dat bracht hem in december 1955 naar Amsterdam en daar hoorde hij Rita Reys voor het eerst zingen, in de jazzclub Sheherazade.

Avakian was meteen onder de indruk. 'Ze was een prima, *straight-ahead* jazz-zangeres zonder irritante maniertjes.' Hij vatte een origineel plan op: een langspeelplaat waarop hij deze talentvolle vocaliste enerzijds in Europese, anderzijds in Amerikaanse context zou presenteren. Het lag voor de hand er een gezamenlijk project met Philips van te maken. Ten eerste werkten Philips en Columbia inmiddels hartelijk samen en ten tweede had Rita Reys in januari en augustus 1955 al voor Philips opgenomen in het kader van *Jazz Behind The Dikes.*

'In mijn herinnering spraken we af dat wij alleen voor de opnamen in New York zouden betalen en Philips voor de opnamen in Holland,' vertelt Avakian. De drie songs die Rita Reys tot dan toe voor Philips had vastgelegd, waren te weinig voor één lp-kant. Daarom werd op 16 februari 1956 een sessie in Hilversum belegd, waar Rita Reys en The Wessel Ilcken Combo vijf nieuwe stukken opnamen.

Avakian had nog een ander idee: er moesten betere foto's van Rita Reys komen, in meer Amerikaanse stijl. 'Als ik zo vrij mag zijn, met make-up enzovoort waren de dames in Holland toen nog niet zo ver als de Amerikaanse meisjes. En ik wilde niet dat zij eruit zag als iemand uit een ander land. Ik wilde dat ze zoveel mogelijk geamerikaniseerd zou worden omdat haar zingen ook geamerikaniseerd was.' Fotograaf Paul Huf kreeg daarom van Philips de opdracht een serie glamourportretten van Rita Reys te maken.

De opnamen in New York, op 3 mei en 25 juni 1956, vonden plaats in de befaamde Columbia-studio op 30th Street. Dat was een ruimte groot genoeg voor een symfonieorkest, met een schitterende akoestiek, een voormalige Armeense en Griekse kerk. 'Ik was heel verbaasd dat Rita zich wilde laten begeleiden door The Jazz Messengers,' zegt Avakian, 'maar het verliep allemaal uiterst plezierig. Het functioneerde alsof ze al jaren met ze had gezongen. We hoefden maar heel kort te repeteren. *They fit in very well with her, and vice versa.* Rita was zeer professioneel en gemakkelijk in de omgang. Ik kan me alleen maar herinneren dat we geen enkel probleem hadden.'

Op 3 mei 1956, toen Rita Reys haar eerste vier songs met hen opnam, zaten The Jazz Messengers midden in de productie van hun eerste Columbia-lp. Vijf stukken daarvan waren op 5 april vastgelegd; de laatste twee zouden op 4 mei volgen – steeds in de bezetting Donald Byrd trompet, Hank Mobley tenorsax, Horace Silver piano, Doug Watkins bas, Art Blakey drums. Zeven weken later, op 25 juni, was de samenstelling van de groep drastisch gewijzigd. Byrd en Blakey waren als enigen gebleven; Mobley, Silver en Watkins hadden plaatsgemaakt voor tenorist Ira Sullivan, pianist Kenny Drew en bassist Wilbur Ware. Dat was de bezetting die Rita Reys begeleidde op haar laatste twee opnamen met de Messengers.

De achtergrond van die plotselinge verandering is lang onduidelijk gebleven, maar Horace Silvers biograaf Phil Pastras heeft het mysterie opgehelderd. 'De voornaamste stoot werd gegeven door de heroïneverslaving van alle bandleden behalve Horace en Doug Watkins – en Donald Byrd, die soms trompettist Kenny Dorham verving,' laat Pastras weten. 'De politie hield de groep voortdurend in de gaten en/of arresteerde of verhoorde de muzikanten. Horace vertelde dat hij vaak besloot om te vertrekken, maar de muziek was zo goed dat hij zich er niet toe kon brengen om het ook te doen – tot hij zichzelf terugvond in de gevangenis louter omdat hij met Blakey en de anderen in dezelfde auto had gezeten. Zijn vader moest een advocaat inhuren om zijn vrijlating op borgtocht te regelen en hem in de rechtszaal te vertegenwoordigen. Horace was daardoor zo vernederd dat hij eindelijk voor zichzelf begon en de naam "The Jazz Messengers" bij Blakey achterliet.'

De 30 centimeter-lp *The Cool Voice of Rita Reys* werd volgens plan in Nederland uitgebracht door Philips en in Amerika door Columbia. Veel promotie-inspanning besteedde Columbia er niet aan. '*We pretty much dropped it on the market*,' vertelt Avakian. 'We deden een paar pogingen om stukken in de krant te krijgen en misschien heeft Rita nog één of twee radio-interviews gedaan. Er was weinig interesse omdat iemand als Rita niet belangrijk was voor de mensen van de Amerikaanse pers en radio.'

Toch kwam Columbia volgens Avakian gemakkelijk uit de kosten, doordat de productie van de plaat heel weinig had gekost. 'Maar het terugverdienen van je kosten was voor ons in die tijd onvoldoende als business-doelstelling. Doordat we iedereen voor waren geweest met de schepping van de langspeelplaat verdienden we ongelooflijk veel geld. Als we van een album niet meteen acht- of tienduizend exemplaren verkochten, beschouwden we het als een teleurstelling.'

Maar in het geval van *The Cool Voice of Rita Reys* was snel profijt niet Avakians eerste doel. 'Mijn beleid met het *Popular Album Department* was om alles in de catalogus te hebben wat enigerlei klant mogelijkerwijs zocht. Niemand anders maakte een plaat die in de verste verte leek op wat ik met Rita deed, maar als er iemand was die zou willen weten hoe een Europese zangeres klonk in combinatie met een solide moderne Amerikaanse jazzcombo, dan kon hij een voorbeeld daarvan in de Columbia-catalogus vinden.'

En daarnaast heeft George Avakian tot de dag van vandaag een grote voorliefde voor de zang van Rita Reys gehouden. 'Ik houd er niet van om zulke vergelijkingen te maken, maar Rita was volgens mij superieur aan Cleo Laine. Billie Holiday en Ella Fitzgerald plaats ik boven alle andere jazz-zangeressen. Sarah Vaughan en Anita O'Day zingen heel anders dan Rita. *But June Christy and Betty Carter could not stand on the same stage with Rita.*

'Rita kon echt swingen. Het was de swingende kwaliteit van haar frasering die mij voor haar won en die ook indruk maakte op de muzikanten *They recognized right away that she could stay right with them.* Dat is precies wat er op die plaat gebeurde en dat kan iedereen vandaag nog horen.'

Rita Reys:

Op een avond in de Sheherazade stond er een Amerikaan aan de bar die zei: 'Ik wil Rita Reys even spreken.' Ik keek in zijn richting en dacht: jezus, wat een rare vent. Hij had van die zwarte ogen en hij was al redelijk kaal, maar hij had wel een mooi gezicht, zo'n Armeens gezicht. Ik ben toch maar even naar hem toegegaan en ik zeg: '*You wanna talk to me?*' Ja, zegt hij, en hij begint zo'n verhaal: dat hij me zo goed vond zingen en dat hij het leuk zou vinden als ik naar Amerika kwam om een plaat te maken.

Ik dacht: die kerel lult. Ik had het al zo vaak meegemaakt dat ze zeiden: je moet zus en je moet zo, we hebben grote plannen met jou. En daar kwam dan nooit iets van terecht. Dus ik zeg: 'Nou, dan hoor ik wel wanneer ik moet komen.' En ik denk: daar hoor ik niks meer van. Maar het bleek George Avakian van Columbia Records te zijn en hij heeft me inderdaad uitgenodigd. Dus ben ik in april 1956 naar New York gegaan.

Door een gelukkig toeval konden twee dingen worden gecombineerd. De Overseas Press Club in New York wilde een *Holland Night* houden, met Nederlandse artiesten. Dat werden Fred Kaps, de beroemde goochelaar, Jules de Corte, de blinde pianist en liedjesschrijver, en ik. Zodoende werd mijn reis door de KLM geregeld en was mijn hotel de eerste vijf dagen betaald.

Wessel zou natuurlijk meegaan, want New York was zijn grote droom. Dat zou ik ook enig hebben gevonden, maar het werd al snel duidelijk dat hij niet in Amerika werd toegelaten. In die tijd moest je een paar weken van tevoren een visum aanvragen en dat kreeg hij niet omdat hij op de zwarte lijst van druggebruikers stond. Ik weet nog goed, we gingen samen naar het

Amerikaanse consulaat in Amsterdam en Wessel mocht er niet eens in. Ik ben naar binnen gegaan en heb gevraagd waarom hij geen visum kreeg. 'Nee, dat kan niet, dat is veel te gevaarlijk, hij gebruikt.' Dus het stond al meteen vast dat hij niet mee mocht.

Voor Wessel was dat een enorme klap. Hij werd heel depressief, eigenlijk heel zielig. Na mijn vertrek wilde hij met niets en niemand meer iets te maken hebben. Hij ging onmiddellijk naar Parijs, in een jazzclub spelen. In Nederland wisten ze niet eens waar hij was. Ik had nog gevraagd: 'Zal ik dan ook maar niet gaan?' Maar dat wou hij niet. 'Nee nee, jij moet gaan.' Als hij had gezegd 'ga maar niet', dan was ik misschien thuisgebleven. Ik had natuurlijk ook dat kindje.

Aan de andere kant had ik een beetje het gevoel: ja jongen, het is verschrikkelijk, maar het is ook je eigen schuld. Dan had je al die onzin maar niet moeten uithalen, of het in elk geval niet aan de grote klok moeten hangen. Zoveel Nederlandse muzikanten die allemaal lijntjes snuiven zie je tegenwoordig naar de States gaan. Maar die zijn dan niet met de politie in aanraking geweest.

Er zat waarschijnlijk ook een beetje eigenbelang bij, toen Wessel zei dat ik wél naar New York moest vertrekken. Hij hoopte dat wanneer ik in Amerika groot zou zijn geworden, ik het misschien voor elkaar zou krijgen om hem toch daarheen te halen – verder helemaal niet denkend aan dat kindje. Als ik mijn kind niet had gehad, was ik daar inderdaad gebleven. Maar het kan ook best dat ik dan in de tussentijd een leuk iemand zou hebben ontmoet en tegen Wessel had gezegd: lik m'n hoela, zoek het maar lekker uit, het is uiteindelijk allemaal je eigen schuld. Dat wás toch ook zo.

We kwamen op 15 april 1956 aan op Kennedy Airport; dat heette toen nog Idlewild. Ik zat met Jules de Corte en zijn vrouw in de taxi naar het hotel en ik zeg: 'Goh, wat is het hier mooi, hoewel, ik zie nog niet zo heel veel bomen.'

'Nee,' zegt Jules, 'er staan hier helemaal geen bomen, want ik zie geen vogeltjes.'

Ik denk: wat zegt hij nou? En ik zeg: 'Maar Jules, jij kunt toch helemaal geen vogeltjes zien?'

'Nee,' zegt-ie, 'maar ik hoor ze ook niet.'

New York maakte meteen een geweldige indruk, vanaf het vliegveld dat hele roteind naar de stad, die wolkenkrabbers die je op je af zag komen. Toen ik er eenmaal was, liep ik dagelijks met mijn kop in de lucht naar die ongelooflijk hoge dingen te kijken. De mensen die mij op straat passeerden, moesten er altijd om lachen. Die zagen daaraan dat ik uit een ander land kwam.

Het optreden voor de Overseas Press Club ging prima. Ik zong behalve jazz ook een paar Franse chansons en ze vonden het prachtig. Daarna heeft George Avakian mij onder zijn hoede genomen. Die zette me eerst in een leuk hotelletje en later in een appartementje aan West End Avenue in Manhattan. Ik had goed verdiend bij de Overseas Press Club en ik had ook wat geld uit Nederland meegenomen, dus ik kon me goed redden.

George was zo weg van mijn manier van zingen dat hij me overal mee naartoe nam. Hij bracht me naar Birdland, naar de Village Vanguard in Greenwich Village, en overal ging ik meezingen. Daardoor kreeg ik ook *gigs*, geen grote dingen maar toch aardige schnabbeltjes. In Birdland speelde Lester Young mee. Ik weet nog dat Stan Getz, die er ook was, op hem afliep en een beetje fluisterde: '*Hello Mr. Young.*' Diep respect: '*Yes sir*', zo stond-ie maar. Stan Getz was natuurlijk zelf een god op zijn instrument, maar hij had een heilig respect voor Lester Young.

In Birdland had je een ontzettend goed publiek. Het waren bijna allemaal zwarten en die schreeuwden en swingden allemaal met mij mee. Anita O'Day en Carmen McRae kwamen er ook, een hoop van die grieten die allemaal meezongen. Carmen vond ik een goeie zangeres, maar geen swinger. Haar voordracht was wel heel mooi. Anita O'Day zong altijd erg onzuiver en haar tekst was vaak niet te verstaan. Ze slikte al haar woorden in, net of ze iets in haar keel had. En haar *timing* vond ik vreselijk, naar mijn gevoel swingde het voor geen cent. Ze heeft in een interview ook eens nogal neerbuigend over mijn plaat met de Messengers gepraat, zoiets van: '*cute, pretty nice bebopping*'.

We gingen een keer in een club naar Clifford Brown kijken, de fantastische trompettist die een paar maanden later zou verongelukken. Ik zat heel aandachtig te luisteren, maar ik ben nu eenmaal impulsief, dus ik zei tegen George: '*He looks like a monkey.*' George werd helemaal gek. 'Rita! Rita! Dat kun je niet zeggen. *Rita, please don't!*' Wist ik veel, ik vond hem net een aap.

Dat George Avakian mij zo onder zijn hoede nam, had absoluut geen bijbedoelingen. Hij was heel goed getrouwd, hij had een leuke vrouw, een concertvioliste. George was een heel beschaafde man die niets zou doen dat niet door de beugel kon. Hij nodigde me ook uit om te gaan eten met Lotte Lenya, want die kende hij goed. Haar man Kurt Weill was al dood, maar we hebben gezellig gegeten met Lotte Lenya en nog een paar vrienden van George.

Als we over Broadway liepen, kwamen we Tony Bennett wel eens tegen, die al een arrivé was. Dan riep George: 'Hé Tony!', en zo heb ik Tony Bennett leren kennen. Later is hij in Nederland nog bij ons thuis geweest en heeft hij hele leuke tekeningen van Pim zitten maken. Ik ging ook vaak eten met Johnny Mathis, die toen net begon. 'O, al zou ik maar honderd dollar in de week meer verdienen, dan had ik het een beetje beter,' zei hij. Ik zei tegen hem: 'Nou, wacht maar, want je zingt zo goed, je wordt een hele grote ster.' En dat is hij inderdaad geworden.

George Avakian introduceerde mij bij het agentschap van Billy Shaw, de Shaw Artists Corporation. Ik moest min of meer proefzingen. Ik had ergens een optreden en toen zijn ze komen luisteren. Daarna gingen ze mij boeken in clubs, maar ze haalden voor de publiciteit wel zeven jaar van mijn leeftijd af. Ze presenteerden me als een zangeres van 24. Tja, hoe jonger je bent, hoe mooier je zingt. Dat geldt voor vrouwen eigenlijk nog steeds.

Ik heb twee weken in Boston gewerkt, in Storyville. Dat was de club van George Wein, een lullig klein kluppie met houten stoeltjes. Je kunt het vergelijken met de Sheherazade in Amsterdam, hoewel die er toen al mooier uitzag. George Wein was een kwal van een vent. Hij betaalde heel weinig en als je maar eventjes stilstond kwam hij meteen vragen: 'Hé, wanneer ga je weer eens wat doen?' Er kwamen natuurlijk ook Nederlanders kijken die mijn naam in de krant hadden gezien, en daar zat ik dan even mee te praten. Dat mocht niet, want je moest zingen, je moest werken. Op een gegeven moment wilde Wein ook niet betalen.

Een hele brutale vent was het, een ellendeling. Maar het publiek was leuk, echte jazzliefhebbers. En het zingen ging heel lekker, met Chico Hamilton op drums.

♪

Het leven in Amerika was heel anders dan ik in Nederland gewend was. Ten eerste de snelheid waarmee ze daar leefden, het makkelijke. Hier sta je op, je gaat je bloemetjes water geven, je gaat stofzuigen, je maakt ontbijt. Als je daar 's ochtends opstond en je had geen zin om zelf je ontbijt te maken, dan was er op iedere straathoek een snackbar waar je voor vijftig cent of zo een heerlijk ontbijt kreeg.

De materiële dingen zeiden me niet zoveel. Je zag af en toe wel iets moois, maar soms dacht ik ook: wat een trut loopt daar met die grote veren op haar kop. Of zo'n enorme bril met prachtige stenen erin. Hele rare tutten kwam je daar tegen. Het zal wel mode zijn geweest, maar ik vond het vreselijk lelijk.

Wat ik leuk vond, was de hartelijke manier waarop de mensen met elkaar omgingen. Ik heb daar veel kennissen opgedaan. Als je 's avonds niks te doen had, werd je al snel uitgenodigd. Dan hielden we kaartavondjes of we deden een soort scrabble, met een glaasje wijn erbij. Dat was hartstikke knus en dan ontmoette je weer iemand anders die zei: 'Hé, kom vanavond gezellig bij ons eten.' Ze waren heel gastvrij, overal waar ik in de States ben geweest.

Voor sommige dingen moest je wel uitkijken. Ze waren in Amerika toen nog verschrikkelijk streng tegen zwarten, vooral in relatie met een blanke. Ik weet nog goed dat ik over Broadway of Seventh Avenue wandelde met de manager van een of andere negergroep. Het was een mooie jongen, *sharp* gekleed, groot en vrij licht van kleur. Wij liepen op het trottoir en aan de overkant liep een stel matrozen met van die petten op. Ze zagen mij lopen met die jongen – we liepen gewoon een eind van elkaar af – en ineens staken ze de weg over en gingen ze voor mij lopen met hun hielen op mijn tenen.

Wij zeiden niks, we liepen heel rustig door. Ik heb alleen gezegd: '*Please leave me alone, I'm not doing anything wrong.*' Toen gingen die matrozen weer weg, maar op datzelfde moment passeerden er twee joodse mensen en ik hoorde de een tegen de ander zeggen: '*Oh look, there's another whore. They're coming out of bed or they are going to bed.*' Zo ging dat, het was afschuwelijk.

Als vrouw moest je sowieso ontzettend op je qui-vive zijn. Je bent jong, je ziet er goed uit, je zingt lekker, je bent *groovy*, dus de jonge muzikanten zitten natuurlijk achter je aan. Ik moest me altijd verdedigen, mezelf altijd beschermen. Je moest gewoon oppassen, je kon toch nooit weten wat ze hadden, of ze ziek waren of weet ik veel wat. Ik vond dat levensgevaarlijk, ik durfde dat allemaal niet.

Ik zat een keer aan de bar gezellig een borrel te drinken, een beetje lachen, niks kwaads. Naast mij stond Herbie Wasserman, een drummer die ik kende, en nog een paar andere muzikanten. Herbie was iets aan het vertellen en ik verstond het niet goed, dus ik zei: '*What are you saying? I didn't understand you.*' Toen sloeg hij zijn arm zo over mijn schouders, om mij erbij te trekken zodat ik het verhaal kon volgen.

Tien minuten later stond ik op om naar het toilet te gaan. Het was een grote lobby van een hotel, een beetje chic. Ik liep langs een tafeltje met van die lage fauteuils en daar zat een vent die in het Nederlands tegen me riep: 'Hé Rita Reys, weet Hielke Wessel wel wat jij aan het doen bent?'

Ik keek hem aan en ik zei: 'Ja hoor, Hielke Wessel weet heel goed wat ik doe. Hij weet er álles van.'

♪

George Avakian had gevraagd: 'Wie wil je achter je hebben als we die plaat gaan maken?'

Ik zei: 'Nou, dat weet ik nog niet.' Want zo vreselijk wijs was ik op dat gebied niet.

'Vraag het dan aan Wessel,' zei George.

Ik heb Wessel een brief geschreven of een telegram gestuurd; precies weet ik het niet meer, maar telefoneren deed je nog niet. Wessel zei meteen: 'The Jazz Messengers moet je nemen' – want die waren toen heel hot.

Dat zei ik tegen George en hij begon een beetje te glimlachen. 'Zou je dat nou wel doen? Het zijn allemaal zwarten.'

'Nou ja, waarom niet, dat kan toch,' zei ik.

'Het maakt in wezen ook niet zoveel uit,' zei George. 'Laten we het maar doen.' En zo is het tot stand gekomen.

Ik ontmoette de muzikanten pas op de dag van de opname in de studio, maar de kennismaking was bijzonder vriendelijk. '*Hello Rita*' – het gaat daar gelijk bij de voornaam, hè. De sessies liepen ook heel vlot, die jongens waren ontzettend aardig. We hebben fantastisch gewerkt. Het was even de stukken doornemen en doorlopen, opnemen en klaar. Ik had twee arrangementen van Jerry van Rooyen uit Nederland meegenomen, van

Taking A Chance on Love en *That Old Black Magic.* Dat was geen probleem, want The Jazz Messengers hadden dezelfde bezetting als The Wessel Ilcken Combo: trompet, tenor, piano, bas, drums. Voor de andere vier nummers werden ter plaatse arrangementjes in elkaar gezet, meestal door Horace Silver, de pianist van de Messengers.

Het ging allemaal in goede harmonie. De jongens waren een en al respect. De enige die een keer iets zei was George Avakian. Hij zat als producer in de controlekamer, hoog daarboven achter het glas. Er moest even iets over en toen riep hij door de speaker: '*Hey Rita, where's your accent!*' Hij vond mijn buitenlandse accent een leuke gimmick, maar dat was ik kwijt doordat ik al drie weken alleen maar Amerikaans sprak.

Veel later heb ik gehoord dat de meeste Jazz Messengers van toen vreselijke junks waren en dat om die reden Horace Silver tussen mijn eerste en mijn tweede sessie uit de groep is gestapt. Achteraf gezien zat ik dus in het hol van de leeuw, maar ik heb nooit iets raars gemerkt. Ik kon met iedereen goed opschieten. We gingen ook wel eens met z'n allen in de auto naar Brooklyn, als we daar een *gig* hadden. Niet met Blakey, maar met Horace Silver en nog een paar van die jongens. Dan gingen we eerst lekker eten met z'n allen en speelden daarna in zo'n clubje een *one night stand.*

Ik ben achteraf alleen niet tevreden over de kwaliteit van mijn platen met de Messengers. Toen ik Wessel om advies vroeg, heeft hij natuurlijk helemaal niet nagedacht. Hij zei gewoon 'The Jazz Messengers', omdat hij Art Blakey zo'n verschrikkelijk goeie drummer vond. Mij zei die naam helemaal niks en het bleek dus wel een goeie drummer te zijn, maar ik vond het niet een swinger achter een zangeres. Als ik had geweten hoe The Jazz Messengers werkelijk klonken, dan zou ik de boel met Avakian hebben doorgesproken om te kijken wat hij voor ideeën had. En dan waren we waarschijnlijk uitgekomen bij een stel lekkere muzikanten die beter bij mij pasten. Osie Johnson, later Grady Tate, dat waren zalige drummers voor een zangeres. Wessel ook, die *begeleidde* mij. Hij was een lichte drummer die muzikaal begeleidde. Net zoals Joost Patocka die nu bij mij speelt. Dat is echt een swinger achter mij, zoiets heerlijks.

Horace Silver was een hele goeie pianist, maar Art Blakey vond ik log. Dan swingt het voor mij helemaal niet – al speelt hij nog zo ritmisch, met zo'n *heavy beat*. Die beroemde roffel van hem vond ik vreselijk. Ik weet dat die platen met de Messengers mij internationaal bekend hebben gemaakt en toch had ik er achteraf spijt van. Muzikaal kreeg ik er geen kick van. Ik vond het niet lekker swingen.

♪

's Middags zat ik vaak in Charlie's Tavern. Dat was een artiestencafé waar alle grote jazzboys kwamen. Ze zaten daar omdat New York in de zomer bloedheet was en in Charlie's hadden ze een heerlijke airco. Ik werd weliswaar constant ziek van die ijskoude lucht, maar buiten was het helemaal niet te harden en mijn appartement had natuurlijk geen airconditioning. Dus dan ging ik naar Charlie's en daar had ik een leuk contact met iedereen. Oscar Pettiford, Zoot Sims, ze zaten er allemaal. Muzikanten onder elkaar, we hadden de grootste lol.

Ik dronk ook wel een borreltje mee, ik denk dat ik daar in die tijd mee ben begonnen. In de jaren veertig dronk ik geen druppel; toen was ik nog een snotmeid. Wessel dronk helemaal niet, dus ik werd ook niet gestimuleerd. Maar ik werd nooit dronken, ik ben nooit een drinker geweest.

Al die grote muzikanten uit Charlie's hoorde je wel op platen, maar ze verdienden nog niks. Eigenlijk waren ze allemaal *sidemen*, die voor alles en nog wat konden worden ingehuurd. Als er ergens in een studio iets te doen was, kwamen ze meteen aanhollen – zelfs zo'n beroemde bassist als Oscar Pettiford. Dat vonden ze prachtig, want dan verdienden ze weer wat. Ze woonden ook allemaal in onbenullige stinkappartementjes. Ik weet nog dat Zoot Sims een schnabbel op klarinet kreeg aangeboden om Arabische muziek te spelen. Hij heeft bijna een uur gezocht voor hij ergens een klarinet kon lenen.

Behalve die stukken met The Jazz Messengers heb ik in 1956 vier liedjes opgenomen met een *close-harmony* groep, vier van die zingende blanke jongens. Dat was georganiseerd door Mat Mathews, de Nederlandse accordeonist die toen in New York werkte. Daar hebben we waanzinnig voor gerepeteerd bij een van de jongens thuis op de flat, want het moest natuurlijk zo zuiver als glas zijn. Mat Mathews had het gearrangeerd en alle partijen opgeschreven. Maar omdat ik de *lead* zong, hoefde ik geen muziek te lezen.

We zongen ook een Nederlands liedje, *Bloesem van seringen* van Han Dunk, maar dan met een Engelse tekst: *When your eyes are smiling, you look so beguiling, Mary Rose.* Die zangers vonden *Mary Rose* een beeldig liedje. Het klonk als een klok, die knullen waren steengoed. Ik heb de proefopnamen nog meegenomen naar Nederland, maar het is jammer genoeg verder nooit iets geworden.

Ik was niet eenzaam in New York, maar na een tijdje begon ik wel te voelen dat ik mijn kind weer wilde zien. Je kunt zo'n kind toch niet constant alleen laten. Dat was de hoofdreden dat ik na tweeënhalve maand ben teruggegaan naar Nederland.

Hoofdstuk 8

Thuiskomst

Een zangeres die in New York een plaat had opgenomen met beroemde Amerikaanse jazzmusici: dat trok natuurlijk de aandacht van de Nederlandse media. De weken na haar terugkeer had Rita Reys niet te klagen over publiciteit. Bibeb kwam haar interviewen voor het weekblad *Vrij Nederland* van 21 juli 1956. Boven het artikel, dat twee jaar later zou worden herdrukt in de bundel *Bibeb in Holland*, stond: '*Zingende Rita Reys is boos op Nederland – Ze zou wel op handen en voeten naar Amerika willen terugkruipen.*'

'Ik geef niets om stukken in kranten,' liet Bibeb haar zeggen. 'Ik heb er de sik van. Ze schrijven allemaal zo mooi maar we hebben hier geen werk.' En: 'Men leert 't hier niet. Als het niet is wat iedereen doet, is 't niet goed. Als het iets anders is, lusten ze het niet.'

Voor haar vertrek had Dick Hendrikse bijna drie pagina's over haar volgeschreven in de *Libelle.* Boven een foto van Rita Reys (met Leila op schoot) en Wessel Ilcken aan de huiskamertafel, de theepot knus tussen hen in, stond de kop: '*Amerika lonkt naar Rita Reys – Zal zij het grote succes te pakken krijgen?*'

De jazzpers berichtte vanzelfsprekend ook uitvoerig over haar New Yorkse avontuur. Een paar passages uit het paginagrote interview dat Dom Cerulli op 27 juni 1956 in het Amerikaanse jazzblad *Down Beat* publiceerde ('*Meet Rita Reys, A*

New Voice From Amsterdam'), werden in het augustusnummer van *Rhythme* sensationeel uitvergroot: '*Rumoer rond Rita.*' Een maand later kwam het weerwoord: '*Rita Reys repliceert.*'

In december 1956 zou Michiel de Ruyter, toen al de belangrijkste jazzautoriteit van Nederland, in *Het Parool* uitbundig de loftrompet steken over haar optreden in het Amsterdamse Concertgebouw: 'Het trio begeleidde hierna de zangeres die terecht een wereldnaam begint te krijgen, Rita Reys. Deze begaafde vocaliste, een van de weinigen bij wie men bemerkt dat ze doorlééft wat ze zingt, bracht o.a. *You'd Be So Nice To Come Home To*, waarbij iedereen, die haar plaat van deze song kent, zal zijn opgevallen dat zij haar stem als een instrument waarop geïmproviseerd wordt gebruikt, waardoor iedere vertolking weer even boeiend, even nieuw wordt. In Pim Jacobs vond ze haar meest ideale begeleider, mét diens broer Ruud aan de bas en echtgenoot Ilcken, drums.'

Maar eerst moest Rita Reys, meteen na haar terugkeer op 2 juli 1956, een huwelijkscrisis bezweren.

Rita Reys:

Bij mijn thuiskomst op het Melkpad was het eerste dat ik zag dat kleine meiske boven aan de trap. Ik kwam naar boven, ze stond maar met dat kontje te draaien en mij aan te kijken. Ik zeg: 'Ik ben je mama.' En zij met dat kinderstemmetje: 'Mama, mama... mammie, mammie...' Zo ging dat de eerste paar dagen. Leila was ook nog maar twee.

Wessel deed heel stug tegen mij. Hij wilde niet met me in bed liggen. Hij zei er geen woord over. Ik ging maar in een ander bedje slapen, wel in dezelfde kamer. Hij keek me niet aan, hij wilde niks. Hij zei meteen: 'Ik ga weer weg, ik moet werken in Knokke.' Op zich was het de normaalste zaak van de wereld dat hij zijn werk had en ik mijn werk. In dat opzicht lieten we elkaar altijd vrij. Maar dit vond ik heel raar.

Een paar dagen later zat ik met Teus van Schaik aan de bar van de Benelux. Ik zei tegen hem: 'Ik snap helemaal niks van Wes, hij doet zo vreemd.'

Teus keek me aan en begon te lachen: 'Ja, vind je het gek, hij heeft toch een ander wijf? Hij heeft een verhouding met een of andere Amerikaanse.'

Ik schrok me rot, maar ik werd ook nijdig. Ik zeg: 'Ben jij nou zijn beste vrind? Moet jij me dat nou vertellen? Had Wessel dat zelf dan niet gekund? Ik vind het niet erg aardig van jou dat je dit flikt.' Dus eigenlijk was ik ontzettend boos op Teus. Maar zo ben ik er dus achter gekomen.

Nadat Wes terugkwam uit Knokke ben ik erover begonnen. Ik zeg: 'Je kunt het me rustig vertellen, want ik weet het al lang.' Toen kwam het hoge woord eruit: dat hij in Brussel of in Parijs – dat weet ik niet precies meer – ene Vo had ontmoet. 'Maar joh, dat is allemaal spel,' zei hij, 'ik ben niet op haar verliefd, want ik hou van jou.'

Ik geloof niet eens dat hij het zichzelf kwalijk nam. Het was gewoon een pure wanhoopspoging, een vlucht, in de hoop dat zij hem kon meenemen naar Amerika. God weet heeft hij op enig moment wel gedacht: ik ga van Rita scheiden, dan trouw ik even met Vo en dan ga ik in Amerika weer van haar scheiden. Wessel was geen vreemdganger, het was een sportieve man. Hij was geen drinker, hij rookte alleen zijn stickies. Maar hij was knettergek van jazzmuziek. Hij moest en zou die muziek maken, hij wilde overal naartoe en daar deed hij alles voor.

Ik zei tegen Wessel dat als hij wilde scheiden, hij dat moest doen. Ik voelde me oersterk, ik had immers net al dat succes in Amerika gehad. Maar scheiden wilde hij onder geen beding. 'Geef me dan maar haar adres,' zei ik, 'dan schrijf ik haar een brief dat het afgelopen moet zijn.'

Dat vond hij goed, dus ik heb die brief geschreven. Dat ik had gehoord dat Wessel een verhoudinkje met haar was aangegaan en dat ik hoopte dat ze haar hersens zou gebruiken en daarmee weer zou ophouden. Dat ik toch nooit van Wes zou weggaan en Wes niet van mij. Dat hij de vader van mijn kind was en dat ik heel goed begreep dat Wessel in zijn verdriet had geprobeerd om haar te gebruiken, om door middel van haar naar de States te komen, maar dat het natuurlijk toch nooit was gelukt. En dat ik in ieder geval hoopte dat ze zo gauw mogelijk zou opduvelen.

Het was zeer arrogant wat ik schreef, maar het heeft gewerkt. Ze is teruggegaan naar Amerika en we hebben niets meer van haar gehoord. Volgens mij was het gewoon een groupie, een muzikantengroupie. Ik heb me er achteraf nooit meer in verdiept. Het hield me in wezen niet bezig. Ik was al zo geëmancipeerd en zo bekend dat het me eigenlijk geen barst interesseerde wat Wessel deed.

Ik hield wel van Wessel, maar heel anders dan later van Pim. Die aanbad mij, die zette mij op een voetstuk. Als Pim mijn muziek hoorde, zat hij met zijn ogen dicht en dan genóót hij. Of hij keek me aan en hij zei: 'Jezus, Pel, wat doe je dat mooi.' Wes was wel lief voor me, maar op een hele andere manier. Hij was een verwende jongen die ook erg veel van zichzelf hield. Wes en ik waren eigenlijk meer maatjes.

Toch zou ik, als Wessel was blijven leven, nooit van hem zijn weggegaan. Wes was de vader van mijn kind – die band was er nou eenmaal – en we musiceerden met elkaar. Die man was goed voor me, we werkten alletwee keihard, we waren heel sterk samen. Ik ben van een generatie dat je niet zomaar zegt: ik ga weg – en dat gold voor Wessel ook. Na verloop van tijd ging het ook wel weer wat beter tussen ons. We leefden heel gewoon met elkaar, we hadden geen ruzies – Wes was geen jongen die ruzies maakte – en we hadden dat kindje, dus dan maak je al geen ruzie. Pim is mijn grote liefde geweest, maar in de tijd met Wessel wist ik niet beter. Ik had geen vergelijk, Wessel was gewoon mijn man.

♪

Twee weken na mijn terugkeer werd ik geïnterviewd door Bibeb van *Vrij Nederland.* Ik vond het een eng mens, ik kon haar wel schieten. Ze had allemaal van die lullige tussendoortjes, zo van: 'Rita zit aardappelen te schillen.' Of: 'Ze dopte tuinbonen toen ze dat zei.' Ze maakte zo'n burgerlijk plaatje van ons. Dat kon ik niet uitstaan, want ik dacht: zo zijn wij helemaal niet. We woonden dan wel bij oma Ilcken en die had inderdaad glasgordijntjes en een bossie bloemetjes op het dressoir. Maar zo was ik niet, van binnenuit niet en van huis uit ook niet. Mijn ouders waren artistieke mensen. Wij hadden natuurlijk toch een hele diepe muzikale artisticiteit in ons. Bibeb beeldde mij af alsof ik een burgerlijk omaatje was en daar had ik een bloedhekel aan.

Ik had in Amerika een groot interview in *Down Beat* gehad. Daarover ontstond ook gedoe in Nederland. Er stonden uitspraken van mij in als: ‘Ik zing altijd Engels, op de tv, op mijn platen, op de radio. Ik kan niet in het Nederlands zingen, dat is een vreselijke taal. Ik kan het niet eens spreken. Ik ben opgegroeid in Rotterdam en ik spreek dat afschuwelijke dialect.’

Ik had die dingen inderdaad gezegd. Ik dacht altijd: dat accent van mij is zo verschrikkelijk plat Rotterdams, voor geen goud ter wereld ga ik Nederlands zingen. Dat was natuurlijk onzin, ik kan heel goed Nederlands spreken. Ik heb later zelfs nog een plaatje in het Nederlands opgenomen, *Zon in Scheveningen* met op de achterkant *Venus bespied.* Maar in die tijd had ik nog het idee: dat kan nooit, jazz in het Nederlands zingen. Dat is natuurlijk niet waar. Als je een lekker ritmisch liedje zingt en je timet het goed, dan zing je al jazz. Dat kan ook in het Nederlands. Je moet alleen goed bestuderen hoe je de accenten legt en je moet uiteraard jazzfeeling hebben.

Wessel werkte die zomer een hele tijd in Knokke en daarna ook veel in Parijs. Hij wilde niet voor mij onderdoen, dus hij ging ook knokken om internationaal carrière te maken. Dat lukte aardig, hij speelde met bekende Amerikanen zoals tenorist Allen Eager en zelfs met Lester Young. En hij maakte in Parijs ook een plaat met onder anderen Martial Solal op piano. Maar hij zat daar wel in het kringetje van al die junks. Van die Belgen zoals Benoît Quersin, Bobby Jaspar, Jacques Pelzer en René Thomas. Jacques Pelzer was behalve saxofonist ook apotheker. Hij hielp die jongens allemaal aan drugs.

Ik ben er een paar keer bij geweest. Ze hebben mij ook heel vaak dat kokertje met cocaïne in mijn hand gestopt. Ik heb het één keer geprobeerd en toen dacht ik: here jezus, ik ga hier gelijk de hele rotzooi onderspugen. Het was niks voor mij.

Als Wes was blijven leven en hij was in dat wereldje blijven hangen, dan was hij absoluut een junk geworden. Hij was zo verbitterd en hij had zo de pest erover in dat hij niet naar Amerika mocht dat hij helemaal naar de donder zou zijn gegaan. Ik denk dat Wessel wel eens een lijntje coke heeft gesnoven, maar hij is gelukkig nooit met heroïne begonnen. Aan de ene kant had hij dus wel verantwoordelijkheidsgevoel, aan de andere kant was hij een flierefluiter. Hij had iets frivools, iets ondeugends. Dat heb ik ook hoor. Alleen weet ik heel goed de grenzen te trekken en dat wist hij niet.

Van zijn rechtszaken heb ik nooit iets geweten. Hij schaamde zich natuurlijk kapot, dus hij liet mij er helemaal buiten. De eerste was in juni 1956, toen ik in Amerika zat. Maar het hoger beroep was in september en daarover heeft hij ook niets gezegd, hoewel hij nota bene werd vrijgesproken. Andere muzikanten zullen er wel weet van hebben gehad, maar die vertelden dat natuurlijk niet aan mij. Dat doen jongens onder elkaar niet. Ik zou ze trouwens een schop hebben gegeven, ik had gezegd: 'Jullie liegen dat je barst.'

In de *music scene* had Wessel een geweldige naam. Als er Amerikanen naar Nederland kwamen, vroegen ze altijd Wessel als begeleider. In november 1956 heeft hij voor Philips een lp opgenomen met Herbie Mann, die toen behalve fluit ook nog tenorsax speelde. Ik kende Herbie al uit New York, maar hij was zeer gecharmeerd van Wessel. Eén stuk op die plaat heeft hij zelfs *Blues For Leila* genoemd.

Voor die tijd was hij een goeie drummer, een lekkere swinger. Als hij was blijven leven, was hij misschien heel goed geworden; dat weet ik niet. Maar als hij nú had gespeeld zoals hij toen speelde, dan was het niet goed genoeg geweest. Want daarvoor had hij te weinig techniek. Tenminste, zo denk ik erover. In die tijd vonden we het al gauw verschrikkelijk mooi als het niet Hollands was. En Wessel klonk heel Amerikaans.

♪

Wes werkte dat najaar veel in Parijs, maar ik ging soms ook mee. Leila bleef dan bij oma op het Melkpad. In oktober maakte ik voor het radioprogramma Jazz aux Champs-Elysées opnamen met Jack Diéval. Die had een big band en daarmee speelde hij in een heel leuk theatertje aan de Champs-Elysées met een studiootje erbij.

Een paar dagen later werd onze auto leeggestolen. We zagen een zwarte vent knoerthard wegrijden op een scooter. Wij naar de politie, maar ons Frans was zo slecht dat ze ons niet begrepen en zeiden: duvel maar op. De auto stond er goddank nog – het was nog steeds die Plymouth – maar Wessels mooie smoking en mijn hoes met jurken waren weg. We waren natuurlijk niet verzekerd, dus we moesten maar zien dat we nieuwe kleren kregen.

In Nederland speelden we inmiddels met twee nieuwe jongens in de Wessel Ilcken Combo. Wes en ik kenden Pim en Ruud Jacobs al jaren, want ze woonden ook in Hilversum. Ze waren gek van jazz, ze kwamen als jongetjes al bij ons thuis. Toen Leila werd geboren, zaten ze diezelfde avond nog bij ons. Ze kwamen met z'n tweetjes ook naar de Sheherazade en dan gingen ze meespelen. Zo is dat gegroeid.

Ruud was nog heel jong; Pim en hij scheelden vier jaar. Hij

speelde saxofoon en later natuurlijk bas en hij was op zijn zestiende al erg goed. Pim speelde ook heel leuk – piano en in het begin trompet – maar hij was bang. Ik zei wel eens tegen hem: 'Joh, dat moet je even anders doen.' Dan keek hij me aan alsof hij dacht: god, wat moet ik? Hij werd alleen maar banger.

Wessel zei dan tegen mij: 'Die jongen is doodsbang, maar kijk eens hoe jong hij nog is. Hij is tien jaar jonger dan jij en hij komt uit een heel ander nest. Dat moet je anders aanpakken.' Maar het was voor mij erg moeilijk om het anders te doen.

Pim, Ruud en Wessel begeleidden mij ook in december 1956 op de *Parool Jazz Cavalcade*. Dat zal de eerste keer zijn geweest dat ik in de Grote Zaal van het Concertgebouw stond. Toch heb ik er geen markante herinneringen aan. Ik ben natuurlijk wel trots als ik in het Concertgebouw van die prachtig ingelijste affiches met mijn naam erop zie hangen, maar eigenlijk vond ik het heel normaal. Wat ik nog steeds heb: klaar, hier ben ik, neem me maar, ik ben goed genoeg.

Intermezzo

Wessels Ilckens zakagenda

'De kaars brandde bij Wessel niet aan twee kanten, die kaars ging in de open haard. Het was één groot vuur.'
John J. Vis

Het boekje is 10,8 centimeter hoog, 7 centimeter breed en 1,1 centimeter dik. Het rode kunstleren omslag vermeldt in goudkleurige cijfers het jaartal 1956, onder een vijfpuntig kroontje. Blijkens een rood etiketje op de eerste linkerpagina is het aangeschaft bij Kantoorboekhandel D.V.B., Kerkstraat 3, Tel. 5153.

Daaronder staan, met blauwe balpen geschreven, de eerste adressen en telefoonnummers:

George Avakian
tel N.Y. M.O-2-7064
Rita
346 West End Avenue apt 10
New York 24 N.Y.
U.S.A.

Vijf bladzijden verder heeft de eigenaar zijn personalia ingevuld:

Deze agenda behoort aan
Wessel Johan Ilcken
Woonplaats Hilversum
Straat Melkpad 2a
Telefoon 11668

Bij ongeval verzoeke te verwittigen
Rita Reys (Ilcken)
Melkpad 2a
Hilversum
Telefoon 11668

Bij het *Persoonlijk Memorandum* heeft hij alleen zijn telefoonnummer nogmaals opgeschreven, zodat we onkundig blijven van zijn paspoort- en rijbewijsnummer, zijn bloedgroep en zijn hoed-, schoenen-, overhemd-, boord-, sokken- en handschoenenmaat.

Rita Reys heeft de zakagenda van haar eerste echtgenoot Wessel Ilcken (1923-1957) bijna een halve eeuw zorgvuldig bewaard. En hoe klein het boekje ook is, het biedt een ongedachte mogelijkheid tot het reconstrueren van zijn turbulente voorlaatste levensjaar.

♪

Allereerst valt op hoe nauwgezet Wessel Ilcken een schat aan feiten noteerde. Vaak houden die verband met zijn professionele bestaan als jazzdrummer: zijn optredens en die van Rita Reys (inclusief de honoraria, al dan niet op te geven aan de belasting), zijn buitenlandse reizen (onder meer naar Engeland en Frankrijk), zijn plaatopnamen (met de titels van de stukken, de bezettingen en de financiële condities), zijn zakelijke afspraken (veelal met de platenmaatschappij Phonogram) en de drumlessen die hij aan verschillende leerlingen geeft.

Ook zijn wapenfeiten als waterskiër heeft hij nauwkeurig vastgelegd. Zoals op 18 maart: ‘De Otter Loosdrecht skieen 12 uur nog geen 1 graad Celsius nog ijs op verschillende plaatsen'. Op 20 maart: 'Ski Amstel Amsterdam hetzelfde water koud.' En op 11 oktober: 'waterski Loosdrecht gevallen 7-8 graden Celsius'. Haast even gedetailleerd zijn, zoals we verderop zullen zien, de aantekeningen die Wessel Ilcken heeft gemaakt over de gebeurtenissen in zijn privé-leven.

De eerste weken van het jaar 1956 bieden hoofdzakelijk doorsnee-wederwaardigheden uit het leven van een jazzmuzikant.

Maandag 2 januari: 'vertrek 1 uur Vara studio Sergeant Den Helder *f* 92 bel af'. (Dit betreft het radioprogramma voor militairen *Sergeant ze gooien met stenen*, waarvoor Rita Reys en The Wessel Ilcken Combo geregeld *live* optraden; het honorarium bedroeg dus 92 gulden na aftrek van belasting.)

Donderdag 5 januari: 'laatste avond Sheherazade'.

Zondag 8 januari: '5 dassen Amsterdam *f* 37,50, *f* 7,50 per stuk, Wes betaalt'. (Klaarblijkelijk een onderdeel van het banduniform, gezien ook de notitie van donderdag 9 februari: 'van Dub das ontvangen' – bassist Dub Dubois zal hier de groep hebben verlaten.)

Maandag 9 januari: 'vertrek Engeland boot Hoek van Holland.'

Dan volgen een maand lang dagelijkse notities over de Britse tournee van Rita Reys en The Wessel Ilcken Combo.

Zaterdag 14 januari: 'Burtonwood N.C.O. + off club.' (Burtonwood was een Amerikaanse luchtmachtbasis in de buurt van Liverpool, waar Wessel Ilcken en Rita Reys optraden voor de onderofficieren – *Non-Commissioned Officers* – en de officieren.)

Maandag 16 januari: 'Londen B.B.C. Tubby Hayes, Rita 8 gn.'

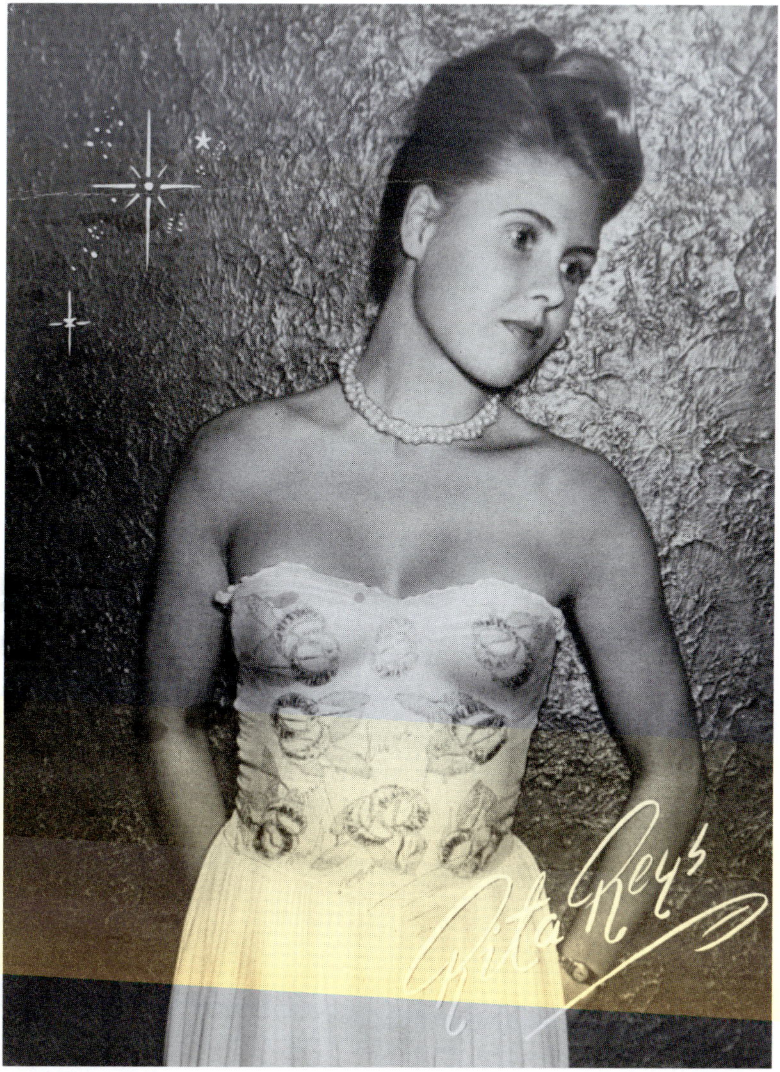

Collectie Rita Reys

De eerste publiciteitsfoto van Rita Reys, in 1948 gemaakt in de hal van Cascade te Rotterdam tijdens haar engagement bij het orkest van Piet van Dijk.

Collectie Rita Reys

Haar moeder in de achtertuin van het huis aan de Paradijslaan.

Collectie Rita Reys

Haar moeder als meisje: danseres bij Henri ter Hall's Revue.

Collectie Rita Reys

De huwelijksfoto van haar ouders, 8 oktober 1919.

Collectie Rita Reys

Zondag 18 mei 1940 (vier dagen na het bombardement op Rotterdam) bij de volkstuin aan de Rotte: op de voorgrond v.l.n.r. de zusjes Riny, Rita, Anna en Jeanne; daarachter v.l.n.r. Elly, Ko, Tom op moeders schoot en uiterst rechts Karel.

Collectie Rita Reys

Zesde klas lagere school: rechts meneer De Heer, tweede rij in het midden Rita Reys (met de handen van het meisje achter haar op haar schouders).

Collectie Rita Reys

De Hawaian Minstrels, circa 1942: v.l.n.r. Rob van Lankeren, onbekend, Rita Reys (in haar cape met zwanendons), Frans van Lankeren.

Collectie Rita Reys

Rita Reys en Wessel Ilcken in 1948 in Tanger.

Collectie Rita Reys

Het orkest van Piet van Dijk in Cascade te Rotterdam, 1948: v.l.n.r. Ado Broodboom, Wessel Ilcken en Rita Reys; uiterst rechts Piet van Dijk, naast hem Ted Powder en in witte smoking Thom Kelling.

Collectie Rita Reys

Het Rita Reys Sextet in het Eibsee-hotel, Garmisch-Partenkirchen, circa 1952: v.l.n.r. Toon van Vliet, Arie Roos, Karel Reys, Rita Reys, Wessel Ilcken en Hans van Rossem.

Collectie Rita Reys

Op een militair vliegveld in Duitsland, circa 1952: v.l.n.r. Karel Reys, Henk Jongeleen en Rita Reys (voor de groene Plymouth stationcar die Wessel Ilcken en zij later zouden kopen).

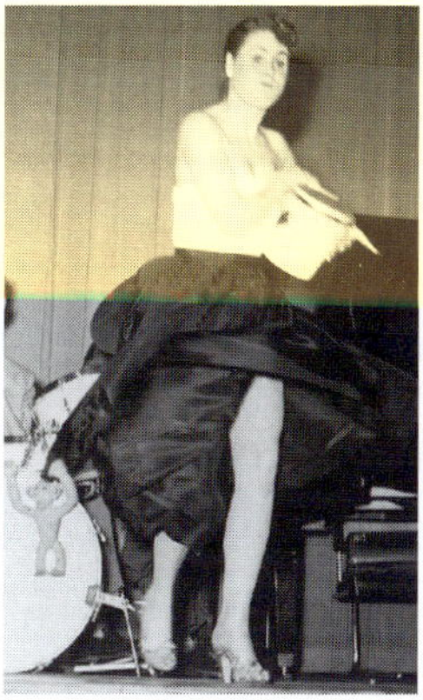

Rita Reys speelt bongo op de Rhine-Main Air Base bij Frankfurt.

Rita Reys speelt drums (met Hans van Rossem op bas) in het Eibsee-hotel.

Rita Reys bij de Eibsee.

Collectie Rita Reys

Collectie Rita Reys

Wessel Ilcken en Rita Reys in Stockholm, februari 1953: geldinzameling voor de slachtoffers van de Watersnoodramp in Nederland.

Rita Reys met Lester Young, Stockholm 1953.

Collectie Rita Reys

Zomer 1953: Wessel Ilcken en Rita Reys kamperen bij de Zweedse meren in hun Plymouth stationcar.

Nederlands Jazz Archief/Wouter van Gool

Sheherazade, Amsterdam, circa 1954: v.l.n.r. Wim Overgaauw, Toon van Vliet, Rita Reys, Frans Elsen, Dub Dubois en Wessel Ilcken.

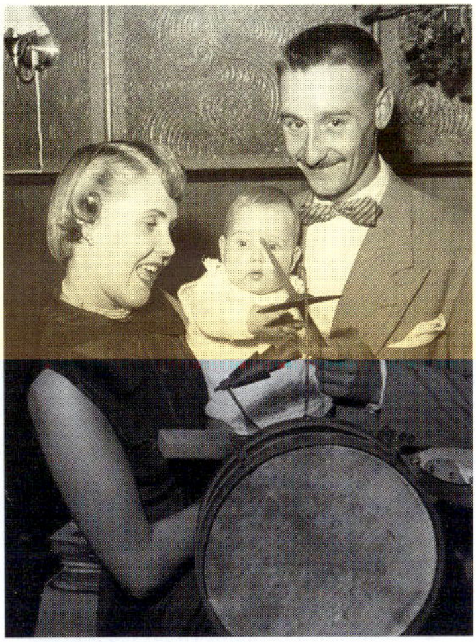

Nederlands Jazz Archief/Wouter van Gool

Rita Reys en Wessel Ilcken met hun dochter Leila, najaar 1954.

Philips/Paul Huf

Philips-publiciteitsfoto van Wessel Ilcken en Rita Reys, 1956.

Don Hunstein

Horace Silver overlegt met Rita Reys in de Columbia-studio, mei 1956; op de achtergrond Doug Watkins.

Don Hunstein

Art Blakey kijkt toe terwijl Rita Reys drumt.

Don Hunstein

De plaatopname met The Jazz Messengers in de Columbia-studio, New York, mei 1956: v.l.n.r. Horace Silver, Rita Reys en Hank Mobley.

Don Hunstein

Rita Reys tijdens de Columbia-sessie.

Don Hunstein

V.l.n.r. Donald Byrd, Hank Mobley en Rita Reys in de Columbia-studio.

Philips

De hoesfoto van de lp *Marriage in Modern Jazz*, 1960: v.l.n.r. Wim Overgaauw, Pim Jacobs, Rita Reys en Ruud Jacobs.

Collectie Rita Reys

Het huwelijk van Pim Jacobs en Rita Reys, Stadhuis Hilversum, 30 september 1960: achter het bruidspaar vader en moeder Reys, vader en moeder Jacobs en oma Ilcken.

Rita Reys met haar dochter Leila op moederdag 1960.

Collectie Rita Reys

De live-opname van *Jazz Pictures at an Exhibition*, Singer Concertzaal, Laren, 12 oktober 1961: v.l.n.r. Wim Overgaauw, Kenny Clarke, Ruud Jacobs en Pim Jacobs.

CBS-Artone/Cees de Jong

Michel Legrand (l.) met Rita Reys en Ruud Jacobs, circa 1972.

Collectie John J. Vis

De opname van het album *That Old Feeling*, augustus 1979: Pim Jacobs met daarachter v.l.n.r. John Vis, Rita Reys, Peter Ypma, Johnny Griffin en Ruud Jacobs.

Will Dekkers

Rita Reys en Pim Jacobs in juli 1981

Collectie Rita Reys

Twee van de drie Gevleugelde vrienden, Pim Jacobs en Pieter van Vollenhoven, met Rita Reys.

Collectie Rita Reys

Amateur-jockey kampioen Leila Jacobs met Rita Reys en Pim Jacobs.

Collectie Rita Reys

Rita Reys met haar geliefde kleinzoon Robin (4) in 1997.

Collectie Rita Reys

Rita Reys met Lex Jasper.

Collectie Rita Reys

V.l.n.r. Ferdinand Povel, Ruud Jacobs en Rita Reys, De Watergeus, Noorden, augustus 2004.

Frits van den Assem

Rita Reys met haar nieuwe trio in Cristofori, Amsterdam, 31 augustus 2004: v.l.n.r. Peter Beets, Ruud Jacobs en Martijn van Iterson.

(Een met acht *guineas*, dus acht pond en acht shilling, gehonoreerd radio-optreden van Rita Reys met de gerenommeerde Britse saxofonist Tubby Hayes.)

Donderdag 2 februari: 'Warrington Casino Ballroom.'

Vrijdag 3 februari: 'Stockton at Sea.'

Zondag 5 februari: 'Einde contract Engeland Aldershot 6 man £ 6 = £ 36, £ 40 gehad.'

Op zaterdag 11 februari gaat een nieuw engagement van start in de Amsterdamse jazzclub Sheherazade ('belastingvrij *f* 115 weekgage Rita + Wes'), vijf dagen later gevolgd door een plaatopname.

Donderdag 16 februari: 'Philips orkest 10 uur opname Rita Reys 11 uur 1. Gone with the wind 2. It's allright with me 3. Moonlight in Vermont 4. But not for me 5. Ill wind, Rita *f* 25 per kant + 5 ct iedere plaat, Wes *f* 40 per kant, leden *f* 20 per kant, Wes *f* 184 bel af, Rita *f* 115 bel af.' (Rita Reys kreeg als enige, naast haar vaste honorarium, ook een royalty van 5 cent per verkochte plaat.)

En dan beginnen de intrigerende aantekeningen.

Maandag 27 februari: 'Sergeant (doorgestreept) 11 uur Prinsengracht.' (Wessel Ilcken heeft kennelijk een radio-uitzending moeten afzeggen wegens een dringende afspraak op de Prinsengracht.)

Donderdag 15 maart: 'voorkomen Amsterdam 1.30 uur.'

♪

De middagzitting van 15 maart 1956 bij de Amsterdamse arrondissementsrechtbank aan de Prinsengracht, waar elf verdachten – onder wie Wessel Ilcken – terechtstaan op beschuldiging van marihuanagebruik, heeft destijds geen enkele krant gehaald. De verklaring is simpel, zoals blijkt uit de processtukken, die tegenwoordig berusten bij het Rijksarchief in Noord-Holland te Haarlem.

Getuige-deskundige prof. dr. J. Kok, hoogleraar biochemie, toxicologie en farmacie aan de Gemeente-Universiteit te Amsterdam, voert voor de rechtbank uitvoerig het woord over de eigenschappen van 'Cannabis Sativa of Indische hennep'. Hij schetst de oorsprong van de plant ('tropische gebieden'), signaleert als het werkzame bestanddeel 'de hars (hasjiesj) die voornamelijk in de vrouwelijke bloemen zit', en vervolgt:

'De intoxicatieverschijnselen lijken het meest op die van alcoholische dronkenschap. Eerst treedt er een ontremming op, waardoor de gebruiker meer aandurft en een gevoel van kracht en macht krijgt, een algemeen plezierig gevoel van welbehagen. Als de dosis groter wordt, wordt hij gevoeliger voor gehoors- en gezichtsprikkels. Geluiden zijn gemakkelijker te onderscheiden en kleuren lijken in helderheid toe te nemen. Men zegt wel dat een groot aantal musici zich daarom op deze wijze verdooft. [...]

'Er is geen objectief bewijs, dat het gebruik de misdadige neigingen van de gebruikers zou vergroten. [...] Het soort mensen, dat marihuana rookt, bestaat in de regel uit slappe figuren, die hierdoor in contact komen met handelaren in verdovende middelen en op den duur overgaan tot cocaïne. Dit soort mensen zoekt elkaar op.

'De lucht is goed van tabakslucht te onderscheiden; ook in een met tabakslucht bezwangerd lokaal is de marihuana-sigaret duidelijk te ruiken. Mogelijk, dat men het daarom veelal in het toilet rookt.

'Aanwenden van marihuana op medische indicatie is natuurlijk geoorloofd; het lijkt mij toe, dat elk ander gebruik als ongeoorloofd moet worden beschouwd.'

Het hooggeleerde betoog heeft kennelijk zoveel tijd gevergd, dat de rechtbank 'in verband met het gevorderde uur' de zaak niet verder kan behandelen, reden waarom 'het onderzoek wordt geschorst en deze zaak voor onbepaalde tijd wordt aangehouden'. Wessel Ilcken en de overige verdachten mogen naar huis, maar de dreiging van het komende strafproces blijft boven hun hoofd hangen.

♪

De speurtocht van de Amsterdamse politie en justitie naar het marihuanagebruik onder jazzmusici is vijftien maanden eerder, op 21 december 1954, begonnen met een kattebelletje van kinderrechter mr. B. Kist aan de Amsterdamse hoofdcommissaris, dat bewaard is gebleven in het Gemeentearchief Amsterdam.

'Mij is ter ore gekomen, dat door de club "Excentriek", die o.a. bijeenkomt in "Sheherazade", Wagenstraat 3-7, alhier, verdovende sigaretten (Marihuana) gerookt worden,' schrijft mr. Kist. 'Een pupil van mij [...] is eventueel bereid hierover nadere inlichtingen te geven. [...] Gaarne geef ik U in overweging, te bezien of U een onderzoek noodzakelijk acht.'

De hoofdcommissaris laat er geen gras over groeien, want al op 8 januari 1955 voert brigadier C.W. Houweling van de Amsterdamse gemeentepolitie een gesprek met de negentienjarige pupil van de kinderrechter. Deze verklaart volgens het rapport van de brigadier:

'In "Sheherazade" speelt momenteel een prima band onder leiding van Rita Reis (of Rijs). De drummer van deze band, genaamd Wessel Ilcke (rapporteurs bekend) alsmede de saxofonist, genaamd Toon van Vliet, roken marihuana sigaretten, die zij betrekken van een zekere "Rob", wiens achternaam en adres ik niet weet. [...] Ook de invaller-pianist van deze band, genaamd: Nico Bruning, rookt en koopt meerdere malen marihuanasigaretten.'

Brigadier Houweling weet kennelijk nog niet hoe de namen Rita Reys en Wessel Ilcken geschreven moeten worden, en hij verbastert de achternaam van pianist Nico Bunink (1936-2001) tot Bruning. Hij is in eerste instantie trouwens meer geïnteresseerd in de identiteit van 'Rob', de leverancier van de verdovende sigaretten. Ook op dat punt wil de pupil van mr. Kist hem wel helpen. Hij denkt het adres van 'Rob' te kunnen achterhalen via een vriend, 'een zekere Henk van Es'. 'Deze Henk is van beroep onderwijzer en heeft een amateurband gevormd, die thans gedeeltelijk uit elkaar ligt. Hij trachtte destijds verschillende leden van dat orkest over te halen Marihuana sigaretten te roken. [...] Genoemde Henk van Es kent de door mij bedoelde "Rob" ook en koopt ook marihuana van hem.'

Baritonsaxofonist Henk van Es (1931-1995) blijkt inderdaad de schakel naar de identiteit van leverancier 'Rob'. Op 8 juli 1955, zo zal brigadier Houweling later verklaren, heeft hij een gesprek met de 22-jarige schilder Rob D. 'Voor getuige zijn verklaring aflegde, wisten wij al veel, maar zijn aanvulling maakte de zaak rond. Wij hadden al wel een aantal namen, maar geen bewijs. Aan de hand van zijn verklaring konden wij doorwerken.'

Op 26 september 1955 doet de politie een inval in de Amsterdamse woning van Henk van Es. Brigadier Houweling vindt 'een blikken doos' gevuld met 26 gram 'groene plantendeeltjes', die door een deskundige worden geïdentificeerd als Cannabis Sativa. Het is de eerste en enige keer dat de politie in deze zaak concreet bewijsmateriaal in handen krijgt. Henk van Es moet terechtstaan en wordt veroordeeld tot zes maanden voorwaardelijk en een boete van 150 gulden. Hij werkt ook tamelijk bereidwillig mee aan het verdere onderzoek, door de namen te noemen van personen aan wie hij in de jaren 1954-'55, doorgaans in de jazzclub Sheherazade, wel eens marihuanasigaretten heeft aangeboden.

Het vervolg is te vinden in het Generaal-Rapport van de Amsterdamse gemeentepolitie:

12 October 1955

Aanhoudingen

Art. 3 der Opiumwet 1928

Groep B rechs. Houweling en Wielinga

Wessel Johan ILCKEN, geb. Hilversum 1-12-23, musicus, won. Melkpad 2a te Hilversum.

Na verhoor heengezonden.

♪

In maart 1956 leeft Wessel Ilcken dus al een half jaar onder de doem van zijn komende vervolging, maar zijn muzikantenbestaan gaat onverstoorbaar verder. Blijkens de aantekeningen in zijn zakagenda treedt hij – al dan niet samen met Rita Reys – voornamelijk op in de Hilversumse dancing Benelux, die wordt geëxploiteerd door zijn vriend Teus van Schaik, tevens de financier van zijn waterskischool in Loosdrecht.

Zaterdag 17 maart: 'Teus van Schaik *f* 30 Rita *f* 30 Wes.'

Zondag 18 maart: 'Teus van Schaik *f* 30 Rita *f* 30 Wes.'

Woensdag 21 maart: 'Teus van Schaik *f* 15 Wes.'

Maar dan, op *woensdag 4 april*, een dubbele notitie: 'Teus van Schaik *f* 15 Wes.' Daaronder omlijnd, maar doorgestreept: '10 uur Visa Amerikaans Consulaat.'

De Nederlandse kranten en tijdschriften staan op dat moment vol verhalen over het spectaculaire nieuws dat Wessel Ilcken en Rita Reys op zaterdag 14 april 1956 samen naar New York zullen vertrekken. Michiel de Ruyter publiceert in *Het Parool* van die dag een groot afscheidsportret. 'Het is geen verwijt, maar voor sommige talenten is ons land te klein,' schrijft hij. 'Rita Reys en Wessel Ilcken gaan naar Amerika. Voor hoelang weet niemand precies. Wie weet raakt ons land twee van zijn grootste jazzmensen kwijt.'

De meeste dagbladen melden dat het duo op zijn laatste dag in Nederland een koortsachtig programma zal afwerken. 'Vandaag tussen 8 en 9 uur hebben ze een afscheidsoptreden voor de AVRO-TV, om 10.15 vertrekken ze per KLM van Schiphol om op het New Yorkse vliegveld onder het oog van de TV-camera's het toestel te verlaten.' Wessel Ilcken heeft het ook nauwkeurig in zijn agenda genoteerd.

Zaterdag 14 april: 'Televisie A.V.R.O. Wessel Ilcken Combo tot 9.00 uur, Rita + Wes *f* 300 bel af 2 x *f* 138, 1ste klas 10.15 's avonds Vertrek New York per K.L.M.'

In werkelijkheid moet Wessel Ilcken sinds vele weken hebben geweten dat Amerika voor hem tot nader order onbereikbaar blijft. De justitiële vervolging die tegen hem loopt, in combinatie met een eerdere veroordeling wegens een drugsdelict, is voor de Amerikaanse autoriteiten voldoende reden om hem een visum te weigeren. Op woensdag 4 april, tien dagen voor het geplande vertrek, heeft hij op het Amerikaanse consulaat in Amsterdam waarschijnlijk een laatste wanhoopspoging gedaan, maar een agendanotitie van een maand eerder spreekt al duidelijke taal over zijn gemoedstoestand.

Donderdag 1 maart: '? Where can I go' (omcirkeld).

♪

Na het vertrek van Rita Reys naar New York heerst in Nederland enige tijd verwarring over het lot van Wessel Ilcken. Een dagblad bericht, hoogstwaarschijnlijk in strijd met de feiten, dat hij pas op Schiphol hoorde dat zijn reis niet doorging. 'Tot zijn grote teleurstelling werd hem meegedeeld dat zijn visum niet tijdig gereed was.' Een andere krant schrijft: 'Momenteel is Wessel Ilcken onbereikbaar. [...] Oude relaties van Ilcken weten niets af van zijn huidige verblijfplaats.'

Wessel Ilckens zakagenda geeft ook hier uitsluitsel.

Zondag 15 april: 'Parijs met Ack, aankomst New York 12.10 noon Idlewild Long Island, vertrek Wes naar Rivièra.' (Ack is trompettist Ack van Rooyen, voormalig lid van The Wessel Ilcken Combo.)

Maandag 16 april: 'Parijs met Ack.'

Een paar dagen later komt de journalist Kees de Bruijn in

hartje Monte Carlo bij toeval Wessel Ilcken tegen. De Bruijn is daar voor het huwelijk van Grace Kelly met Prins Rainier III en hij loopt met AVRO-tv-commentator Siebe van der Zee 'wat uit te blazen van de bruiloftsdrukte' als ze een man in een auto zien zitten. 'Dat kan niet... Die man zit in Amerika...,' roept Van der Zee. 'Die is zaterdagavond direct na onze TV-uitzending met zijn vrouw per KLM-machine naar Amerika vertrokken. Dat snap ik niet, het *is* Wessel Ilcken, maar hij *kan* het niet zijn...'

'De borstelharige, slanke man, die nadat hij uit zijn groene stationcar was geklommen, met uitgestoken hand op ons afkwam, was echter wel degelijk Wessel Ilcken, een van Neerlands top-drummers van het ogenblik,' schrijft Kees de Bruijn in zijn krant. 'Teleurgesteld over het niet-doorgaan van de Amerikaanse reis, was Wessel in zijn stationcar naar het zuiden afgezakt, waar hij enkele dagen in het Parijse "Caméléon" en nog enkele gelegenheden was opgetreden.' Wessel Ilcken hoopte, zo zei hij tegen Kees de Bruijn, 'dat Rita er in zou slagen de vergunningskwestie ter plaatse in orde te kunnen krijgen, zodat het echtpaar gezamenlijk toch ook nog in de States zou kunnen optreden. Want daar zou zij vanzelfsprekend direct na haar aankomst achter heen gaan zitten!'

Ook deze moeilijke dagen heeft Wessel Ilcken nauwkeurig in zijn zakagenda geboekstaafd.

Woensdag 18 april: 'St. Tropez Nice Monaco.'

Zaterdag 21 april: '9 uur Monaco, 2 lifters die meebetalen.'

Zondag 22 april: 'nog niet geslapen, 5 uur precies binnenkomst Parijs, zonder benzine doodmoe en vies, gespeeld met Henry Renaud, Jean-Louis Chautemps, Benoit.' (Pianist Henri Renaud, saxofonist Jean-Louis Chautemps en bassist Benoît

Quersin waren prominente musici op de Parijse jazz-scene.)

Zondag 29 april: 'Camelion, Henri Renaud, Tony Vos.' (De Caméléon was een bekende jazzclub in Parijs, waar de Nederlandse altsaxofonist Tony Vos kennelijk meespeelde.)

Maandag 30 april: 'Kenton Parijs, gezien gegeten met.' (Wessel Ilcken had de Amerikaanse orkestleider Stan Kenton in 1953 in Zweden leren kennen.)

Dinsdag 1 mei: 'Kenton Parijs.'

Donderdag 3 mei: 'opnamen Henri Renaud, Curtis Counce, Carl Fontana, Dick Mills, Don Rendell, Wes Ilcken, 4 kantjes 10.000 frs.' (Deze opnamen met Henri Renaud en enkele leden van de Stan Kenton-band zijn, onder de naam *The Kentonians*, uitgebracht op de Club des Amateurs de Disque-lp CAD-3003.)

Vrijdag 4 mei: 'ziek.'

Maandag 7 mei: 'eindelijk [?] thuis Hilversum.'

♪

Een maand later, als Rita Reys nog steeds in Amerika zit, wordt het strafproces van 15 maart voor de Amsterdamse rechtbank hervat.

Donderdag 7 juni: 'van Dedum eis 1.30 uur 's middags.' (Mr. W.K. Baron van Dedem was de officier van justitie die destijds met grote ijver marihuanagebruikers vervolgde.)

Blijkens het proces-verbaal van de zitting heeft Wessel Ilcken besloten zijn eigen verdediging te voeren.

'Op twee tijdstippen in het tijdvak 1 juni 1954 tot 12 oktober 1955 heb ik Indische hennep verwerkt in een sigaret gerookt,' verklaart hij. 'Eén keer heb ik die sigaret gekregen van getuige

D., de andere keer van getuige Van Es. Ik neem tenminste aan, dat het Indische hennep is geweest. Beide keren kreeg ik die sigaret in café Sheherazade in de Wagenstraat te Amsterdam, waar ik in het orkest meespeelde. [...] De sigaret, die ik van getuige Van Es kreeg, had een vreemde smaak en een onaangename lucht. Ik voelde mij toch niet bedrogen.

'Ik heb nooit zulke sigaretten gekocht. Ik rookte ze uit nieuwsgierigheid. Ik heb nooit gehoord, dat dit invloed zou hebben op mijn musicale prestaties. Ik heb het ook niet gemerkt, en evenmin, dat er een stimulerende werking van uitging. Ik geloof niet aan verslaving aan Indische hennep. Ik heb er tenminste geen invloed van ondervonden en ik heb mijn laatste sigaret ongeveer een jaar geleden gerookt. [...]

'Mijn vrouw is al geëmigreerd naar de Verenigde Staten. Ik hoop haar binnenkort te kunnen volgen.'

De getuigen Rob D. en Henk van Es beamen de verklaring van Wessel Ilcken. Henk van Es voegt eraan toe: 'Ik weet niet meer precies of het mogelijk een sigaret was waarin acaciablad was verwerkt.'

In de kranten krijgt het proces tegen de elf marihuanarokers aardig wat ruimte, maar de naam Wessel Ilcken valt nergens, evenmin als zijn initialen. In *de Volkskrant* wordt hij slechts aangeduid als 'een vooraanstaand jazz-muzikant'. In *Het Parool* en *De Telegraaf* ontbreekt iedere verwijzing naar Wessel Ilcken. De dagbladverslaggevers hebben meer aandacht voor de schilderachtige 'Piet de Ambonees', tegen wie wegens handel in marihuana een jaar wordt geëist. *De Volkskrant* kopt: '"AMBONESE PIET", LEVERANCIER AAN ZEEDIJK.' En *De Telegraaf*: 'Goklustige olieman hoort 1 jaar eisen.'

Tegen de overige verdachten eist mr. Baron van Dedem geldboetes variërend van 25 tot 150 gulden plus voorwaardelijke straffen van drie tot zes maanden.

Op 21 juni 1956 doet de rechtbank uitspraak. 'Piet de Ambonees' krijgt negen maanden met aftrek, waarvan drie voorwaardelijk. Van de andere tien verdachten worden er drie vrijgesproken (omdat niet is bewezen dat de sigaretten die zij hadden gerookt inderdaad marihuana bevatten) en zeven ontslagen van rechtsvervolging.

In het vonnis van Wessel Ilcken overweegt de rechtbank dat 'het enkel roken van sigaretten, waarin Indische hennep is verwerkt, niet strafbaar is en met name niet kan worden aangemerkt als het bezitten en/of aanwenden'. Derhalve wordt hij ontslagen van rechtsvervolging.

Officier van justitie mr. Baron van Dedem neemt hier geen genoegen mee en kondigt aan dat hij in hoger beroep zal gaan.

♪

Drie maanden eerder is een nieuwe naam in Wessel Ilckens zakagenda opgedoken.

Maandag 26 maart: 'eerste ontmoeting met Vo. + Bob.'

'Bob' is vermoedelijk een Amerikaanse militair (getuige zijn bijnaam 'Dizzy' ongetwijfeld een groot jazzliefhebber), gelegerd op de luchtmachtbasis Soesterberg, waar Wessel Ilcken volgens zijn agenda in de loop van 1956 vijf keer optreedt.

Het adressenlijstje achter in het boekje vermeldt:

Dizzy (Bob) Gillespie

K3409-688 ext 77 Barrack 11

De naam 'Vo.' of 'V.O.' zal nog vele malen terugkeren.

Maandag 14 mei: 'V.O. ontmoet Amsterdam.'

Vrijdag 22 juni: 'Vo Scheveningen.'

Vrijdag 13 juli: 'laatste dag V.O.'

Zaterdag 14 juli: 'V.O. jarig 21, 14 Juli 1935 Mount Pleasant.'

Klaarblijkelijk is Wessel Ilcken (33) met een twaalf jaar jonger Amerikaans meisje een romance begonnen, die hij voortzet als Rita Reys op 2 juli uit Amerika terugkeert. Hij werkt van 4 juli tot half augustus voornamelijk in La Rose Noir in het Belgische Knokke, met de Antwerpse saxofonist Jack Sels, de Franse pianist Martial Solal en de Belgische bassist Benoît Quersin. Dat biedt hem de mogelijkheid zijn Amerikaanse geliefde ongestoord te ontmoeten.

Donderdag 19 juli: 'Vo. komt' (dubbel onderstreept, daaronder een gestileerd tekeningetje van een waterskiër op de golven).

Dinsdag 24 juli: 'Vo weg' (dubbel onderstreept).

Zaterdag 28 juli: '9 uur VO komt.'

Maandag 30 juli: 'met VO naar Holland, vrij, Rotterdam geslapen.'

Donderdag 2 augustus: 'Vo komt. ongeluk Vo Oosterhout, *f* 2500 schade, 1 uur afgehaald.'

Donderdag 9 augustus: 'boekje gekocht voor Vo, ring weggebracht. Met Vo terug, 8 uur Hilversum, te laat in Knokke.'

En dan is het opeens afgelopen.

Zaterdag 11 augustus: 'Brief Rita, brief Vo.' (Rita Reys heeft Wessel Ilcken geconfronteerd met haar kennis van de affaire. Ze schrijft 'Vo' vervolgens een brief, waarin ze haar op krachtige toon aanraadt met de romance te stoppen. Waarschijnlijk heeft

‘Vo’ daarover weer een brief aan Wessel Ilcken geschreven.)

Maandag 13 augustus: ‘afgezegd Vo.’

Vrijdag 17 augustus: ‘Vo heeft gebeld vanuit Schiphol, vertrek Vo. 7.15 Schiphol, Pan-American plane.’

♪

Drie weken na zijn afscheid van ‘Vo’ moet Wessel Ilcken in hoger beroep terechtstaan voor het Gerechtshof te Amsterdam. Deze keer besluit hij een advocaat in de arm te nemen.

Maandag 3 september: ‘8 uur Mr. P.M. Witteman Jr, Leidsegracht 18, *f* 200 sturen giro.’

Maandag 10 september: ‘Hoger beroep Amsterdam 3 uur ’s middags, *f* 200 Witteman betaalt, 2 uur Witteman, daarna Parijs, alles ’s morgens inpakken.’

Blijkens het proces-verbaal van de zitting zijn vier getuigen opgeroepen, die we nog van de rechtbank kennen: brigadier Houweling, Rob D., Henk van Es en toxicoloog prof. Kok.

Henk van Es herhaalt zijn mededeling van de vorige keer: ‘Ik heb hem een sigaret gegeven. Wellicht was het een acacia-sigaret.’

Procureur-generaal mr. A.S. de Muinck Keizer betoogt dat bij Wessel Ilcken geen sprake was van ‘nieuwsgierigheid zonder meer’, zoals de verdachte zelf had verklaard. ‘Dus aanwenden, dus strafbaar,’ concludeert mr. De Muinck Keizer volgens de beknopte aantekeningen van de griffier. De procureur-generaal eist 25 gulden boete of vijf dagen hechtenis – een beduidend lagere straf dan officier van justitie mr. Baron van Dedem voor de rechtbank had geëist.

Dan komt mr. P.M. (Piet) Witteman aan het woord. Hij is een oudere broer van Paul Witteman, hij zal later rechter en raadsheer in Amsterdam worden, en hij is nu gepensioneerd. Mr. Witteman, telefonisch geïnterviewd, herinnert zich met geamuseerde trots hoe hij de verdediging destijds voerde. 'Mijn cliënt had wel sigaretten in zijn bezit gehad, maar die had hij opgerookt. Derhalve viel niet meer vast te stellen of er marihuana in had gezeten. Ik zei dus in mijn pleidooi: "Het bewijsmateriaal is in rook opgegaan. Er is geen bewijsmiddel meer over. Daarom dient mijn cliënt te worden vrijgesproken." En het Gerechtshof heeft mij in die redenering gevolgd.'

De aantekeningen van de griffier bevestigen dit verhaal in grote lijnen. Naast zijn trouvaille over het bewijsmateriaal dat in rook is opgegaan, voert mr. Witteman ook een principieel argument aan: 'De enkeling mag doen wat hij wil, mits hij de gemeenschap niet schaadt.' En voor de zekerheid vraagt de raadsman 'vrijspraak, subsidiair ontslag van rechtsvervolging' – dit laatste op grond van de argumenten die voor de rechtbank de doorslag hadden gegeven.

Maandag 24 september: 'uitspraak gerecht 10 uur Amsterdam, vrijspraak' (het laatste woord onderstreept).

De overweging in het vonnis luidt: 'Dat het Hof niet wettig en overtuigend bewezen acht hetgeen verdachte te laste is gelegd, met name niet, dat de in de telastelegging bedoelde sigaretten bevatten hoeveelheden Indische hennep als omschreven in artikel 1 lid 1 sub J der Opiumwet, Staatsblad 1928 nummer 167, weshalve de verdachte alsnog in hoger beroep van de telastelegging moet worden vrijgesproken.'

De dagbladen wijden kleine berichtjes aan de vrijspraak. *Het*

Parool en *de Volkskrant* vermelden wel voor het eerst de initialen van de verdachte: 'de 32-jarige musicus W. J. I. uit Hilversum'. *De Telegraaf* is zo discreet om zich te beperken tot 'de 32-jarige musicus'.

♪

De dag na de zitting van het Hof is Wessel Ilcken in alle vroegte afgereisd naar Parijs. Er wacht hem een eervolle uitdaging: een lp-opname met een internationale groep jazzmusici.

Woensdag 12 september: 'Philips
'9-12 uur voor opnamen
'Billy Byers trom
'Allen Eager [deze naam is doorgestreept] ten
'Dick Mills tr
'Benoit Quersin bas
'Martial Solal piano
'William Boucaya tenor bariton
[daarnaast omlijnd:] 'Wes Ilcken Combo'

Donderdag 13 september: '10 opnamen per persoon
'orkestleden 25.000 frs
'4 arr Byers 32.000 frs
'1 arr Solal 10.000 frs
'1 arr Madna *f* 50
'2 arr Pronk *f* 100
'1 arr Roos *f* 30'

Vrijdag 14 september: 'Philips 16-19 [uur] voor opnamen
'Salute
'Softly as in the morning
'There'll never be another you
'Jaguar
'The long nite
'Patti's N.Y. blues
'I guess
'You don't know what love is
'68
'Leila'

Wessel Ilcken koestert kennelijk de verwachting dat de lp zal worden uitgebracht onder de naam 'Wes Ilcken Combo'. Hij heeft uit Nederland vier composities en/of arrangementen meegenomen van Rob Madna, Rob Pronk en Arie Roos. De laatste, een pianist die in de vroege jaren vijftig met Wessel Ilcken heeft gewerkt, is de componist van het openingsstuk *Salute.* De Amerikaanse trombonist-componist Billy Byers, een oude kennis van Wessel Ilcken, draagt het laatste nummer van de lp op aan *Leila*, de tweejarige dochter van Wessel Ilcken en Rita Reys.

Terug in Nederland dringt Wessel Ilcken er bij zijn platenmaatschappij nogmaals op aan dat hij als leider op de lp zal worden vermeld.

Zaterdag 1 december: '33 jaar, Jarig, 11 uur Philips Baarn, stukje Left Bank of Paris, Wes Ilcken Combo' (dit laatste onderstreept).

Hij zal ernstig teleurgesteld zijn wanneer de plaat wordt uitgebracht als *Jazz On The Left Bank*, zonder dat een orkestleider wordt vermeld. Maar hij heeft wel op het laatste moment één titel kunnen veranderen. *Salute* is op de hoes en het etiket van de lp omgedoopt tot *Salute to vo.* Het is een vlotte compositie in West Coast-stijl, waarin na pianist Martial Solal en trompettist Dick Mills ook drummer Wessel Ilcken uitgebreid solistisch te horen is.

♪

De vrijspraak door het Hof moet Wessel Ilcken nieuwe moed hebben gegeven bij zijn pogingen alsnog naar Amerika te gaan.

Dinsdag 2 oktober: 'Amsterdam Amerikaanse consulaat aanvragen visum's.'

Woensdag 3 oktober: 'Amerikaanse consulaat geweest Amsterdam voor Visa (visitor) aanvrage.'

Hij lijkt zelfs al een reis te hebben geboekt.

Vrijdag 16 november: 'ss. Rijndam over Halifax N.York, vertrek 4 uur 's middags, aankomst 26 nov New York, Toeristenklasse *f* 655,50 4 persoons hut, of *f* 665 (2 pers. hut), *f* 1330 visa-versa.'

Maar dat alles is doorgestreept. Wessel Ilcken moet zich troosten met werk in Parijs en een aantal – op zich niet geringe – optredens met Amerikanen in Europa.

Donderdag 27 september: 'Club St. Germain, Solal, Benoit, Allen Eager etc., Billy Byers.' (De Club Saint-Germain was een van de beroemdste Parijse jazzclubs; Allen Eager hoorde tot de beste Amerikaanse tenorsaxofonisten.)

Dinsdag 16 oktober: 'Europa I, 9 nummers met Lester Young.'

(Europe 1 is een Frans radiostation dat destijds veel aandacht aan jazz besteedde.)

Donderdag 8 november: '12 inch record, Ruud, Pim, Wes, Rita [doorgestreept], Ado,

Herbie Mann, 10 uur Phonogram, Wes *f* 250 bel af *f* 230, *f* 200 arr. onkosten.' (Dit betreft de Philips-lp *Salute To The Flute*, van de Amerikaanse fluitist-tenorsaxofonist Herbie Mann begeleid door The Wessel Ilcken Combo, met pianist Pim Jacobs, bassist Ruud Jacobs en trompettist Ado Broodboom; kennelijk was er eerst sprake van geweest dat ook Rita Reys aan het album zou meewerken.)

Amerika zal altijd buiten het bereik van Wessel Ilcken blijven, ook als Rita Reys in april 1957 voor de tweede keer naar New York vertrekt.

♪

Helemaal achter in Wessel Ilckens zakagenda staat in kleine letters, omlijnd: 'Virginia Orvis.' Pogingen om bijna een halve eeuw later in Amerika een 69-jarige vrouw van die naam op te sporen, leveren geen resultaat op.

Hoofdstuk 9

1957

Het jaar 1957 begon voor Rita Reys voorspoedig. Op 1 februari tekende ze een contract met Phonogram, de platenmaatschappij van Philips. Het document, dat ook de handtekening van echtgenoot Wessel Ilcken droeg, bepaalde onder meer dat Rita Reys binnen de contractperiode van een jaar ten minste acht stukken zou opnemen (het equivalent van een 25 centimeter-lp). Voor elk nummer ontving ze 25 gulden, plus een royalty van 3,75 cent per binnen Nederland verkocht exemplaar (voor verkoop in het buitenland was de royalty 2,5 cent). Na het eerste jaar zou het contract telkenmale met een jaar worden verlengd, steeds met de afspraak dat er minstens acht stukken zouden worden opgenomen.

Op 25, 26 en 27 maart maakte Rita Reys haar eerste opnamen onder het nieuwe contract. Twaalf nummers met strijkers, blazers en een ritmesectie, gearrangeerd door Jan Corduwener en Tom Dissevelt, werden uitgebracht op de 30 centimeter-lp *The Cool Voice of Rita Reys No. 2.* Het album kreeg een enthousiaste ontvangst. De geavanceerde song-bewerkingen van haar zwager Tom Dissevelt (1921-1989) werden hoog geprezen.

'Arrangementen en uitvoeringen doen "Amerikaans" aan en behoeven geenszins onder te doen voor welke buitenlandse dito ook,' schreef Skip Voogd in *Rhythme.* 'Rita is in topvorm, zowel op de Corduwener-kant als op die van Tom Dissevelt. Het zijn haar beste plaatnummers-tot-dusver geworden. [...] Alles bij elkaar genomen kunnen we dus tot de plezierige eindconclusie over de tweede "Cool Voice" komen, dat hij zijn voorganger in alle opzichten overtreft en een hoogtepunt is geworden in de geschiedenis van de Nederlandse vocale jazz op de grammofoonplaat.'

Op 9 april arriveerde Rita Reys in New York voor een tweede verblijf in Amerika. Ze trad op in jazzclubs, onder meer in Newark (New Jersey) en Toronto (Canada). En ze nam vier songs op met de Nederlandse accordeonist Mat Mathews en vier prominente Amerikaanse jazzmusici voor het kleine platenlabel Dawn – waarmee ze in feite haar exclusieve contract met Phonogram schond.

Haar inspanningen om haar reputatie in Amerika te vestigen, werden beloond door het maandblad *Playboy.* In het nummer van oktober 1957 publiceerde de redactie het stembiljet voor de *1958 Playboy Jazz Poll.* Per categorie mochten de lezers kiezen uit een lijst genomineerden. Een van de veertig genomineerde zangeressen – naast onder anderen Ella Fitzgerald, Billie Holiday, Sarah Vaughan en Dinah Washington – was Rita Reys, als enige niet-Amerikaanse.

Dat alles werd echter overschaduwd door twee dramatische gebeurtenissen in de zomer van 1957.

Rita Reys:

Rine Geveke werd mijn producer bij Phonogram. Ze maakte altijd een beetje stijve indruk, maar dat was ze niet. Ze was een hele leuke vlotte tante die ook openstond voor modernere dingen. Een aparte vrouw, smaakvol, met een enorm goeie visie. Ze durfde ook dure projecten met mij te ondernemen. Ze zei: 'Die stem is zo mooi, die moet gedragen worden door een strijkorkest.' Daar had ze gelijk in, want toen ik het eenmaal hoorde vond ik het zelf prachtig.

The Cool Voice of Rita Reys No. 2 bestond in feite uit twee onderdelen: zes songs met het orkest van Tom Dissevelt en zes arrangementen van Jan Corduwener voor een groot strijkorkest met blazers en mijn eigen ritmesectie – Pim, Ruud en Wessel. Die dingen met Corduwener waren heel *straight*, makkelijk te begrijpen; die lagen bij het publiek het beste in het gehoor. Zijn arrangementen waren wel heel gewoontjes. Corduwener is natuurlijk nooit een grote arrangeur geweest.

Tom Dissevelt was veel creatiever. Hij had een heel aparte combinatie bedacht: zes strijkers, een altsax, twee dwarsfluiten, een mellofoon en een ritmesectie. Achteraf gezien was het eigenlijk een familieorkest. Tom was mijn zwager, de man van mijn zuster Riny; mijn broer Karel was de altsaxofonist, en Wessel en Pim en Ruud zaten er natuurlijk ook bij.

De arrangementen van Tom Dissevelt waren veel gedurfder en moderner dan die van Corduwener. *Far out*, echt Debussyachtig. Ik vond ze erg goed, maar op de een of andere manier ontroerden ze mij toch niet. Het was een beetje gezocht, hoewel voor die tijd bijzonder mooi geschreven. Als ik het nu terughoor, vind ik het behoorlijk gedateerd. Aan de andere kant zijn er ook stukken bij die de pan uitswingen, zoals *The Song Is You.*

Het werd allemaal rechtstreeks opgenomen, ik zong gelijk met het orkest mee. Tegenwoordig hebben ze dertig of veertig sporen voor de zangeres, dus als een noot niet mooi is, doe je hem maar even over. Daar is geen bal aan; ook als je honderd jaar bent, kun je als zangeres op het ogenblik een gouden plaat maken. In die tijd ging alles nog ineens. Als een violist bij wijze van spreken een foute noot speelde, moest ik het hele nummer overzingen. Maar ik was zo jong en zo sterk en zo van mijzelf overtuigd dat ik er geen moeite mee had.

♪

Dat ik voorjaar 1957 voor de tweede keer naar New York ging, was mede op aandringen van Wessel. 'Doe het nou maar,' zei hij. 'Probeer het nog een keer, misschien krijg ik dan ook nog een kans.' Want hij moest en hij zou nog steeds naar Amerika.

Ik ging nu per boot, heen met de *Noordam*, terug met de *Maasdam*. Na aankomst in New York nam ik meteen een taxi naar het kantoor van Columbia Records. George Avakian wist dat ik kwam, maar hij zei: 'Ik kan op dit moment heel weinig voor je doen, Rita.' Mijn plaat met de Jazz Messengers was inmiddels uitgebracht en hij zag geen mogelijkheden voor een vervolg.

Ik kon wel weer in het appartementje op West End Avenue. Het agentschap van Billy Shaw probeerde mij ook weer in clubs te boeken. Ze hadden een heel verhaal bedacht om te rechtvaardigen dat ik als *alien*, als buitenlander, in Amerika zou mogen werken. '*Alien is a jazz singer of unusual merit & extraordinary talent*,' schreven ze op het formulier. '*She is one of the most popular vocalists in her native country and in all European countries.*'

Op 23 april begon ik een week in Teddy Powell's Lounge in Newark, niet ver van New York. Dat was zo'n gekke pijpenla, een heel klein tentje waar wél alle groten hebben gespeeld. Miles Davis, John Coltrane, noem maar op. Het was een echte negerclub, de eigenaar was ook zwart. Ik was een van de weinige blanken die daar ooit hebben gewerkt en ik verdiende maar 150 dollar voor een hele week, maar ze vraten me op. Ze vonden het 't einde. Ik werd begeleid door Jimmy Smith op orgel, met een gitarist en een drummer. Jimmy Smith was een echte blankenhater. Hij kon het niet uitstaan dat ik daar stond, maar hij móést wel met mij spelen. Niettemin swingde het verschrikkelijk.

Aansluitend had ik een contract van een week in de Town Tavern in Toronto, waar Oscar Peterson een jaar later nog een plaat heeft opgenomen. Dat was een club met een hele hoge bühne, een groot toneel, maar ook weer zo'n pijpenla. Het betaalde 250 dollar, met een optie dat ik de volgende keer 350 dollar per week zou verdienen en de keer daarna 500 dollar. Ik was met het vliegtuig naar Canada gegaan en toen ik aankwam was mijn koffer er niet. Ik had alleen een truitje en een spijkerbroekje aan, met hele gewone flatjes, dus ik werd helemaal panisch: 'O, wat moet ik nou toch?' De manager van de club zei: '*Don't worry, dear. You just work like this. Tomorrow your suitcase will be here.*' Dát is Amerikaans, het maakte allemaal geen bal uit.

In New York had ik weer regelmatig contact met Mat Mathews en zijn toenmalige vrouw Paulette Rubinstein. Dat was een schatrijke Amerikaanse. Mat had een schnabbelgroepje en hij nam mij ook wel mee. Dan gingen we lekker spelen, met mensen als Herbie Mann en Oscar Pettiford.

Mat Mathews heeft ook mijn tweede Amerikaanse plaatsessie georganiseerd; dat zal in mei 1957 zijn geweest. Vier nummers voor het Dawn-label, waar hij al vaker had opgenomen. Ik mocht het eigenlijk niet doen, want ik had een contract met Phonogram in Nederland. Daarom had ik eerst bedacht dat die opnamen onder het pseudoniem 'Nellie Netherlands' moesten worden uitgebracht. Maar ze kregen er bij Phonogram snel de lucht van en toen is het met een compromis opgelost. In Amerika bracht Dawn de opnamen uit op de lp *New Voices*, een verzamelplaat met twee andere zangeressen, Sylvia Pierce en Peggy Serra, van wie ik later nooit meer iets heb gehoord. En in Nederland maakte Phonogram er een Philips-ep van, *When The Blues Come On.*

Ik werd begeleid door een aardig gezelschap: Mat Mathews accordeon, Barry Galbraith gitaar, Milt Hinton bas, Osie Johnson drums en Harry Lookofsky op viola d'amour, iets tussen een altviool en een cello. Dat zijn tegenwoordig hele grote namen, zeker Barry Galbraith, Milt Hinton en Osie Johnson, maar op dat moment was ik eerlijk gezegd niet zo diep onder de indruk. Het waren gewoon leuke collega's die ook moesten sappelen om brood op de plank te krijgen. Zo beroemd als nu waren ze toen nog niet.

Al die jongens zijn pas later geld gaan verdienen. Duke Ellington en Count Basie, en een Sinatra en een Ella, die verdienden toen al heel goed. Maar Sarah Vaughan nog helemaal niet, en Carmen McRae en Anita O'Day ook niet. Die twee kwam ik maandagmorgen vroeg tegen in de wachtkamer bij Billy Shaw, als ik kwam vragen of hij een schnabbel voor me had. Daar zaten zij dan ook. Die agencies hadden zo verschrikkelijk veel artiesten dat je heel vroeg moest komen, dan maakte je meer kans.

Muzikaal schoot ik natuurlijk harder op dan in Nederland. Je leert daar je vak. Gewoon door het te doen en door naar anderen te kijken. De muzikanten hielpen me ook: 'Rita, dat moet je zus doen, of doe dat zo... Ga niet met je kont naar het publiek staan.' Dat werd gezegd, daar lette je goed op, en dan leerde je dat. Mijn flair op de bühne heb ik in Amerika opgedaan.

Ik was van plan geweest om zes maanden te blijven, maar na twee maanden dacht ik: Wat moet ik hier, ik ben uiteindelijk een vreemde. Als er een andere meid komt die beter is of niet beter, maar het is een Amerikaanse, dan gaat die toch voor. Ik had er genoeg van, het ging me allemaal te moeizaam. Ik ben nu eenmaal heel ongeduldig. Ik vond het onzin om daar een beetje mijn talent te zitten verknoeien, terwijl ik het in Nederland kon gebruiken.

Ik kon ook niet meer tegen die enge kereltjes. Ik werd voortdurend voorgesteld aan impresario's, van die kleine ouwe mannetjes met kale hoofden en dikke vingertjes, die zogenaamd probeerden mij te lanceren. Dan nodigden ze me uit om te lunchen en dan zei Avakian: 'Doe dat nou, want je hebt kans dat ze je kunnen boeken. Het is altijd goed om een beetje pr voor jezelf te maken.' Dus deed ik het maar. In het begin was dat heel leuk, maar bij het tweede glas wijn voelde ik altijd die hand op mijn dij en dan begon het gedonder. Ik kreeg daar op het laatst zo'n sik van. Als het nou nog een lekker stuk was geweest, maar het waren allemaal griezels.

Ik dacht: Ik hou op, ik ga naar mijn eigen land terug. Ik ben in Nederland ook bekend, daar kan ik ook mijn brood verdienen. En ik wilde natuurlijk niet van mijn kindje scheiden. Als ik Leila niet had gehad, was ik misschien in New York gebleven en een ster geworden. Ik ben in het verkeerde land geboren. Ik had eigenlijk in Amerika geboren moeten worden, dan was het waarschijnlijk allemaal veel sneller gegaan.

Terug in Nederland ging ik weer gewoon werken met Wessel, Pim en Ruud. In juli 1957 hadden we een schnabbel voor Amsterdamse studenten, in het Lido. Wessel drumde altijd heel ontspannen, maar die avond zat hij er met een vertrokken gezicht bij. Pim en ik maakten er nog grapjes over. Het was een ontzettend leuk concert en het werd heel laat. We waren pas om vier uur thuis. Om zes uur moest Wes alweer op. Een paar dagen later zouden we vanuit Loosdrecht een televisie-uitzending hebben, waarin hij eerst zou waterskiën en daarna met mij optreden. Hij moest nu het waterskiën vast repeteren voor de camera's.

Tegen de middag dacht ik: waar blijft hij nou? We hadden 's avonds een optreden en ik moest mezelf nog mooi maken, dus ik liep me al op te winden. Om vijf uur ging de bel, ik doe open en ik denk: wat komt er nou in godsnaam aan? Ze brachten Wessel op een brancard de trap op. We dachten eerst dat hij een ongeluk had gehad, maar dat was niet waar. Hij had een hersenbloeding gekregen terwijl hij op de ski's achter een boot aan het oefenen was. Maar dat werd pas later vastgesteld.

De ziekenauto met de brancard reed weer weg, we legden Wes in bed en we belden dokter Stoel, onze huisarts. Dokter Stoel zei: 'Dit is heel raar.' Het ene moment was Wessel volkomen in coma, het volgende moment stond hij van zijn bed op en ging hij zo tegen de kast aan staan plassen. Hij wist totaal niet meer wat hij deed.

'Dit kan natuurlijk niet,' zei dokter Stoel. 'Ik zal het ziekenhuis in Utrecht maar bellen.' Dus moest Wes weer een ziekenauto in. In Utrecht hebben ze bloed afgenomen uit zijn nek, waar zijn ruggengraat zit, en toen belden ze op: 'U moet maar even komen, want uw man heeft een hersenbloeding gehad, en een hele lelijke.'

Omdat ik zelf nog geen auto had, bracht Pim me naar het ziekenhuis. En dat heeft hij daarna elke middag gedaan. Wessel werd hoe langer hoe zieker. Ik weet nog dat ik een keer zei: 'Zijn tong hangt uit zijn mond en hij ligt zo raar te gillen en te rochelen.' Toen kwam er een zuster, die nam een tang en trok zo zijn tong uit zijn mond, anders had hij hem ingeslikt.

Vier dagen heeft hij nog geleefd. Ik heb veel tegen hem gepraat, lieve dingen gezegd en geprobeerd hem een beetje wakker te houden, maar dat had geen zin. Zijn ogen waren dicht en hij reageerde nergens meer op. Leila ging niet mee naar het ziekenhuis. Dat wou ik niet, daar was ze veel te klein voor.

Zaterdag 13 juli werd ik 's ochtends vroeg uit bed gebeld. 'Uw man is vannacht overleden.' Dan schrik je je natuurlijk kapot. Ik huilde en ik heb oma uit bed geroepen, het kleintje uit bed gehaald. Leila was zo schattig, ze sloeg haar armpjes om mij heen – ze begreep het natuurlijk helemaal niet – en ze zei: 'Mama, huil maar niet, want dan ga ík met je trouwen.' Het is zó lang geleden, maar ik schiet toch weer vol als ik eraan denk.

Wessel is in Utrecht gecremeerd. Oma Ilcken was de enige die sprak. Ik kon dat niet. Ze was zo aangedaan dat er eigenlijk geen woord uitkwam. Voor haar was het natuurlijk ook verschrikkelijk zielig: die ene zoon die ze alleen had grootgebracht. Toen ik alleen was, ontdekte ik ook hoe moeilijk het is om een kind in je eentje op te voeden.

Mijn vader heeft na de crematie nog een stukje in *Rhythme*

geschreven. Dat behalve Wessels moeder niemand een afscheidswoord sprak, was voor hem het bewijs hoezeer iedereen door gevoelens was overstelpt. 'Mijzelf verging het evenzo, doch thuisgekomen vond ik dat jammer omdat ik graag nog het een en ander had willen zeggen,' schreef mijn vader. 'Waar ik gedurende de ceremonie voorál aan moest denken was, dat er een pionier van ons was heengegaan. Een pionier én een idealist. Dat laatste wel heel bijzonder. Tal van thans bestaande Combo's danken hun levensvatbaarheid aan hém, Wessel, wiens werk hem boven alles ging. Als oud-musicus kon ik steeds Wessels streven en strijden begrijpen en hogelijk waarderen.

'Wijzélf, ons gezin, zagen Rita en Wes weinig in de familiekring. Dat kon niet anders, daar hun werk hen steeds in beslag nam. Doch de enkele malen dat wij hen in ons midden hadden waren voor ons steeds een waar genoegen door Wes' opgewekte humeur en de hartelijkheid die er van hem uitstraalde.'

♪

Dezelfde dag dat Wessel was gestorven, was 's avonds die televisie-uitzending uit Loosdrecht. Ik heb daar toen gezongen. Daar hebben de kranten vol van gestaan, het is in hele foute aarde gevallen. Mensen hebben er schande van gesproken dat hij was overleden en ik 's avonds toch had gewerkt. Achteraf gezien had ik het ook beter niet kunnen doen.

Maar ik stond ineens overal alleen voor en ik moest nu eenmaal werken om Leila en mijzelf te onderhouden. Ik ben aan één kant ontzettend lief en aardig, aan de andere kant kan ik heel radicaal en hard zijn. Ik heb vreselijk veel verdriet gehad van

Wessels overlijden, maar ik ben niet iemand die dan gaat zitten huilen van: o, wat ben ik zielig. Dat is mijn hele wezen niet. Ik heb geen *self-pity*.

Gelukkig kwam het werk meteen op me af. Ik kreeg uit Duitsland allerlei leuke aanbiedingen, ook voor de televisie. Ik zong met Kurt Edelhagen in Keulen en met Werner Müller in Berlijn. Ik ging naar Engeland en een paar keer naar Zweden. En in het trio met Pim en Ruud nam Cees See de plaats van Wessel in. Dat was ook een goeie drummer.

Ik moest op het Melkpad blijven wonen, omdat oma op Leila paste als ik werkte. Dat was wel moeilijk, want oma was een lastige tante. Ze bemoeide zich met alles, en als er iets verkeerd ging was het altijd mijn schuld. Ze zag mijn kwaliteiten niet, ze zag alleen het negatieve. Voor Leila was het ook niet makkelijk. Doordat ik veel weg was, werd ze min of meer door oma opgevoed. En oma Ilcken was echt van de ouderwetse stempel.

Anderzijds heeft Leila het natuurlijk vreselijk goed gehad. Veel kinderen van beroemde ouders hebben heel wat ergere dingen meegemaakt: moeders die van de ene vent naar de andere gingen, of die aan de drank raakten en in de Betty Ford-kliniek belandden. Dat was bij ons niet zo. Ik heb keihard gewerkt en daardoor heeft zij het altijd rijk gehad. Leila kreeg alles wat haar hartje begeerde.

Een paar weken na Wessels overlijden ging ik zelf naar onze dokter. Ik was een beetje ongerust omdat mijn menstruatie uitbleef. Dat had ik wel eens vaker, ik dacht dat het misschien door het drukke werken kwam. Maar ik voelde me ook ziek en alleen gelaten.

Dokter Stoel onderzocht me en hij zei: 'Je bent in verwachting.'

Jezus, wat nu. Ik zeg: 'Hoe ver dan?'

'Ja, ik denk twee, tweeënhalve maand.'

Ik zeg: 'Maar ik kan dat kindje helemaal niet hebben. Ik ben nu alleen, er is geen geld. Oma is oud en het is al een heel probleem dat zij voor Leila moet zorgen.'

Dokter Stoel was een moderne dokter, dus hij zegt: 'Weet je wat, hier is het adres van een gynaecoloog in Amsterdam-Zuid. Ga daar maar eens mee praten.'

Dus ik ging met een briefje van dokter Stoel naar die gynaecoloog – ik zal zijn naam niet noemen, al is hij allang dood. Ik kwam binnen, hij herkende mij meteen. Het was natuurlijk vlak nadat Wessel was overleden; dat had in alle kranten gestaan.

Ik ging zitten en hij begon tegen mij in te praten. 'Je hebt al een dochtertje waar je schoonmoeder ook voor zorgt. En het is toch een leuke herinnering aan Wessel?'

'Maar ik kan nu niet met een dikke buik lopen en geen werk hebben,' zei ik. 'Ik moet zorgen dat er brood op de plank komt. Bovendien is oma al zeventig; die kan gewoon niet voor twee kindjes zorgen.'

Het was verschrikkelijk dat ik dat moest doen. Ik kon het Wes niet meer vragen; die was er niet meer. We hadden inderdaad wel eens over een tweede kind gesproken, ook voor Leila. En dan hoopten we dat het een jongetje zou worden. Maar daar is dus nooit iets van gekomen.

Die gynaecoloog wilde het almaar rekken. Hij nam natuurlijk

een groot risico, want hij mocht dat niet doen. Daarom wil ik zijn naam ook niet noemen. Ik ben wel drie of vier keer naar hem toe geweest. Ik werd op het laatst stapelidioot van die man. Op een gegeven moment zei ik: 'Als u het nu niet gauw doet, ga ik naar iemand anders. Dan gebeurt het misschien niet op de goeie manier, maar dan is het op uw verantwoording. Ik vraag het u toch netjes. Straks kan het niet meer, dan is het levensgevaarlijk.'

Toen heeft hij gezegd: 'Kom morgen maar terug. Dan zullen we het doen.'

Het is bij hem thuis gebeurd en het is heel vakkundig gedaan. Hij had een leuke logeerkamer met een bed erin en een verpleegster erbij. Ik kreeg een prik in mijn arm, dus ik was van de wereld. Ik heb er niets van gemerkt. De volgende ochtend werd ik wakker en toen was het weg.

Achteraf heb ik veel gehuild. Ik was verdrietig, ik voelde me eenzaam, eigenlijk van iedereen verlaten. Alles stond me tegen, ik had nergens meer zin in. Ik heb er met niemand over gesproken. Alleen oma wist het. Maar toch was ik blij dat ik dat kindje kwijt was, want het kon gewoon niet anders. Ik ben al heel snel weer aan het werk gegaan. En na een tijdje verdring je het, heb je het weggedrukt. Je moet nou eenmaal door.

Hoofdstuk 10

Pim

De tweede belangrijke man in het leven van Rita Reys werd op 29 oktober 1934 in Hilversum geboren als Willem Bernard Jacobs. Hij kreeg op zijn tiende zijn eerste pianoles en werd al vroeg gegrepen door de jazz. Samen met zijn vier jaar jongere broer Ruud, die snelle vorderingen maakte als bassist, en drummer Fred Burkhardt vormde hij in 1954 het Pim Jacobs-trio, dat zich inschreef voor de AVRO Jazz-Competitie, destijds de belangrijkste springplank voor jong Nederlands jazztalent.

Op 30 maart 1955 wonnen zij de voorronde in Heemstede. 'Geen enkele kritische opmerking. Uitmuntend!' oordeelde jurylid Michiel de Ruyter. Op 20 april was de finale in Hilversum. Nu werd het Pim Jacobs-trio tweede in de categorie 'moderne stijl', achter het kwartet van altsaxofonist Tony Vos, maar vóór het kwartet van pianist Nico Bunink. 'Kleurrijk en geraffineerd', noteerde De Ruyter over de muziek van het trio.

De ster van Pim Jacobs rees daarna snel. Op 29 oktober 1956 mocht het Pim Jacobs-trio, nu met Wessel Ilcken op drums, twee vertolkingen bijdragen aan de derde *Jazz Behind The Dikes*-lp. Anderhalve week later, op 8 november, namen Pim en Ruud Jacobs zelfs een hele lp op met een Amerikaanse solist. Ze waren inmiddels lid geworden van The Wessel Ilcken Combo, die fluitist-tenorsaxofonist Herbie Mann begeleidde op *Salute To The Flute.*

Op 13 maart 1957 maakten Pim & Ruud Jacobs en Wessel Ilcken

opnieuw opnamen met een befaamde Amerikaanse jazzmuzikant, tenorist-hoboïst Bob Cooper. En op 25, 26 en 27 maart stonden de gebroeders Jacobs voor het eerst in de studio met Rita Reys, voor het album *The Cool Voice of Rita Reys No. 2.*

Na de dood van Wessel Ilcken in juli 1957 bleef Pim Jacobs met Rita Reys optreden. De begeleider werd vriend, de vriend werd geliefde, en in 1960 werd de geliefde de tweede echtgenoot van Rita Reys. Hun huwelijk zou 36 jaar standhouden, tot Pim Jacobs in 1996 op zijn 61ste stierf.

Rita Reys:

Wessel en ik waren in 1945 op huwelijkse voorwaarden getrouwd. Eigenlijk was dat onzin, want we bezaten helemaal niks, hij niet en ik niet. Maar oma Ilcken had daar destijds op gestaan, waarschijnlijk vanwege de ongelukkige ervaring van haar eigen huwelijk in Indië: rijk getrouwd, de eerste nacht in verwachting geraakt, en drie maanden later haar man moeten begraven.

Na het overlijden van Wessel kwam dus de vraag van de notaris of ik zijn erfenis wilde accepteren. Ik was me helemaal niet bewust van die huwelijkse voorwaarden. Ik dacht: misschien laat hij me nog wel wat na. Oma scheen wel te weten dat Wessel een schuld had achtergelaten, want ze zei: 'Doe dat nou maar, anders komt in de krant te staan dat mijn kind failliet is verklaard.' In die tijd was dat natuurlijk iets verschrikkelijks, dus ik heb Wessels erfenis aanvaard. Het bleek een schuld van zo'n dertigduizend gulden te zijn, die ik moest afbetalen.

Dertigduizend gulden was toen vreselijk veel geld. Ik heb knoerthard moeten werken om dat af te lossen. Ik pakte alles aan wat ik aangeboden kreeg, soms drie, vier, vijf schnabbels op een dag. Of het nou Hollandse liedjes waren of wat dan ook, het maakte me allemaal niks uit. Er moest verdiend worden.

In februari 1958 heb ik zelfs meegedaan aan de Nederlandse voorronde van het Eurovisie Songfestival. Ik zong twee liedjes, *De warmte van je hart* van Steye van Brandenburg en *Eén verlicht raam* van Tom Dissevelt op tekst van Guus Vleugel. Maar Corry Brokken won met *Heel de wereld.* Eén ding herinner ik me nog goed. Ik had een beeldige jurk aan, een couturejurk van zuiver zijde met witte noppen erop. Corry Brokken was al met die Sleeswijk van de revue en zij had natuurlijk zo'n veren-in-d'r-kont ding aan. Zegt ze tegen mij: 'Mmm, leuk jurkje. Heb je dat zelf gemaakt?' Ik was zó nijdig. Zoiets doe je niet, maar dat flikte zij wél. Corry was een kattenkop hoor.

Gelukkig kreeg ik ook mooie jazzdingen te doen, zoals een engagement van twee weken in de Club Saint-Germain in Parijs. Ik werkte daar met al die Franse jongens die toen heel bekend waren, zoals Martial Solal en Sacha Distel, en Benoît Quersin op bas. Er kwam een ontzettend leuk publiek, bijna alleen maar artiesten. Brigitte Bardot zat er elke avond. Die had toen een verhouding met Sacha Distel. Juliette Gréco en Henri Salvador kwamen ook altijd.

Ik vond het enig om al die mensen te leren kennen en met ze te praten. Brigitte Bardot was toen al heel beroemd, maar daar viel ik niet van om. Waarom zou ik, ze vallen van mij toch ook niet om? Juliette Gréco was wel aardig, maar erg afstandelijk – wat de Nederlandse actrices ook hebben, zeker tegenover mij. Ik ben maar een jazz-zangeresje, hè. Dus zij hield het contact een beetje af. Ze ging natuurlijk ook niet meezingen. Het was een jazzclub en Gréco is helemaal geen jazz-zangeres.

Het was een hele kleine club met een beeldig dansvloertje, maar niemand kwam van z'n plaats. Ze zaten allemaal naar mij te kijken. Er was een hoge bühne met een afstapje naar het dansvloertje. In het donker zag ik op een avond dat afstapje niet. Ik had hoge hakken aan, ik maakte een rare zwieper en toen scheurde mijn jurk. Het was een prachtige flessengroene chiffon jurk, maar de naad aan de achterkant was helemaal uitgescheurd.

Wat moest ik doen? Ik kon moeilijk weglopen, dus ik heb rustig staan werken. Op een gegeven moment draaide ik me om – met mijn mooie benen – en heb ik nog even extra met mijn heupen gezwaaid. De muzikanten achter me lachten zich kapot, want ik bleef maar springen en dansen, zoals ik altijd deed. Toen ik was uitgezongen, kwam de vrouw van Henri Salvador naar me toe. Ze vroeg of ik zin had om bij hen aan tafel te komen zitten. Dus heb ik daar een glas champagne gedronken, met die gescheurde jurk aan.

♪

In Nederland bleef ik werken met Pim en Ruud Jacobs en Cees See op drums. Cees was in 1956 getrouwd met Corry Brokken en hij vond het vreselijk dat hij nooit met haar kon optreden, omdat zij een heel ander genre zong. Niettemin zei hij altijd: 'Wat ik zo heerlijk vind, is dat Corry naast datgene wat ze doet toch ook die jazzfeeling heeft.' Cees wilde zo graag dat ze jazz ging zingen, maar daar is natuurlijk nooit iets van gekomen. Corry was een geweldige zangeres, maar voor jazz had ze totaal geen gevoel.

Na de dood van Wessel had ik zelf een auto gekocht, een klein

DKW'tje, en daarin reed ik naar al mijn schnabbels. Pim kwam elke dag even bij ons langs, om te kijken hoe het met me ging. Op een dag zei hij: 'Nu is het afgelopen, je werkt veel te hard en je rijdt alles zelf, dat kan gewoon niet. Het is te gevaarlijk, dadelijk krijg je een ongeluk. Je vraagt veel te weinig geld voor je optredens, je moet anders gaan werken. Vanaf nu ga ik de boel voor je regelen.'

Pim heeft er toen voor gezorgd dat ik meer geld kreeg. In plaats van vijftig gulden voor een schnabbel werd het honderd gulden, daarna 150, en zo gingen die bedragjes almaar omhoog. Dat was ook logisch. Ik was in de States geweest, dus ik kon hogere gages vragen. Maar ik wist niet hoe ik dat moest aanpakken. Daar ben ik niet zakelijk genoeg voor. Doordat ik meer ging verdienen, hoefde ik minder schnabbels te doen. In plaats van vier op een dag werden het er eerst twee per dag en later nog maar één.

Voor mij was Pim gewoon een vrind – een collega en een begeleider. Ik vond hem wel altijd schattig, ook al in de tijd met Wessel. Als hij bij ons de trap afliep, zag ik dat kale plekje boven op zijn hoofd – dat begon bij Pim al heel vroeg – en dan zei ik tegen Wes: 'Wat zonde, dat zo'n jonge jongen nu al kaal wordt. Het is wel een schat van een knul, hè.'

'Ja, het is echt een fijne jongen,' zei Wes. 'Nou ja, hij wordt kaal, wat dan nog.'

Later bleek dat Pim eigenlijk altijd al verliefd op mij was. Dat wist ik niet, want Pim was een hele bescheiden man die zich niet durfde op te dringen. Maar op een dag heeft hij mij toch zijn liefde verklaard. We hadden in Groningen gewerkt, in Huize Maas. Pim had een Volkswagenbusje gehuurd en we reden terug. Ruud en Cees See lagen allebei stomdronken achter in de auto;

ik zat voorin naast Pim. Opeens voelde ik zijn hand op mijn hand en toen zei hij: 'Kleine, ik moet je iets vertellen. Ik hou zo vreselijk veel van je en ik zou zo graag willen dat je met me trouwt.'

Ik schrok me kapot. Voor mij kwam het totaal uit de lucht vallen, want we hadden helemaal niks. Ik dacht: wat is dit nou voor een manier van vragen. En ik zei: 'Dat kan toch niet, Pim. Ik ben tien jaar ouder dan jij. Wat moeten je ouders er wel van denken?'

'Nou, mijn ouders wennen er wel aan, maar ik wil gewoon geen andere vrouw dan jij.'

Kort daarna moest Pim in dienst. Dat wilde hij helemaal niet, hij vond het verschrikkelijk. Het heeft ook maar een paar maanden geduurd. Hij liet zich gek verklaren en is op S5 afgekeurd. Maar in die tijd kwam hij, als hij verlof had, iedere middag naar het Melkpad. Dan stond hij op de stoep met dat gekke uniform aan, puttees aan zijn benen. Hij deed de deur open, hij kwam binnen en in de entree greep hij me vast. Dan zoende hij me en kneep hij me zowat fijn. 'O kleintje, ik ben zo blij dat ik weer bij je ben. Heb je erover nagedacht? Gaan we nou trouwen? Gaan we nou trouwen?'

Ik zeg: 'Nou nee hoor, dat doen we maar niet. Ik ben veel te oud voor jou en ik heb een kind.' Zo kort na de dood van Wessel had ik daar helemaal geen interesse in. Ik was nog te veel met Wes bezig, ik had geen behoefte aan een nieuwe liefde. Pim was ook niet iemand die dan doordrukte. Eén keer probeerde hij het wel. We hadden gewerkt, hij had me in zijn auto thuisgebracht, en voor de deur gaf hij me een dikke zoen en knuffelde hij me. Toen zei hij: 'Ik wil zo dolgraag eens wat anders met je, laten we nou eens samen...'

Ik zei: 'Nee, ik doe het niet. En nou wil ik het ook niet meer. Het is afgelopen, je moet ophouden met dat gezeur.' En ik ben de auto uitgestapt.

Op het Melkpad had je zo'n pleintje waar je omheen moest rijden. Ik weet nog goed dat Pim met een rotvaart om dat pleintje scheurde, uit pure nijd en drift omdat ik hem zijn zin niet gaf. Ik dacht: nou ja, als je zoveel van me houdt, kom je wel terug. En ja hoor, tien minuten later stond hij weer op de stoep.

Op den duur kreeg ik toch een ander gevoel. Ik dacht: het is wél een schat van een mens, een lieve man, en voor Leila is hij ook zo aardig. Als ik in Duitsland of in Engeland moest werken, ging hij met Leila en oma Ilcken naar de Efteling of naar Loosdrecht, terwijl hij dat helemaal niet hoefde te doen.

En zo is de liefde tussen Pim en mij heel geleidelijk gegroeid. Ik had gewoon de tijd nodig om het allemaal te verwerken. Niet alleen de dood van Wessel, maar ook het feit dat Pim nog zo jong was. En ik moest met zijn ouders op een goed plan komen te staan. Dat ze goed begrepen dat ik een hardwerkende moeder was, die haar kind liefhad en het moeilijk had met een schoonmoeder waarvoor ik toch ook moest zorgen. Misschien ben ik in een hoop dingen erg oppervlakkig, maar hierin absoluut niet. Ik dacht diep door over alles.

♪

In het begin was het ook binnen het orkest lastig, vooral als we op tournee waren. Dan zaten Pim en ik op mijn kamer te praten en probeerden we natuurlijk wat te vrijen Daar kregen we nauwelijks de kans toe, want Ruud en Cees See stonden meteen tegen de deur te bonken. Pim kreeg daar ontzettende angsten van. Hij was niet zo'n brutale rakker – een heel andere jongen dan Ruud – dus hij liet dat over zijn kant gaan.

Ruud had eigenlijk meer moeite met onze liefde dan Pims ouders. Waarschijnlijk was het een beetje jaloezie. Zijn broertje was zijn beste vriend en die had ik afgepikt. Wat een vader of een moeder zou voelen, dat voelde Ruud. Bovendien was Pim altijd een jongen geweest die wat vrouwen betrof in de schaduw van Ruud stond. Ruud hoefde maar te kikken en er hingen drie vrouwen aan zijn arm, bij wijze van spreken. En dan is Pim, die nauwelijks ervaring met vrouwen had, opeens de *big shot* die gaat trouwen met die grote zangeres. Dat zal het ook zijn geweest.

In de muziek was Ruud ook veel brutaler dan Pim. Hij speelde al heel jong echt *outstanding* bas, krachtig, met een verschrikkelijk goede beat en een mooie notenkeus. Hij was nog maar twintig toen hij werd gevraagd voor de International Youth Band, die in 1958 op het Newport Jazz Festival in Amerika speelde.

Pim was natuurlijk ook een hele goeie muzikant, maar hij durfde soms niet. Op *The Cool Voice of Rita Reys No. 2* staat bijvoorbeeld een stuk, *Keepin' Myself For You*, en daarin is zijn solo om te huilen. Dat zei ik ook tegen hem: 'Pim, kun je dat niet eens een beetje anders doen? Het is gewoon klootloos wat je doet.'

Dan keek hij me alleen maar zielig lachend aan, of hij zeggen wou: 'Ja, ik kan het niet anders.' Hij kón het wel anders, maar die nootjes stonden er en daar durfde hij niet omheen – terwijl ik juist altijd zo dwars was als maar enigszins kon. Pim gaf me in alles gelijk, in de muziek, in de kleding, in alles. Hij deed het precies zoals ik het wou. Dat vond ik ook wel eens niet leuk, omdat iemands persoonlijkheid daarmee een beetje de modder in gaat. Terwijl Pim heus een sterke persoonlijkheid was. Hij had een bepaald charisma waar het publiek stapelgek op was.

Pim had echt klasse, hij kwam ook uit een goed milieu. Pa was advocaat. Hij stamde uit een erg conservatieve katholieke familie en hij was zelf ook een conservatieve man. Hij had eigenlijk priester moeten worden, hij heeft op het seminarie gezeten, maar later is hij toch getrouwd. Mama was klassiek danseres. Ze had in Hilversum een hele grote dansschool met vierhonderd leerlingen. Mama Jacobs was een Mees, van de Mezentak van de Bank Mees & Hope.

Aan de ene kant waren Pim en Ruud dus een beetje upperclass-jongetjes, aan de andere kant waren hun ouders niet zo rijk dat ze alles maar konden. Het waren eigenlijk allebei intellectuelen, en daar zijn die jongens natuurlijk in grootgebracht. Ze waren anders dan de meeste muzikanten. Ruud rookte wel eens een stickie, maar Pim nooit. Ze konden tennissen en ze hebben goeie scholen gehad. Ze gingen op de fiets naar de Kees Boekeschool in Bilthoven, net als Leila later.

Hun ouders moesten er erg aan wennen dat ze de muziek in gingen. In het begin vonden ze het verschrikkelijk jammer. Pim had een goed hoofd om te leren. Hij had dokter moeten worden, of psycholoog. Zoiets straalde hij ook uit: proberen mensen op hun gemak te stellen, andere mensen te begrijpen – dat had Pim helemaal. Maar toen hij vier was, probeerde hij al op de piano na te spelen wat het draaiorgel deed. Later op de muziekschool moest hij *Für Elise* instuderen.

‘Wat ben je nou aan het doen, Pim?’ vroeg zijn leraar.

‘Ik speel *Für Elise*.’

‘Ja maar jongetje, de helft van wat je speelt staat er helemaal niet.’

‘Nee,’ zegt Pim, ‘maar ik vind het zo veel mooier.’

♪

Pa en mama Jacobs wisten natuurlijk dat hun jongens samen met mij werkten, maar niet dat er een romance gaande was tussen Pim en mij. Daarom zei ik tegen Pim: ‘Jongen, kijk nou uit, ik zou het zo zielig vinden als je ouders het uit de krant te weten komen.’ Maar het lekte toch uit. Henk van der Meyden schreef er in december 1959 over in *De Telegraaf* en zijn ouders lazen dat. Het moet voor Pim een heel moeilijk moment zijn geweest.

Wat er precies is gebeurd weet ik niet. Ik was er niet bij toen Pim aan zijn ouders heeft uitgelegd dat hij met mij wilde trouwen. Maar ik kwam wel een keer binnen toen ik zijn vader net hoorde zeggen: ‘Jongen, hoe kun je. Het is toch een getrouwde vrouw, ze is al weduwe en ze heeft al een kind. Ik zou van jou toch iets heel anders verwachten.’

Daar ging Pim dus dwars tegenin, want hij moest en hij zou mij hebben. Toen hebben ze gezegd: ‘Nou ja, je gaat je gang maar.’

Ik kwam al eerder bij Pims ouders thuis, als er iemand jarig was of zo, en we repeteerden vaak in de dansstudio van mama Jacobs. Zodoende kende ik de familie heel goed. Maar ze vonden mij natuurlijk een bijdehante tante en dan ook nog jazz-zangeres – een heel ander soort mensen dan zij zelf. Toch hebben ze me later helemaal geaccepteerd. Ze waren ook wel heel trots op me. De Mezen hebben een soort familiekroniek, een blaadje dat elke maand uitkomt, en daar staat Reys heus ook bij hoor.

Oma Ilcken was alleen maar blij; die vond het heerlijk dat we gingen trouwen. Ze kende Pim natuurlijk ook al heel lang. Ze ging eraan kapot dat Wessel dood was, maar ze had helemaal geen *hard feelings* tegen Pim. Hij wás ook schattig en hij was ook zo lief voor Leila. Oma Ilcken was blij voor mij en blij voor Leila.

Op 30 september 1960 zijn we door burgemeester Boot van Hilversum getrouwd. Pim was 25, ik was 35, en Leila was zes.

Hoofdstuk 11

Europe's First Lady Of Jazz

Het *Premier Festival Européen Du Jazz* was een van de eerste massale openlucht-jazzfestivals in Europa, naar het model van het Newport Jazz Festival in Amerika. Het werd van 6 tot 14 juli 1960 gehouden in Antibes en Juan-les-Pins aan de Franse Rivièra. Er traden Amerikaanse grootheden op, zoals Charles Mingus, Eric Dolphy en Bud Powell, maar de hoofdmoot van het festival was een Europees jazzconcours.

Vandaag de dag zouden professionele jazzmusici zich ongetwijfeld drie keer bedenken voor ze zich blootstelden aan een juryoordeel. In 1960 lag dat kennelijk nog anders, want de deelnemerslijst was indrukwekkend, met onder anderen trombonist Albert Mangelsdorff uit Duitsland, tenorist Hans Koller uit Oostenrijk en altist Jacques Pelzer uit België. Namens Nederland deden The Dutch Swing College Band en het Pim Jacobs-trio met Rita Reys mee. Drummer Cees See had inmiddels plaatsgemaakt voor gitarist Wim Overgaauw (1929-1995), die tot 1971 een steunpilaar van de groep zou blijven.

Het werd een spectaculaire triomf voor Rita Reys en Pim Jacobs. De internationale jury kende individuele prijzen toe aan Hans Koller (beste solist), Albert Mangelsdorff (beste trombonist), Raymond Court (beste trompettist), Inge Brandenburg (beste zangeres), Erik Moseholm (beste bassist), Hartwig Bartz (beste drummer) – en Pim Jacobs (beste pianist). Het Pim Jacobs-trio met Rita Reys won bovendien de Grote Prijs voor de beste Europese jazzcombo. Vanaf dat moment werd Rita Reys onveranderlijk aangekondigd als *Europe's First Lady Of Jazz*.

De overwinning in Juan-les-Pins leidde tot een stortvloed aan uitnodigingen voor jazzfestivals in heel Europa: het Belgische Comblain-la-Tour (1960), Palermo (1963), Warschau (1963 en 1964), Praag (1964), Boedapest (1965), Berlijn (1966), Zagreb (1968). De bekroning kwam in juni 1969 tijdens het New Orleans International Jazz Festival. Rita Reys en Pim Jacobs traden daar op met vier Amerikaanse topmusici: trompettist Clark Terry, saxofonist Zoot Sims, bassist Milt Hinton en drummer Alan Dawson.

In het plaatselijke weekblad *Vieux Carre Courier* schreef Charles Suhor dat het uitnodigen van Rita Reys een felicitatie waard was. '*She is a totally pleasing, unpretentious vocalist who should be seen and heard more in the United States.*'

De gezaghebbende criticus Ira Gitler recenseerde het festival in het jazzblad *Down Beat*. Zijn oordeel was kort maar krachtig: '*Miss Reys has a buoyant* (veerkrachtige, opgewekte) *style, and with driving solos from Terry and Sims the set went well.*'

Maar tussen al die internationale successen moest Rita Reys ook het nieuwe gezinsleven met haar dochtertje en haar tweede man opbouwen.

Rita Reys:

Het beste trio dat we ooit hebben gehad, was het Pim Jacobstrio met Wim Overgaauw op gitaar. Hij werd in 1959 de opvolger van Cees See. Ik vond het helemaal geen gemis om zonder drums te werken. De meeste drummers zijn mij te druk, ze knallen en puinen te veel. Zeker als ik een ballad zing, wil ik rust hebben. Maar het trio met Willem kon ook ontzettend swingen, het was precies het Oscar Peterson-trio met Herb Ellis.

Muzikaal ging het eigenlijk allemaal vanzelf. Nieuwe stukken repeteerden we even. Dan zocht Pim de goede toonaard uit en keken we waar ik inviel en wat voor eindje eraan moest komen, een mooie *tag* of zo. Maar de introducties en de solo's waren altijd weer anders. En midden in een nummer riep ik soms: 'Doe eens een *change*.' Dan gingen we gelijk een toon of een halve toon lager. Als dat leuk uitpakte, hielden we het een poosje erin.

Pim hield alleen niet zo erg van veranderingen. Als ik een keer zei: 'Joh, laten we het eens zó proberen,' dan riep hij meteen: 'Nee, hou het nou zo, want zo is het goed. *Never change a winning team*.' We bouwden een vast repertoire op, en dat werd op den duur zo groot dat we er altijd uit konden kiezen. Dus er hoefde eigenlijk niet meer gerepeteerd te worden. Het was een hecht familietje.

Willem was vroeger getrouwd geweest met mijn zusje Elly, maar dat was op een scheiding uitgelopen. Hij was in die tijd een vreselijk ondeugende jongen. Hij dronk ontzettend veel en hij rookte ook behoorlijk wat stickies, en daar kon onze El niet tegen. Hij bleef de hele dag in zijn bed liggen, terwijl wij uit een gezin kwamen waar we hadden geleerd aan te pakken en niet op je kont te gaan zitten. Dus El zei: 'Blijf jij maar slapen, ik ga lekker voor de Amerikanen in Duitsland zingen.' Daar ontmoette ze Jerry, een *major* in de *air force*, met wie ze later is getrouwd en naar Amerika gegaan.

Binnen het trio speelde dat allemaal geen rol. Willem en ik

werkten fantastisch samen. Ik had toch niks te maken met dat mislukte huwelijk van mijn zuster. Daar bemoeide ik me allemaal niet mee. Willem was mijn collega en mijn zuster zat ver weg. Ze is trouwens schatrijk, ze heeft een prachtig buiten in South Dakota met honderden hectaren grond. Dus Elly is heel goed terechtgekomen.

♪

In juli 1960 speelden we op het jazzfestival van Juan-les-Pins. Dat werd een enorm succes. We werden uitgeroepen tot de beste jazzgroep van Europa en we kregen een hele grote beker, die ik nog altijd heb. Het was misschien een beetje raar om je als professioneel orkest door een jury te laten beoordelen, maar daar stonden we niet bij stil. We waren steengoed, heel erg zeker van onszelf. We swingden de pan uit, dus we trokken ons nergens iets van aan.

Het festival was in de openlucht aan zee en tijdens ons optreden woei er een keiharde mistral. Ik stond op de bühne in een beeldige groene jurk van zuiver zijde, dus heel dun, en ik herinner me nog goed dat die jurk onder het zingen, *woep!*, zo omhoog werd geblazen. Daar stond ik in mijn broekje en mijn bh bloot voor die grote menigte, op mijn kleine flatjes.

Het publiek lachen en joelen natuurlijk, schitterend. Als er een lelijke vetkwab onder had gezeten, was het een rotgezicht geweest, maar ik was prachtig van bouw, tenger, mooie benen. Het was bloedheet, zo'n zalige avond in Juan-les-Pins, en dan een mistral die ineens onder je rok springt, dat is natuurlijk hartstikke gek. Pim zat zich ook kapot te lachen. Ik almaar trekken aan die jurk, maar die mistral bleef maar waaien, *woehoehoe*. Dus ik kon niks doen. Ik was helemaal niet gechoqueerd, ik vond het enig.

We konden zelf nauwelijks geloven dat we wonnen, want er deden zoveel grote jongens mee. Martial Solal was de enige die ons de prijs niet gunde. Wij kregen die beker in onze handen geduwd en er werd een heel verhaal bij verteld. Toen kwam hij op me af en zei: 'Hier snap ik helemaal niks van, dat jullie het winnen.' Hij was stervens jaloers, omdat Pim natuurlijk niet zo'n groot pianist was en hij wel. Solistisch was Pim ook niet zo geweldig. Maar we hadden zo'n vreselijk goede groep, en Pim en de andere jongens werkten zo intens met mij op de bühne – dat kijken en dat volgen – dat iedereen weg van ons was.

Het was vooral Pims idee om mij daarna altijd aan te kondigen als *Europe's First Lady Of Jazz*. Hij was heel zakelijk en hij zag dat we het als een soort merknaam konden gaan gebruiken. Dat lukte, want de pers en de platenfirma's namen het meteen over. Maar de gedachte: ik ben nu *Europe's First Lady Of Jazz* en dat zal ik altijd blijven – dat is natuurlijk onzin. Ik heb mezelf nooit een groot zangeres gevonden. Ik weet wel dat ik een fantastische *timing* heb en dat ik me in mijn teksten inleef, vooral in mijn ballads. Dat heb ik altijd vastgehouden en geprobeerd zo goed en zo mooi mogelijk te ontwikkelen. Maar je moet het steeds maar weer waarmaken.

In juni 1960 had ik mijn eerste lp met het Pim Jacobs-trio opgenomen. Pim had ook weer bedacht om die plaat *Marriage in Modern Jazz* te noemen – met dat bordje *Just Married* op de hoes – en hem op de dag van ons huwelijk uit te brengen. Er was ontzettend veel publiciteit over ons geweest: 'Ze hebben een verhouding, ze hebben zus en ze hebben zo.' Dus Pim redeneerde: daar kunnen we mooi gebruik van maken. Het heeft ook gewerkt. Dat album is een bestseller geworden.

Ik bemoeide me nooit met de zaken; dat liet ik allemaal graag aan Pim over. Behalve één keer, vlak voor hij stierf. We zouden nog een plaat maken en ik vroeg: 'Hoe moet die gaan heten?'

'O, die noemen we *Still Married*,' zei Pim. Hij had de hoes zelfs al laten ontwerpen.

Ik zeg: 'Joh, dat moet je niet doen, dat is zo burgerlijk. *Still Married*, doe niet zo gek. Dat doen we niet hoor.'

Maar we zijn er nooit meer aan toegekomen om die plaat op te nemen.

♪

Vlak voor ons trouwen kocht ik mijn eerste huis, in Kortenhoef, voor 54.000 gulden. Ik moest natuurlijk een hypotheek nemen en omdat papa Jacobs advocaat was, heb ik hem dat allemaal laten regelen. Hij was er heel erg op tegen. God, hoe die man gepraat heeft: 'Jongens, wees verstandig, doe het toch niet, dat kán financieel niet.'

Ik heb het toch gedaan en het was heerlijk. Het was een alleenstaand huis, echt beeldig, er was alleen niet zo heel veel grond bij. Ik kon twintigduizend gulden op tafel leggen en verder betaalde ik elke maand keurig de hypotheek af. Van Pim kreeg ik dertig gulden huishoudgeld in de week, omdat hij natuurlijk iets wilde bijdragen, maar voor de rest verdiende ik het zelf. In dat opzicht was ik toen al behoorlijk geëmancipeerd. Dat ik de zaken altijd aan Pim overliet, was vooral uit gemakzucht.

Het interesseerde me niet, ik wist dat het bij hem in goede handen was, en artistiek deed ik toch wat ik wou.

We zouden voor onze huwelijksreis een week naar Parijs gaan, in een mooi hotel, maar na drie dagen had ik er genoeg van. Ik wist dat oma Ilcken met Leila in het nieuwe huis zat, midden in de rommel, dus ik zei tegen Pim: 'Ik wil terug, ik wil mijn huis gaan inrichten.' Dat hebben we toen maar gedaan.

Oma Ilcken trok bij ons in, want ze zorgde nog steeds voor Leila als ik moest werken. Ze kreeg een mooie kamer boven. Het enige probleem was dat ze haar deur altijd wijd open had als we thuis waren. Daar hadden we vaak gedonder over. 'Oma, doe nou toch die deur dicht. Pim en ik willen ook wel eens gezellig samen praten, niet alleen over het werk.' Dan kregen we even mot, maar verder viel het wel mee.

Na een jaar of vijf ging het niet meer. We kwamen een keer 's nachts thuis en zij zat in haar stoel te slapen met een brandende sigaret in haar mond. Net op het moment dat wij de deur opendeden, viel die sigaret op die grote boezem van haar. Toen hebben we gezegd: 'Dit is onverantwoordelijk, het moet afgelopen zijn.' Want Leila sliep boven en we hadden ook een hondje en een kanarie voor Leila. Oma is naar een soort pension in Hilversum gegaan, dat wij voor haar betaalden. Daar heeft ze nog drie jaar gewoond, tot haar dood. En wij hebben een vaste juffrouw gevonden om op Leila te passen.

♪

Pim en ik hadden een heel fijn huwelijk. We werden er altijd door anderen aan herinnerd dat ik ouder was. Wij hebben dat zelf nooit zo gezien en gevoeld. Vanzelfsprekend was het de eerste jaren wel moeilijk voor Pim. Hij moest proberen mij in te halen, qua bekendheid en succes, en dat is niet eenvoudig als je tien jaar jonger bent. Vandaar dat hij een heleboel gekke dingen ging doen op de televisie, zoals *Nieuwe Oogst*, de talentenjacht van de AVRO, en dat taalspelletje *Babbelonië* – om maar bekendheid te krijgen. Ik keek er vaak niet eens naar omdat ik het verschrikkelijk vond.

Hij maakte trouwens ook hele goeie programma's: *Music All In* bij de TROS en later *Music Gallery* bij de AVRO. Iedereen heeft hij daarin gehad, Ella Fitzgerald, Sarah Vaughan, Tony Bennett, het Modern Jazz Quartet, al die grote boys. Dat kostte goud geld.

Zo heeft Pim zijn eigen naam opgebouwd. Hij heeft het echt zelf gedaan, hij heeft er keihard aan gewerkt om die goeie manier van presenteren te ontwikkelen. Hij hield ook hele verhalen op de bühne: hoe Rietje in 1945 Wessel ontmoette in de Hof van Holland en hoe ze maar drie liedjes kende, enzovoort. Of zijn aankondiging toen we in New Orleans speelden: 'Clark Terry, Zoot Sims, Milt Hinton – en een echtpaar uit Loosdrecht.' Het publiek lag blauw van het lachen.

Ik kon helemaal niet babbelen, zeker niet toen hij er nog was. Als we een interview hadden, probeerde hij mij er altijd uit te kletsen, omdat hij doodsbang was dat ik iets verkeerds zou zeggen. Hij dacht: als ik maar flink doorpraat, houdt ze d'r kop wel. Uit dwarsheid ging ik dan natuurlijk expres gekke dingen zeggen.

Het vreemde is, Pim was nog niet dood of ik ging wél praten op de bühne. De jongens hebben daar vreselijk om moeten lachen: 'Waarom doe je het dan nu wél?' Ja, omdat hij er niet meer is. Dus hij kan me ook niet aankijken met een blik van: hou alsjeblieft je mond.

Pim was allerliefst voor Leila, hij was echt een hartstikke lieve vader. Ik had er alleen nog wel een kindje bij willen hebben, maar dat wilde hij niet. 'We hebben het zo druk en we moeten nog hard werken om alles op te bouwen,' zei hij. 'We hebben toch één dochter, laten we die nou maar goed grootbrengen.'

In het begin deed Leila wel lastig tegen hem. Ze mocht een keer even bij me in bed – Pim was er niet – en toen vroeg ze: 'Mama, mag ik een fiets?'

Ik zeg: 'Maar schat, je bent nog zo klein, en dan hier op die dijk, dat vindt mama een beetje eng. Laten we het maar niet doen.'

'Ja, maar ik wil toch graag een fiets.'

'Nou, dan zal ik eerst wel even met Pim bespreken of jij een fiets mag.'

Daar werd ze me pisnijdig: 'Pim, wat heb ik met Pim te maken! Hij is mijn vader toch zeker niet!' Dat was oma Ilckens invloed.

Pim pakte dat heel rustig aan. Hij had zelf een liefdevolle opvoeding van zijn ouders gehad, dus zo was hij ook tegen Leila. En al vrij snel – ze was elf, twaalf – werd ze gek op Pim. Ze ging hem echt als haar vader zien, hoewel ze hem nooit als 'pa' heeft aangesproken. Ze noemde hem *Jake.*

Toen Leila op de middelbare school zat, zei ze op een dag: 'Mama, iedereen hier in huis heet Jacobs, en de kinderen van Ruud ook. Ik ben de enige die buiten de boot valt. De kinderen op school vragen altijd waarom ik Ilcken heet.' Ze werd daarmee gepest en ze trok zich dat verschrikkelijk aan. Dus ze zei: 'Ik wil ook Jacobs heten.'

Pim zei: 'Schat, je bent nog zo jong. Als je straks volwassen bent, vind je het misschien helemaal niet leuk om Jacobs te heten. Laten we maar wachten tot je 21 bent.'

Leila werd 21 en ze lag in het ziekenhuis omdat er een paar foto's van haar rug moesten worden gemaakt. We vroegen wat ze voor haar verjaardag wilde hebben. Ze zei: 'Niks, ik wil alleen Jacobs heten.'

Toen heeft Pim dat meteen in werking gezet en een tijdje later stond in de *Staatscourant* dat ze nu officieel Leila Jacobs heette.

♪

Na ons succes in Juan-les-Pins konden we overal in Europa optreden. Een maand later, begin augustus 1960, stonden we al op het jazzfestival van Comblain-la-Tour in België. En in mei 1963 namen het trio en ik een live-album op in The Golden Circle Club in Stockholm. Vijf jaar eerder had ik ook al een lp in Zweden gemaakt, met pianist Bengt Hallberg. Dat was een hele muzikale knaap, een hele prettige man om mee te werken. Als hij wilde spelen, speelde hij. En als ik zong, was hij één bonk rust. Hij wist precies tot hoe ver hij kon gaan, terwijl hij toch een god van een pianist was.

In oktober 1963 speelden we op de Jazz Jamboree in Warschau. Daar waren ook twee bekende Amerikanen, saxofonist Johnny Griffin en pianist Kenny Drew, met wie Ruud en Willem nog hebben opgetreden. Het was voor ons de eerste keer dat we achter het IJzeren Gordijn kwamen en ik weet nog goed hoe arm de mensen waren. Allerlei intellectuelen, zoals artsen en tandartsen, moesten met de bakfiets brood rondbrengen om iets te verdienen.

Er was één meisje met wie ik een leuk contact had. Toen ik

wegging heb ik mijn halve koffer aan haar gegeven, al mijn kleren, onderbroeken en bh's. Met dat Poolse geld kon ik toch geen kant op, dus daarvan heb ik haar ook wat gegeven. Ik zeg: 'Dan kun je mooie kousen gaan kopen.' Ze was de hemel te rijk. Johnny Griffin deed het anders. Die stond z'n sigaretten met dat geld aan te steken. Vreselijk, ik zal het nooit vergeten.

Ze waren in Polen helemaal gek van jazz. We speelden in de Philharmonic Hall; dat was een soort Concertgebouw, maar dan nog veel groter. Ik moest een hele lange trap af voor ik op de bühne stond.

Je had daar natuurlijk ook groupies, van die meisjes die achter de muzikanten aan lopen en zitten te wachten tot ze klaar zijn. Ik herinner me nog een beroemde dixielandgroep uit Engeland. Die zaten achter de wijven aan, dat is met geen pen te beschrijven. De laatste ochtend stond de bus klaar om ons naar het vliegveld te brengen, en toen kwam de klarinettist niet opdagen. Wij stonden te wachten: verdomme, waar blijft die vent nou. Op het allerlaatste moment kwam hij aansjezen. Hij was snel nog even naar boven gegaan om innig afscheid van zijn vriendinnetje te nemen.

Er zullen ook best groupies achter Pim aan hebben gezeten, maar daar lette ik niet op. Ik had zelf ook lol, dus ik ging toch niet kijken of mijn man naar een meid keek. Ik zei op de bühne zelfs vaak tegen hem: 'O, kijk eens, wat een mooi wijf is dat.'

'Waar dan?'

'Kijk dáár dan, joh, kijk nou eens!' Dan kreeg ik gewoon de pest in als hij niet keek. Pim was zo bescheiden op dat gebied. Hij was helemaal geen flirt, helemaal geen rokkenjager. Er was er maar één en dat was zijn Pel.

Het jaar daarna, in oktober 1964, hebben we opnieuw in Warschau gespeeld, en een dag eerder op het Jazz Festival Praag. Daar kreeg ik weer een prijs, als beste vocaliste. Er was een jury van jazzcritici uit heel Europa onder voorzitterschap van Joachim Ernst Berendt, de bekende Duitse jazzexpert.

Een enkele keer verliep het wel eens minder succesvol. In 1970 ben ik in Rio de Janeiro weggefloten. Dat was een songfestival in een enorm stadion met zeker vijftig-, zestigduizend mensen. Al die Brazilianen zaten het ritme met hun vingers mee te slaan en erbij te schreeuwen. Ik had een prachtig liedje, *Just Be You* van Toots Thielemans. Rogier van Otterloo stond voor het orkest, een mooi symfonieorkest. Maar ik werd stapelgek van dat lawaai, ik was op van de zenuwen. Ik kreeg een soort flauwte, ik hoorde niks meer en ik ben halverwege weggelopen.

Paul Simon zat in de jury met nog een paar van die Amerikaanse grootheden. Die hoorden dat het een goed stuk was en dat ik het mooi zong ook. Dus hebben ze me een herkansing gegeven. Een tijdje later mocht ik weer de bühne op om het nog eens te zingen. Er waren in totaal 35 deelnemers en uiteindelijk heb ik als een van de beste twintig toch nog de finale gehaald.

♪

Op 5 april 1966 openden we onze eigen Go-Go Club in Oud-Loosdrecht. Dat was ook weer een idee van Pim. De gedachte was dat we daar lekker vaak konden werken, zodat we niet meer zoveel van huis hoefden. Ik heb er zelfs mijn horecadiploma nog voor gehaald, om de zaak te mogen runnen. Pim had geen zin en trouwens ook geen tijd om te studeren.

In het begin was het erg leuk. Wij speelden er bijna elke avond en er kwamen ook hele beroemde boys optreden, zoals Tony Bennett en Mark Murphy. Maar op een gegeven moment werd het een puinhoop, door het publiek dat er kwam. Je had in die tijd in Loosdrecht een stelletje idioten, een soort penosejongens die graag onder de tafel gokten. Onze vergunning was tot twaalf uur 's nachts, alleen voor zwak-alcoholische dranken. Maar zij hadden natuurlijk stiekem flessen sterke drank in hun zak en dan liep het soms uit tot twee of drie uur. Daar kwam de politie uiteraard achter, dus onze vergunning liep gevaar.

Op een avond stond ik achter de bar om ze nog een drankje in te schenken. Ik zeg: 'Jongens, nou moeten we naar huis, anders krijgen we straks ontzettend gedonder.'

Roept er eentje: 'Ja, maar de klant is koning.'

Ik kijk hem aan en ik zeg: 'De klant is koning, maar ik ben de keizerin. En nu eruit!' Zo'n rotzak was ik wel, maar wat moest ik anders? We konden ons niet permitteren dat de politie iedereen kwam oppakken. Ik heb er in 1967 nog een live-plaat opgenomen, *Rita A Go-Go*, maar een paar jaar later hebben we de zaak verkocht.

Ik maakte in die tijd bijna elk jaar een lp voor Philips. Een hele bekende is *Jazz Pictures At An Exhibition* uit 1961, met het trio en de Amerikaanse drummer Kenny Clarke. Rine Geveke, mijn producer bij Phonogram, had bedacht om het live te doen in de Singer Concertzaal in Laren. Voor de fans in de zaal was het een leuke happening. Als er iets verkeerd ging deden we het over, maar dat vonden ze schitterend. Zoiets maakten ze natuurlijk nooit mee. Zelf was ik niet zo enthousiast over die plaat. De meeste drummers zijn mij te zwaar en dat geldt ook voor Kenny Clarke – hoewel het een schat was, een hele lieve man. Maar ik vond zelfs Wessel een te zware drummer.

In 1963 deed ik een album zonder Pim, met The Dutch Swing College Band. Oorspronkelijk waren de opnamen bedoeld voor het Dutch Swing College-programma *'t Is weer tijd voor North State* op de toenmalige piratenzender Veronica. Maar het ging zo lekker dat ik tegen Peter Schilperoort zei: 'Vind je het goed als we er een lp van maken?' Nou, waarom niet, het klonk als een klok. De combinatie met een dixielandorkest vond ik helemaal niet lullig. The Dutch Swing College Band was in die tijd steengoed, met Deetje Kaart op trompet, zijn broer Dick op trombone en Peter Schilperoort op klarinet.

Twee jaar later, in oktober 1965, heb ik *Rita Reys Meets Oliver Nelson* opgenomen. Dat leek een leuk idee. Oliver Nelson was een bekende arrangeur en hij had een paar jaar daarvoor een prachtige plaat gemaakt, *The Blues And The Abstract Truth.* Ik werd begeleid door een big band vol grote jongens: Art Farmer en Benny Bailey trompet, Åke Persson trombone, Lee Konitz alt, Sahib Shihab bariton en een goeie Amerikaanse drummer, Stu Martin. En mijn eigen trio speelde natuurlijk mee.

Het was mooi gearrangeerd en er werd heel gedisciplineerd gewerkt, maar ik pas nu eenmaal niet goed bij een big band en ze maakten me toch een lawaai. Dus ik vond het eigenlijk verschrikkelijk. Ik heb in de studio gewoon mijn werk gedaan. Als we terugluisterden, zei Åke tegen mij: 'Riet, je zingt beeldig, het is echt heel mooi.' Dan dacht ik: nou ja, het zal wel goed zijn. Maar ik kreeg er geen kick van, ik kreeg niet het gevoel van: ooh lekker. En dat heb ik nodig, anders ben ik niet geïnspireerd.

Hoofdstuk 12

Vis & Bacharach

John James Vis (1929) was in 1971 al een veteraan van de Nederlandse jazz-business. Sinds 1949 had hij onder de naam Johnny James jazzbladen uitgegeven, achtereenvolgens *Philharmonic*, *Music USA* en *Jazz Journaal*. In 1956 stopte hij daarmee omdat hij overstapte naar de platenindustrie. Vis had de gebroeders Slinger, oliehandelaren en muziekliefhebbers te Bloemendaal, ertoe weten over te halen de platenfirma Artone op te richten, waarvan hij zelf artistiek directeur werd.

Aanvankelijk was Artone voornamelijk actief als Nederlandse importeur van Verve en de overige platenlabels van de Amerikaanse impresario Norman Granz, maar vanaf 1963 kwam het bedrijf geleidelijk in handen van het Amerikaanse platenconcern Columbia/CBS. (In 1969 ging Artone definitief CBS heten.)

Artone/CBS groeide uit tot een concurrent van Phonogram/Philips en begon, naast de Amerikaanse import, platen met Nederlandse artiesten op te nemen. John Vis toonde zijn jazzliefde door lp's van Boy's Big Band (1965 en 1966), Misha Mengelberg (1966) en Theo Loevendie (1967) te produceren en uit te brengen. Daarnaast was hij niet wars van 'een beetje crossover, om een groter publiek te bereiken'. Dat resulteerde in zeer goed verkopende albums van Louis van Dijk, Ann Burton, Chris Hinze en Thijs van Leer.

In 1971 werd John Vis de man die ook Rita Reys een bredere populariteit zou bezorgen. De eerste die de switch naar CBS maakte, was Pim Jacobs. 'Bij Philips zagen ze hem als de appendix van Rita Reys en deden ze niks met hem,' herinnert Vis zich. 'Dus liet ik Pim in 1970 de lp *Schoolconcert* maken, die een grote seller werd. Daardoor kreeg Rita ook belangstelling en vroeg ze of ik iets met haar wilde doen.'

Vis was daartoe graag bereid, maar 'op een aantal kleine voorwaarden'. Hij had een heldere opvatting ontwikkeld over het produceren van succesvolle albums. 'Ik geloof niet in het maken van zomaar een plaat, ik ben de man die van conceptproducties uitgaat. Zij wilde 1-2-3, rechttoe rechtaan jazzplaten maken. Ik zei: "Rita, dat heb je al zo vaak gedaan, geef mij nou de kans om iets anders met je te doen. Wat je zelf wilt, kan altijd nog." Ik zei het niet precies in die woorden, maar het kwam er wel op neer: "Ik wil je een toontje lager laten zingen, letterlijk en figuurlijk." Als ze de stukken een toon of een halve toon lager zong, kreeg je minder routine, minder vibrato, werden de noten wat langer aangehouden. En ik wilde de tempo's wat minder hoog. Ik wilde ook één emotie door het hele album heen – wat niet wil zeggen één tempo.

'Mijn eerste idee was een Burt Bacharach-album. Iedereen vond: "Dit is totale waanzin, de hele wereld staat krom van Burt Bacharach." Rita zei ook: "Iedereen heeft Burt Bacharach al gedaan." Maar ik wilde het op een speciale manier doen, met het jonge talent Rogier van Otterloo. Mijn grote troef was Rogiers absoluut geringe repertoirekennis. Hij stond volslagen vreemd tegenover de muziek van Bacharach. Daardoor kregen zijn arrangementen een heel frisse aanpak, die niets te maken had met Bacharach's eigen manier van arrangeren.

'Het was een weloverwogen idee, we hadden het goed doorgesproken, we zijn niet zomaar naar de studio gegaan. We hebben kosten noch moeite gespaard. Philips zag geen brood meer in Rita Reys, maar tot hun stomme verbazing werd het zó'n bom. Van *Rita Reys Sings Burt Bacharach* zijn honderdduizenden platen verkocht. Daarmee had ik ook bij Rita het pleit aardig gewonnen, want *the winner takes it all*.'

Na het Bacharach-album volgden – ook met Rogier van Otterloo (1941-1988) als arrangeur en dirigent – *Rita Reys Sings Michel Legrand* (1972) en *The George Gershwin Songbook* (1975). 'Als jazzluisteraar vind ik Michel Legrand de mooiste van de songbooks,' zegt Vis. 'Het Gershwin-album was misschien een beetje problematisch, doordat Rogier van Otterloo het toen heel druk had met andere dingen.'

Toch beschouwt John Vis een andere lp, veel soberder dan de producties met Rogier van Otterloo, als het muzikale hoogtepunt van zijn samenwerking met Rita Reys: *That Old Feeling* uit 1979, met tenorsaxofonist Johnny Griffin en het Pim Jacobs-trio (waarin gitarist Wim Overgaauw inmiddels was vervangen door drummer Peter Ypma). Vis: 'Ik vind dat persoonlijk de beste Rita Reys-plaat. Heel goed opgenomen, in een middag gedaan. Rita zingt daar *straight no chaser*. Dat had ik ook tegen haar gezegd.

'Johnny Griffin maakte in die tijd zo'n beetje elke week een plaat en hij speelde altijd heel uitbundig, maar ik legde hem uit: "Blijf een beetje bij de melodie, laat een volle toon klinken, een beetje *easy-does-it feeling*, niet te veel noten." Rita begon te roepen: "Dat kun je toch niet tegen Johnny Griffin zeggen!" Maar Johnny zei later tegen mij dat hij het juist heel prettig vond. Eindelijk had iemand in de studio duidelijk uitgesproken wat hij van hem wilde.'

Op 1 januari 1980 vertrok John Vis bij CBS en daarmee kwam een eind aan zijn bemoeienissen met Rita Reys (hoewel hij later nog wel betrokken was bij het kerstalbum dat ze in 1986 voor Polydor opnam). Hij kijkt met tevredenheid op hun gezamenlijke periode terug. 'Het was honderd procent voldoening, ik heb nooit een echt probleem met Rita gehad. Dat komt, denk ik, doordat we elkaar vanaf de Bevrijding kenden en altijd veel respect voor elkaar hebben gehad. Dat ik met Rita's beide mannen – Wessel én Pim – bevriend ben geweest, speelde natuurlijk ook een rol.

'Onze karakters sloten misschien niet helemaal aan, maar de muziek won. De karakters doen er ook niet toe, het gaat om de muziek. Ik ben er nog steeds trots op dat ik een aspect heb kunnen toevoegen aan haar veelzijdige talent.'

Rita Reys:

Ik heb altijd graag met grote strijkorkesten gezongen, veel liever dan met big bands. Bij een big band voel ik me heel erg gebonden, dan kan ik niet doen wat ik wil. Wat moet ik met die dichtgeschreven arrangementen met af en toe een openingetje voor mij. Daar kan ik mijn creativiteit niet in kwijt. Een strijkorkest is ook veel romantischer. Het vraagt van de zangeres eigenlijk niet meer dan het stuk prachtig te zingen met veel ziel. Dan kun je af en toe best even iets geks doen – als je het goed beluistert hoor je heus wel dat ik niet de melodie zing. Maar dat doe je niet te vaak en dat hoeft ook niet. Je gaat veel minder ver met je variaties.

Je moet alleen uitkijken dat er niet ouwerwets wordt geschreven, want dan ga je zelf ook ouwerwets zingen. Ik heb bijvoorbeeld heel veel met het Metropole Orkest van Dolf van der Linden gewerkt; dat klonk meestal behoorlijk oud. En ik heb in 1969 een plaat in Londen gemaakt met het orkest van Peter Knight. Die heette *Rita Reys Today* en ik heb er nog een Edison voor gekregen. Maar als ik hem nu terughoor, denk ik bij sommige stukken: wat een ellende, dat had ik toch eigenlijk niet moeten doen.

Die lp met Peter Knight is de laatste die ik destijds voor Philips heb gemaakt. Ik was daar na veertien jaar een beetje tot het meubilair gaan horen; het werd er niet leuker op. Via Pim kwam ik in contact met John Vis van CBS. John zei: 'Je kunt veel meer, we gaan met jou eens wat anders doen dan alleen maar met dat triootje.' Daar had hij natuurlijk gelijk in. Ik zat altijd maar in hetzelfde hoekje altijd maar dezelfde liedjes te doen. Dat was zonde, want ik kan inderdaad veel en veel meer, maar daar kreeg ik de kans niet toe.

Hoe die overstap van Philips naar CBS precies is gegaan, herinner ik me niet. Ik kreeg gewoon opdracht om een Burt Bacharach-plaat te maken met het orkest van Rogier van Otterloo. Ik zei eerst nog tegen John Vis: 'Zouden we niet wat anders kiezen? Burt Bacharach is helemaal doodgezongen.' Maar hij stond erop, hij had blijkbaar van die voelsprieten waardoor hij wist dat het een succes zou worden. Uiteindelijk vond ik het ontzettend leuk om te doen, ook omdat ik Burt Bacharach al uit Duitsland kende, voor hij beroemd werd.

Bij de opnamen was Ruud Jacobs de producer, maar op de achtergrond speelde John Vis ook een belangrijke rol. Als ik een stuk mooi vind, ben ik gauw geneigd om mezelf te veel te laten gaan. Dan heb ik geen reserve meer, dan gooi ik alles wat ik in mijn lijf voel eruit, en dat kan storend zijn voor de mensen die ernaar moeten luisteren. Dus dan kwam John heel discreet naar me toe, tik-tik-tik op mijn schouder, en dan fluisterde hij: 'Rita, hou je in. Kan het een klein beetje rustiger?' Op zo'n moment, als ik net geconcentreerd aan het zingen was, dacht ik eerst: hè god, waarom stoor je me nou. Maar aan de andere kant dacht ik: hij heeft gelijk, ik moet de sfeer houden, ik moet niet te emotioneel zingen.

John was altijd heel geduldig en tactvol. Hij katte niet. Ik ken ook producers die katten: 'Wat doe je nou, dat is toch afschuwelijk!' Dat deed John nooit. Ik vond het eigenlijk heerlijk om zo nadrukkelijk te worden geproduceerd. Bij Philips lieten ze je maar aanschreeuwen, in de hoop dat er misschien iets goeds uit zou komen. John was een echte conceptproducer. Hij had een visie, hij was echt een heel smaakvol mens. Daarom was ik bij hem heel kneedbaar. We waren geen vrienden, maar we hebben nooit ruzie gehad. Er was absoluut wederzijds respect.

Met Rogier van Otterloo was het wel eens lastig. Als er iets niet goed gaat in de studio en het wordt normaal met mij besproken, dan sta ik overal voor open. Maar zodra ik merk dat ze achter mijn rug staan te kletsen en te giechelen – en dat deed Rogier heel erg, hij kon enorm pesten – dan pik ik het niet. Ik heb liever een klap in mijn gezicht, zodat ik me kan verdedigen. Rogier was de zoon van Willem van Otterloo, de klassieke dirigent, en ik denk dat hij mij als ver beneden zijn stand beschouwde – door zijn eigen onzekerheid. Maar ik dacht: aan me hoela, ik ben ik, je hebt het maar te doen zoals ik wil.

Je kreeg af en toe zo'n vals roddelsfeertje in de studio, als er iets niet helemaal goed ging naar meneer Van Otterloo z'n zin. Ruud ging dan helemaal met Rogier mee; dat waren twee handen op één buik. Die arme Pim stond daar dan tussen. Hij wilde het voor mij opnemen, maar dat kon hij niet omdat hij met die twee knullen moest samenwerken. Ik ben een keer zo woedend geworden dat ik de deur uitholde en die dag niet meer ben teruggekomen. Ik weet niet meer waarover het ging, het is al zo lang geleden. Maar ik ben nu eenmaal een driftkikker.

Het Burt Bacharach-album werd gelijk een gouden plaat, dus het verkocht ontzettend goed. Daarna hebben we Michel Legrand gedaan en George Gershwin, en dat had allemaal een reuze succes. Ik heb van al die platen ook shows voor de televisie gemaakt, het was een enorm succesvolle tijd.

Michel Legrand en Burt Bacharach waren natuurlijk niet rechtstreeks bij die platen betrokken, maar ze hebben er mooie dingen over gezegd. Bacharach zei altijd: '*She's a fabulous singer.*' En Michel Legrand schreef over '*Rita Reys, who sings the love songs with such love, that I really love her, and you will too.*' Dat zijn grote mensen, die hebben echt wel sjoege van muziek, dus ik vind het wel leuk als ze dat van me zeggen. Op die platen met Rogier is mijn stem ook op zijn best. Qua zangtechniek en zuiverheid en verstaanbaarheid van de teksten is het allemaal heel goed. Puur wat zingen betreft vind ik het mijn mooiste opnamen.

♪

Er kwam natuurlijk ook kritiek. Nederland is nu eenmaal een vakjesland. Je krijgt een etiket op je schouder en dat raak je niet meer kwijt. Ik was de jazz-zangeres die van haar geloof was gevallen – maar dat is onzin. Ik vind: als je veelzijdig bent, gebruik dan die veelzijdigheid. Of het nou jazz was of niet, ik vond het heerlijk om te zingen. Ik wist dat ik goed zong en dat ik een fantastische begeleiding had. Het interesseerde me geen barst of de jazzheren, die zelf geen droog brood te eten hadden, het wel of niet mooi vonden. Zij gaven mij ook niet te eten. Ik kreeg veel meer publiek en de mensen waren dolenthousiast. Het leuke is ook dat je dat publiek houdt; dat is heel raar. Nadat we zijn gestopt met die serie langspeelplaten hebben ze me niet meer losgelaten.

Henk van der Meyden is altijd heel erg op onze hand geweest. Hij was zeer op ons gesteld, waarom weet ik ook niet. Hij kwam heel vaak langs voor interviews, maar dat was puur professioneel. We hebben nooit bij elkaar gegeten of zo. Het ging niet eens zozeer om mij. Hij had vooral met Pim een goed contact. Pim kende natuurlijk heel veel ins en outs in de muziekbusiness en in de zakenwereld. En als Henk dan sponsors zocht voor een van zijn theaterproducties, wist Pim daar wel weer een gaatje voor. Zo hebben ze samen soms leuke dingen gedaan.

Zodra er iets was dat interessante publiciteit kon opleveren – voor hem en ook voor ons – belde Henk, en dan waren we er ook. Dus we hadden een hele goede band met hem. Henk heeft nooit iets gepubliceerd dat wij niet wilden. Voor ons is hij altijd fantastisch geweest.

Willem Duys besteedde ook veel aandacht aan mij. Hij was natuurlijk een kenner, hij wist wel veel, maar hij was ook iemand die zichzelf graag op de borst sloeg. Zo van: kijk eens even, die is beroemd en die is beroemd, en dat komt allemaal door mij, doordat ik ze heb ontdekt. Dan ging het over Lee Towers en Shirley Zwerus, maar het is flauwekul dat hij ze zou hebben ontdekt. Die mensen zijn van zichzelf goed genoeg. Ik was blij dat ik daar niet bij hoorde, want hij kon natuurlijk moeilijk beweren dat hij Rita Reys had ontdekt.

Hij draaide mijn platen vaak, maar ik weet niet of dat kwam doordat hij er zoveel van hield, of dat het meer was om de indruk te wekken dat hij er zoveel kennis van had. Het was altijd Toots Thielemans en Rita Reys en Rogier van Otterloo, en Thijs van Leer en Pim Jacobs en Louis van Dijk, noem al die knakkers maar op. Dat was nu eenmaal het groepje dat in die periode ontzettend populair was.

♪

De zaken gingen bijzonder goed en daardoor konden we ook beter gaan wonen. Na zeven jaar in Kortenhoef verhuisden we naar Nieuw-Loosdrecht. We hadden daar een groot huis met 3,5 hectare grond en water erbij; dat was zo mooi. Pim en ik hebben het samen gekocht, voor 250.000 gulden, en we hebben er meer dan twintig jaar gewoond.

Pim speelde graag goeie muziek en luisterde graag naar mooie muziek, maar aan de andere kant was hij een echte zakenman. Hij dacht ook aan de schoorsteen die moest roken, dus hij deed allerlei dingen naast de muziek. Zo heeft hij heel lang in het antieke zilver gezeten. Hij was gewoon begonnen met verzamelen, dan heb je op een gegeven moment iets dubbel, dat gaat dan van mond tot mond, en zo kom je in de handel terecht. Dat vond hij prachtig, hij wist er alles van. Ik vond het ook wel aardig om dat antieke zilver een beetje te bestuderen, en ik vond het enig als

Pim in zo'n schitterende stand op de PAN zat, die grote kunst- en antiekbeurs in Amsterdam.

Leila had een half jaar op de mms in Hilversum gezeten, maar daarvan kwam ze elke dag huilend thuis. 'Ik wil niet tussen die trutmeiden zitten.' Dat was dan de dochter van een notaris en de dochter van een dokter, allemaal uit Laren en uit de rijkere buurten van Hilversum. Daarom hebben we haar maar naar De Werkplaats gestuurd, de school van Kees Boeke in Bilthoven, waar Pim en Ruud ook op hadden gezeten. Dat was een heel eind fietsen, maar ze kon er met drie andere kinderen uit Loosdrecht naartoe rijden. En als het erg regende of koud was, bracht ik haar.

Die school heeft ze afgemaakt en daarnaast heeft ze nog Schoevers gedaan. Maar haar grote passie werd paardrijden. Ze begon gewoon op de manege, daarna ging ze springen, jumpen, daar vond ze op een gegeven moment ook niets meer aan, en toen wilde ze racen. Leila is iemand die het avontuur en het gevaar zoekt – helemaal Wessel. Dus zijn wij paarden voor haar gaan aanschaffen. Ze werd amateur-jockey en ze won de ene prijs na de andere. Ze was zo fanatiek als de pest, ze ging door roeien en ruiten. Precies haar vader: een vrijgevochten vogel die altijd wilde winnen. Leila is zelfs twee keer Europees kampioen geweest.

Ik liep tegen de vijftig en ik raakte in mijn overgang. De ene vrouw heeft daar meer last van dan de andere, maar ik was altijd gewend geweest in het middelpunt van de belangstelling te staan, dus het raakte mij behoorlijk. Ik wilde niet meer zingen, ik had mezelf wijsgemaakt dat ik absoluut niets kon. En ik liep tegen Pim te kankeren: 'Jij met je rotprogramma's voor die televisie en ik zit hier maar niks te doen.' Ik had eigenlijk nergens zin in, maar ik moest toch wat. Je kunt niet steeds op je kont blijven zitten.

Ik weet niet meer hoe ik op het idee kwam, maar op een dag ben ik naar een schilder gegaan, Frans Boers, die gaf les in Laren. Toen bleek dat ik goed kon tekenen. Ik ben een jaar of drie iedere week daarheen geweest. Dan ging je met een groep eerst tekenen en daarna in olieverf schilderen. Frans Boers was een goeie leraar en ik maakte hele mooie dingen. Ik heb nog een heel stel schilderijen in mijn tuinhuisje staan.

Ik vond het enig, maar op een gegeven moment kreeg ik last van mijn arm. Die moest ik altijd uitstrekken als ik het palet vasthield. Ik dacht: dat gaat zo niet, ik krijg reumatiek of zo, dan moet ik maar gaan aquarelleren. Daar heb ik ook heel lang les in gehad, van Kitty Mulder. Ze woonde toen in Hilversum, tegenwoordig woont ze in Frankrijk, en ze is verschrikkelijk goed.

Aquarelleren is veel moeilijker dan schilderen met olieverf. Ik geloof niet dat ik het ooit echt zal leren. Je kunt over olieverf heen schilderen. Als het niet goed is, krab je het er een beetje af, je laat het even drogen, en dan begin je weer van voren af aan. Dat kan met een aquarel niet. Dat moet in één keer goed zijn. Toch heb ik mooie aquarellen gemaakt.

Ik kwam een keer terug van mijn les. Pim zat thuis te praten met de directeur van Kasteel Groeneveld. Het ging over een expositie van Pims schilderijen van Piet van Wijngaerdt. Dat is een laat negentiende-eeuwse schilder die Pim al een tijd verzamelde. Hij had wel 150 schilderijen van hem. Het zou een overzichtstentoonstelling worden, geen verkoopexpositie, want Pim wilde ze voor geen goud kwijt.

Ik kom binnen en ik zet dat aquarel zo neer, niet eens wetend wie die man is. Hij zegt: 'Dag mevrouw Jacobs, wat leuk kennis met u te maken. Ik ken u natuurlijk als zangeres, maar schildert u ook?'

Ik zeg: 'Nou nee hoor, ik kan er niks van, ik heb deze nu toevallig net af.'

'Hebt u dat echt zelf gemaakt?'

'Ja, dat heb ik gemaakt.'

'Wat leuk!' zegt hij. 'Maar meneer Jacobs, zou het niet enig zijn als uw vrouw dan ook een expositie heeft?'

Eerst durfde ik even niet, maar daarna ben ik samen met Kitty als een wilde aan het werk gegaan. Ik had er uiteindelijk een stuk of veertig en ik heb ze allemaal verkocht die avond. Mensen zullen misschien zeggen: 'Ja, Rita Reys kan makkelijk verkopen.' Zo zal het ook wel zijn, ik spreek het niet tegen. Maar ik heb daar nooit bij stilgestaan. Ik vond het gewoon leuk om te doen.

♪

Op een dag stond ik aardappels te schillen in de keuken. Ik had al een poos niet opgetreden en Lou van Rees belde op, de impresario. Hij zei: 'Hebben jullie zin om in Carré in het voorprogramma van Andy Williams te staan?' Dat was toen een hele populaire Amerikaanse zanger. Ik riep meteen boos: 'Nou, dat doe ik niet hoor!'

'Ja,' zegt Pim, 'dat moet je wél doen. Kom op, dat doen we! Dat is fantastisch, dat is zo verschrikkelijk leuk.'

Toen heb ik gezegd: 'Als ik nú afga, zet ik nooit meer een poot op de bühne.' Dat weet ik nog heel goed.

Ik heb me heel mooi gemaakt, mijn haar mooi en een mooie jurk aangetrokken. Carré was tot de nok uitverkocht en de zaal heeft plat voor ons gelegen. Gewoon het trio en ik. Andy Williams kwam na de pauze met een groot orkest en hij heeft moeten knokken om datzelfde succes te halen.

En opeens begon het weer, kwam het werk weer allemaal op mij af.

Hoofdstuk 13

I Cried For You

In de jaren tachtig leerde de co-auteur van dit boek Rita Reys persoonlijk kennen. Het begon met een concert in Amsterdam op Eerste Paasdag, zondag 7 april 1985. Onder de titel *Jazz for the Concertgebouw* presenteerden de makers van het radioprogramma *TROS Sesjun* een Nederlands jazz-gala. Ze hadden weinig nagelaten om een sfeer van geladen rivaliteit te kweken. Een uur na Rita Reys zou een kwartet jazz-zangeressen onder de uitdagende naam *Vocal Summit* op het podium van de Grote Zaal verschijnen: de Amerikaanse Dee Daniels en de Nederlandse vocalisten Greetje Kauffeld, Gerrie van der Klei en Shirley Zwerus. Elk van dat drietal moest zich de jaren daarvoor wel eens hebben afgevraagd of het niet tijd werd dat Rita Reys, toen net zestig geworden, haar toppositie aan een jongere collega afstond.

In werkelijkheid werd het concert een kolossale triomf voor Rita Reys. Zelden heb ik in een recensie voor *de Volkskrant* zo gejuicht: 'Het optreden van Rita Reys werd een imposante bevestiging van de stelling dat het klassieke Amerikaanse songidioom ook in 1985 nog rijke mogelijkheden voor jazz-interpretatie biedt. [...] De manier waarop ze het materiaal vertolkte overtrof de hoogste verwachtingen. De durf waarmee ze de melodie parafraseert lijkt de laatste jaren alleen maar gegroeid. In haar tekstbehandeling, haar timbre-beheersing en haar ritmisch raffinement straalt ze een achteloos meesterschap uit. [...] Voorlopig kan er weinig twijfel meer bestaan over de vraag wie de grootste Nederlandse jazz-zangeres is.'

Ik knoopte daar nog een korte bespiegeling aan vast over de betreurenswaardige positie waarin Rita Reys was beland: 'Het is jammer dat de verhoudingen binnen het vaderlandse jazzwereldje zodanig zijn, dat een tournee van Rita Reys langs de Nederlandse jazzpodia door niemand serieus als mogelijkheid zal worden overwogen. Daarvoor is sinds de jaren zestig te veel wederzijdse agressie opgebouwd tussen de Rita Reys/Pim Jacobs-clan en het heersende establishment in de Nederlandse geïmproviseerde muziek.'

Mijn volgende zin sneuvelde helaas bij het inkorten op de eindredactie van *de Volkskrant*: 'Toch ben ik ervan overtuigd dat Rita Reys, in de vorm die ze zondag in het Concertgebouw demonstreerde, ook het publiek in het Amsterdamse Bimhuis moeiteloos aan haar voeten zou krijgen.' Dat zou dus nog bijna twintig jaar duren, tot 25 juni 2004.

Een maand na het concert zag ik tot mijn verbazing dat mijn recensie uitvoerig werd aangehaald in het weekblad *Privé*. ('Glunderend toont Rita Reys een krantenknipsel... Ook vond de recensent, BERT VUIJSJE, dat...). Pas toen werd de buitengewone achtergrond van haar optreden in het Concertgebouw mij duidelijk. Drie weken tevoren was Rita Reys wegens borstkanker geopereerd, ze had tien dagen in het ziekenhuis gelegen, was daarna tien dagen thuis geweest, en ze had in weken niet gezongen.

Drie jaar later, in de zomer van 1988, ontmoette ik Rita Reys voor het eerst, in haar monumentale huis in Nieuw-Loosdrecht. Voor een North Sea Jazz-special van *de Volkskrant* liet ik haar luisteren naar een reeks opnamen van grote jazz-zangeressen onder wie zijzelf. Anders dan dertig jaar eerder in het maandblad *Rhythme* was het geen blinddoektest. Ik vond het interessanter om haar oordeel vast te leggen dan om haar raadseltjes voor te zetten, dus ik vertelde steeds vooraf wie ze te horen kreeg.

Eerst blikte ze nog even terug op het Paasconcert van 1985: 'Ik had natuurlijk vreselijk veel emoties doorgemaakt en ik denk dat het er die avond allemaal uit is gekomen. Maar het gekke is, dat ik dat gevoel sindsdien gehouden heb. Dat concert is inderdaad een nieuwe start geweest, zo van: vergeten al die rotzooi achter me.'

Vervolgens gaf Rita Reys onvervaard haar mening. Over Sarah Vaughan: 'Het is zó vreselijk *over-acted.*' Over Carmen McRae: 'Ik vind het een ontzettend ordinair gekrijs.' Over Anita O'Day: 'Ik versta geen woord van wat ze zingt.' Over June Christy: 'Ook zo'n dooie stem.'

Bewondering uitte ze alleen voor Billie Holiday (hoewel: 'Voor mij is ze absoluut geen inspiratiebron geweest') en voor Ella Fitzgerald: 'Die is zo happy en die is zo gek van muziek, en die heeft zo ongelooflijk veel muzikaliteit in huis en die is zo potent en zo... ja, die vrouw heeft gewoon alles.'

Ze bleek ook niet bang om haar eigen opnamen van vroeger kritisch te beoordelen. Over *I Cried For You* met The Jazz Messengers uit 1956: 'Die plaat is natuurlijk een ontzettend leuk document, maar als je mij in m'n hart kijkt, dan zeg ik: jeetje mikkie, wat zong ik op de tel, en wat was het hier en daar behoorlijk onzuiver. Nee, ik vind het niet zo goed. Ik vind mezelf nu veel beter.'

Daarna draaide ik nogmaals *I Cried For You*, maar nu van

haar album *Live At The Concertgebouw*, het concert van Eerste Paasdag 1985. Rita Reys: 'Dit is echt blowen, hier ben je echt muzikant, dit vind ik een jazz-zangeres. Ik denk dat ik nu op mijn hoogtepunt ben. Ik heb nog de gezondheid en de kracht om zo potent te zingen.'

Ik eindigde het interview met een anekdote waarin de 63-jarige Rita Reys volgens mij iets essentieels van zichzelf weerspiegelde. 'Kortgeleden hadden we een optreden in de hal van het RAI-gebouw, een of ander groot feest van Joop van den Ende. Daar zaten allemaal jonge mensen, het was hartstikke vol. Op een gegeven moment staan er twee meisjes op en die begonnen te dansen, maar *tegen de maat in*, dus op één en drie. Dat kon ik niet aanzien, ik kreeg er werkelijk de zenuwen van. Ik heb die ene meid zo beetgepakt en ik heb het haar voorgedaan: zó moet je dat doen! En toen ging het.'

Rita Reys:

Het klinkt misschien raar, maar Pim is ook wel eens een rem geweest op mijn ontwikkeling, in de muziek en in mijn werk – vooral internationaal. Er kwamen bijvoorbeeld geregeld aanbiedingen uit Amerika, maar dan wilden ze meestal alleen de reiskosten en het hotel betalen. Ik had dat dolgraag gedaan, ik wilde alles wel. Het leek mij een mooie promotie om mezelf daar te laten horen.

Pim zei altijd: 'Ik ga niet als ze niet betalen. Waarom zouden we? We hebben het niet nodig, we hebben het hier ook goed. De grootste boerenlullen uit Amerika, die lang niet zo goed spelen als wij, verdienen in Nederland wél een hoop geld – en dan krijgen wij het daar niet?' Dat was zijn principe en daar had hij natuurlijk gelijk in. Aan de andere kant vond ik het wel een gemiste kans. Maar wat kon ik er verder aan doen? Ik had een goed huwelijk, dus waarom zou ik dan gaan zitten emmeren over het feit dat hij niet mee wou.

We zijn natuurlijk wel in New Orleans geweest, in 1969, want daar werden we gewoon betaald. We gingen ook naar Japan, Indonesië, Zuid-Afrika, Canada, de Verenigde Emiraten, Noorwegen, Lapland – achteraf gezien zijn we eigenlijk overal geweest. Maar het ging nooit van harte. Het was altijd heel kort en dan weer snel terug. Ik kreeg de kans niet om iets op te bouwen, om pr voor mezelf te maken.

In juni 1981 heb ik met het trio vier dagen in New York gewerkt, in een club die Palssons's heette. Dat was heel gezellig. Veel vrienden van vroeger hadden het in de krant gelezen en ze kwamen allemaal luisteren. Dus die club puilde uit tot aan de nok. Opeens kwam Seth Gaaikema ook nog binnen met zijn vriend. Die avond zijn we behoorlijk doorgezakt.

Ik heb nog de recensie van John S. Wilson uit *The New York Times.* Hij schreef dat ik in ballads als *Misty* en *The Shadow Of Your Smile* soms de neiging had om te overdramatiseren. '*But she has a warm, torchy quality in her more subdued moments and the power to belt out "After You've Gone" with energetic enthusiasm.*' Hij was ook heel positief over '*Pim Jacobs, whose piano playing, both in his light, rhythmic solos and the sensitivity with which he brightened her backgrounds, was unusually attractive*'.

♪

De opkomst van Willem Breuker was iets dat Pim niet kon verwerken. Hij vond het vreselijk. Ruud was er nog erger tegen; die noemde het 'kippenhokkenmuziek'. Muzikaal en harmonisch zal het heus wel verantwoord zijn geweest, maar je houdt ervan of je houdt er niet van. Wij hielden er niet van. We begrepen er geen barst van, het was rare muziek. Dan neem je ook niet de moeite om het te bestuderen, om te analyseren wat er nou precies goed en niet goed aan is. In elk geval swingde het meestal niet en dan boeit het me niet. Han Bennink had vroeger heel veel met ons gewerkt en in die tijd was hij een ontzettend swingende drummer, maar hij wilde die muziek niet meer maken. Daarmee hield het voor mij op. Ik ben een ouderwetse zangeres die gewoon op haar manier mooie dingen wil doen.

Het verschil tussen ons en mensen als Willem Breuker en Misha Mengelberg is ook dat wij nooit één cent subsidie hebben gehad. Wij hebben het helemaal zelf gedaan, daar ben ik wel trots op. Met al die subsidie die zij hebben gekregen zijn ze toch ook niet zo ver gekomen.

Het is inmiddels jaren later en ik weet nu dat Breuker toch wel een erg goede muzikant is. Die man weet precies wat hij doet. Hij heeft me nog eens opgebeld of ik zin had om een nummer met hem op te nemen. Hij had een arrangement van *Night And Day* gemaakt en dat wilde hij door een echte jazz-zangeres laten zingen. Ik hou van uitdagingen, ik vind het heerlijk om te bewijzen dat ik iets kan, dus ik vond het reuze interessant. Maar Pim wilde het absoluut niet hebben. 'Dat moet je niet doen. We hebben altijd gekankerd op dat stel en dan zou je er nu mee gaan zingen.'

Daarom heb ik het ook niet gedaan. Breuker belde een paar

dagen later opnieuw en toen heb ik hem geadviseerd om Greetje Kauffeld te vragen. Zij heeft *Night And Day* uiteindelijk met Willem Breuker opgenomen.

♪

Op een dag in maart 1985 spoot er ineens een straal pikzwart bloed uit mijn borst. Het gebeurde in onze eigen sauna, in het zomerhuisje bij ons huis in Loosdrecht. Mijn vriendin Ankie Bouwman, een vroegere buurvrouw uit Kortenhoef, was erbij. Zij lag op de bank te rusten, ik kom net uit de sauna en ik zeg: 'Ik heb zo'n raar gevoel aan mijn ene borst.' Ik duwde er heel ruw tegen, een beetje zoals ik ben, en ik zie plotseling dat bloed. Ik zeg tegen Ank: 'Kijk nou eens, wat gek.'

'Godallemachtig,' zegt ze, 'je moet gelijk naar de dokter.'

Dat was op een maandag, en op dinsdag ben ik naar de dokter gegaan. Hij bekeek het en zei: 'O, dat noemen ze een *nipplebleeding*, maar daar moet je wel even mee naar het ziekenhuis, want dit bevalt me niet.'

's Woensdags werd ik in het ziekenhuis in Hilversum helemaal binnenstebuiten gekeerd. Na het onderzoek zat ik op de gang te wachten, terwijl de specialist met een andere arts naar mijn röntgenfoto's stond te kijken. Ik hoorde wat ze zeiden: 'Ja, ik heb het al gezien. Niks aan te doen.'

O Jezus.

'Mevrouw Jacobs, komt u even binnen?' Hij zegt: 'Het spijt me erg, maar u heeft borstkanker.'

'Zo, en ga ik nu dood?' was het eerste dat ik zei.

Hij zegt: 'We zullen alles proberen om u niet dood te laten

gaan, maar we kunnen niets garanderen. Zullen we uw man maar even bellen?'

Hij gaf mij de telefoon en toen kreeg ik het te kwaad. Ik moest bellen, maar ik kon het niet. Ik gooide de telefoon heel driftig neer en ik zei: 'Bel hem zelf maar! Ik doe het niet.'

De dokter keek mij angstig aan: wat gebeurt er nou, dat mens is gek. Hij belde op en Pim kwam meteen. Hij was gelijk helemaal over zijn toeren en daardoor kreeg ik het nog erger te pakken. We zaten op de gang, al die mensen liepen langs en ik had het niet meer van de zenuwen. Pim fluisterde steeds: 'Stil nou, hou nou op, iedereen kijkt naar je.' Dat was Pim ten voeten uit. Hij dacht alleen maar: we mogen niet te veel opvallen.

Pim moest die avond werken, hij is gegaan, maar hij was ziek van ellende. Ik heb er foto's van, hij ziet eruit alsof hij zelf dodelijk ziek is.

Op donderdag ben ik geopereerd. De chirurg zei: 'Je hebt je leeftijd mee.'

'Mijn leeftijd mee? Wat is dat voor onzin.'

'Ja, want je bent geen jonge meid meer en dan gaat het langzamer. Ik heb vanmorgen een meisje van 23 een borst moeten afzetten.'

Mijn operatie was gelukkig veel minder ingrijpend en drie weken later stond ik alweer in het Concertgebouw. Niemand in de zaal wist iets van mijn ziekte en ik had een succes! Vooral dat ene stuk met Louis van Dijk erbij, *I Cried For You*, ging geweldig. Verschrikkelijk brutaal, van hem en van mij, want we waren op dat moment allebei solist. Ik moest hem volgen, in de harmonieën blijven, maar ik wilde zelf ook improviseren, dus het werd een gekkenhuis. Maar het was wel heel erg goed.

Daarna begon de ellende eigenlijk pas. Ik was wel geopereerd, maar er was verder nog niks gedaan. Elke dag behalve zon- en feestdagen moest ik naar het Antoni van Leeuwenhoek in Amsterdam. Ik kreeg 48 bestralingen.

Het allerergste, wat ik nooit zal vergeten, was de behandeling met iridium. Dat duurde drie dagen en drie nachten. Het was een blokje met acht naalden en aan de uiteinden hele dunne draadjes die zo door je borst gingen. Ik lag vastgebonden, ik kon mijn bed niet uit. Dat was voor mij iets om gek van te worden. Bezoek mocht ik niet hebben en als er een verpleegster naar binnen moest, drukte ze buiten eerst op een knopje. Dan hoorde ik die draadjes – *tssjjk* – uit mijn borst wegknallen, dan schoof de deur open – *zzzzt* – en dan kwam ze pas binnen. Ging ze eruit, dan drukte ze buiten weer op dat knopje, dan ging de deur dicht en dan kwamen die draadjes weer terug: *tssjjk*. Je voelde het niet, je hoorde het alleen. Dat was de laatste fase van mijn behandeling.

Angst heb ik nooit gehad. Ik denk dat ik het allemaal niet zo goed besefte. Wie echt bang was, was Pim. Leila zegt dat er geen land met hem te bezeilen was. Hij lag met z'n hoofd op haar schoot te huilen: 'O god, als ik mijn Pelletje maar niet verlies.' Pim kon behoorlijk zwaarmoedig zijn, hij had echt iemand nodig die hem opving. Dat deed Leila heel goed, ze heeft voor hem gekookt en voor alles gezorgd. Leila heeft een beetje mijn instelling: we zien wel waar het schip strandt. Leila zei altijd: 'Ach mam, het komt allemaal wel goed.'

Na die bestralingen moest ik vijf jaar lang iedere maand voor controle terug naar het Antoni van Leeuwenhoek, maar na het tweede jaar heb ik gezegd: 'Het spijt me, ik kom niet meer. Ik word stapelidioot met al die mensen in de hal. Ik heb het veel te druk om hier een uur te gaan zitten wachten.' Toen hebben ze geregeld dat ik voor mijn controles naar het ziekenhuis in Hilversum kon gaan, waar ik ook geopereerd was. Dat heb ik nog twee jaar gedaan, maar daarna heb ik er zelf een streep onder gezet. Ik dacht: zoek het maar uit. Ik ben nu eenmaal een laconiek mens.

Hoofdstuk 14

1996

Het Paasconcert van 1985 markeerde het moment dat Rita Reys terugkeerde tot de onversneden jazz. Het gejuich van de Nederlandse jazzcritici hield daarna niet meer op.

Frans van Leeuwen van *NRC Handelsblad* toonde zich in december 1987 na een concert van Rita Reys in Utrecht geheel verbluft: '...het lef van een debutant bij een talentenjacht: alles of niets. Wilde octaafsprongen, sprintjes voor en achter de tel, een stuk afsluiten op een onverwacht moment, de 63-jarige Rita Reys spotte met het handboek voor zangetiquette. [...] De verklaring voor dit alles is waarschijnlijk, dat Rita Reys na jaren optreden en platen maken nog altijd niet blasé is. Ze zingt even professioneel als beroemde Amerikaanse collega's maar vertoont niet de pretenties en het prima donna-gedrag die daarmee vaak gepaard gaan.'

De co-auteur van dit boek schreef in *de Volkskrant* van 7 december 1990 over haar Blue Note-cd *Swing & Sweet*: 'Rita Reys lijkt de laatste jaren alleen maar beter te gaan zingen. [...] Zoals alle grote jazz-zangeressen onderscheidt Rita Reys zich allereerst door haar ritmisch meesterschap. Zo vrij als een vogel glijdt ze door haar chorussen, met zorgeloos gemak volvoert ze de gewaagdste capriolen met metrum en tijd, en ongeacht het tempo benadert ze elke song niet als een verplichte melodie maar als een uitgangspunt voor creatieve parafrase.'

Jeroen de Valk rekende in het *Utrechts Nieuwsblad* van 24

november 1997 af met het laatste restje vooroordeel: 'Rita Reys, denkt menige "jazzkenner", hoort thuis in het burgerlijke wereldje van Willem O. Duys, de TROS en de roddelbladen. En zo schuift menigeen een van Europa's belangrijkste jazzvocalisten terzijde zonder de moeite te nemen naar haar te luisteren. [...] De kleine vrouw uit Tienhoven aarzelde niet enorm uit te pakken in *Love For Sale.* En ze wist in de gewaagde tekst zowaar iets wellustigs te leggen. Misschien heeft ze wel, net als de romanfiguur Dorian Gray, een schilderij thuis dat oud wordt terwijl zij over de eeuwige jeugd beschikt.'

Koen Schouten waagde zich in *de Volkskrant* van 18 oktober 2003 aan een poging tot psychologische duiding: 'De kracht van Rita Reys is haar zelfvertrouwen. [...] Het gebeurt allemaal met een uitstraling van: "hier ben ik en als het je niet bevalt dan lazer je maar op". Haar ietwat afstandelijke manier van zingen is altijd het aantrekkelijke van Reys geweest. Je mag in de buurt komen maar niet te dichtbij, want dan krijg je een lel voor je harses. Dat is pas spannend.'

Ook de eerbewijzen stapelden zich op. In 1980 was Rita Reys uitgeroepen tot ereburger van de stad New Orleans. In april 1981 werd ze benoemd tot Ridder in de Orde van Oranje Nassau. In maart 1988 nodigde het Rotterdams Conservatorium haar uit voor een masterclass: vijf openbare lessen gevolgd door een concert in de kleine zaal van De Doelen. De maand daarop kreeg ze haar vijfde Edison, voor het duo-album *Two For Tea* met pianist Louis van Dijk. In april 1991 reikte de Amerikaanse ambassadeur in Den Haag haar het *Certificate of Appreciation* uit voor haar '*promotion of the American Song Book*'. En in

juli van dat jaar onderscheidde het North Sea Jazz Festival haar met de Bird Award.

Des te vernietigender, na al die trots en vreugde, was de mokerslag die Rita Reys in 1996 trof.

Rita Reys:

Ik heb zelf nooit les gehad, dus toen het Rotterdams Conservatorium mij vroeg om een masterclass te komen geven, wist ik eigenlijk niet goed hoe ik dat moest aanpakken. Ik vond het vanzelfsprekend een leuk idee, maar waar moest ik beginnen? Hoe moest ik het ze uitleggen?

Er deden negen meisjes en één jongen mee en ik werd soms heel nijdig op ze. Ik weet nog dat er eentje *I Remember Clifford* probeerde te zingen. Halverwege vroeg ik haar: 'Waar heb je het eigenlijk over?'

'Over Clifford.'

Ik zeg: 'Weet je wel wie dat was?'

'Nee, Clifford.'

Toen moest ik haar dus vertellen wie Clifford Brown was, en dat het liedje aan hem was opgedragen omdat hij zo'n geweldig grote trompettist was, die zo tragisch was omgekomen. Ik zeg: 'En dat moet je uitdrukken in je zingen, het is een verhaaltje dat je aan het vertellen bent.' Nou, dat was onmogelijk, ze begrepen het niet.

Ik probeerde ze ook te leren timen. 'Jongens, tik nou mee met je voet. Voor mijn part doe je het gewoon op de één en de drie, het maakt niet uit, als je het ritme maar goed vasthoudt.' Mijn bedoeling was natuurlijk dat ze dan om de beat heen konden gaan. Dat is de hele techniek van het jazz zingen, maar leg ze dat maar eens uit. Ik zei: 'Je moet erin hangen.' Kennelijk een verkeerde uitdrukking. Ik weet wel wat het betekent, maar iemand die niets van die muziek snapt, die denkt: wat zegt dat mens, 'erin hangen', wat bedoelt ze? Dus dan zei ik: 'Lui zingen, lui, lui, lui, maar zorg wel dat je het ritme in de gaten houdt.' Maar dat begrepen ze ook niet. Stapelgek werd ik ervan.

Zingen kon ik ze niet leren. Dat kun je of dat kun je niet. Je moet alleen proberen om zuiver te zingen, maar als je dat niet in je hebt dan lukt het niet. *Timing* kun je eigenlijk ook niet leren. Dat heb je gewoon of je hebt het niet.

Ik leerde ze wel een paar trucjes. Bijvoorbeeld dat je geen woorden moet gebruiken als je een melodie aan de pianist wilt voorzingen, omdat hij daar knettergek van wordt. Woorden vervormen de noten, dus de pianist kan dan nooit goed horen hoe de melodie precies gaat. Ik zei: 'Hum de melodie alleen maar, of doe het met je mond open maar dan zonder woorden, zodat de noten duidelijk klinken.' En ik legde ze natuurlijk uit dat ze zich goed moesten kleden.

Ik probeerde ze ook te leren hoe ze op het podium moesten staan. Ik zei: 'We doen alsof hier de deur is, daar kom je zo doorheen.' En dan kondigde ik zo'n meisje met een geintje aan: 'Dames en heren, hier is ze, *give her a big hand!*' Dan gingen de mensen klappen en dan kwam ze op: niet durvend, ook niet naar het publiek kijkend, omdat ze het eng vond. Dus zei ik: 'Kom op, een beetje leuk swingend opkomen, lachen, vriendelijk kijken – zo moet je dat doen.'

Uiteindelijk werd ik er doodzenuwachtig van. Ik ben veel te ongeduldig om les te kunnen geven. Daarom heb ik het na die ene keer nooit meer gedaan. Ze hebben me nog vaak genoeg gevraagd, maar ik weet dat ik het niet kan. Greetje Kauffeld heeft heel veel les gegeven. Ann Burton heeft het ook gedaan. Hoe zij het deden weet ik niet. Ik ben er nooit bij geweest, ik had het graag een keer willen zien.

Nog steeds gaat geregeld de telefoon: 'Geeft u ook les? Wilt u mij lesgeven?' Dan zeg ik gelijk nee, want daar heb ik geen zin in. Als ze volhouden zeg ik wel eens: 'Kom maar langs, ik wil wel even luisteren.' Dat doe ik dan als vriendendienst. Sommigen wil ik na zo'n eerste keer helemaal niet meer horen. Tegen anderen zeg ik: 'Kom nog maar eens terug.'

Fay Claassen is vaak hier geweest, Mathilde Santing ook een paar keer, en laatst Sanna van Vliet. Tegen Fay zeg ik altijd: 'Wat kan ik je nou toch leren, joh. Je bent zelf zo'n fantastische zangeres.'

'Ja, maar ik wil zo graag.'

Dan komt ze en dan zing ik met haar mee. Soms denk ik: wat ze nu doet, is verkeerd getimed. Dan zeg ik: 'Fay, het spijt me, maar dit vind ik niet zo mooi. Dat kun je toch beter.' En dan doe ik het haar voor. Maar Fay Claassen is zo muzikaal, die maakt daar in een mum van tijd weer haar eigen interpretatie van. Dus zij leert wel.

Er kwam ook een keer een zangeresje langs dat alle stukken van mijn platen precies nazong. Die dacht: als ik haar repertoire nou maar goed meezing, leer ik het vanzelf. Tegen haar heb ik gezegd: 'Alsjeblieft, hier is nóg een plaat van me, ga je gang maar.' Om mijn platen na te zingen had ze mij toch niet nodig.

De meeste meiden die van het conservatorium komen, hebben echt mooie stemmen. Heus, die stemmen zijn perfect. Maar ze hebben geen peper in hun kont, ze timen niet goed. En hun uitspraak is soms zo slecht dat je je het apezuur zoekt naar wat ze precies bedoelen.

Als ik heel eerlijk ben, moet ik zeggen dat er eigenlijk maar drie zangeressen in Nederland zijn geweest die het vak echt geleerd hebben. Die hebben geleerd te timen, zuiver te zingen, te swingen, en een mooie ballad te vertolken. Dat is Ann Burton, dat is Greetje Kauffeld, en dat is Reys.

♪

Ik heb in het begin ook Sarah en Ella geïmiteerd, maar ik kwam er snel achter dat dat niet de goede manier was. Dus ben ik zelf gaan zoeken, vaak met Pim erbij. Dan zei hij: ‘Nee, doe het nou eens zó. Zal ik eens een chorus voorspelen?’ Ik had zo’n kleine cassetterecorder waarop ik het opnam. Dan luisterde ik er twintig keer naar en probeerde ik het in te studeren. Maar als ik het eenmaal in mijn hoofd had, ging ik het zelf toch weer anders doen. Dus dan werd Pims improvisatie het gereedschap waarmee ik ging spelen. Zo deden we het en zo leerde ik. Maar daarvoor moet je zelf ook muzikaal zijn.

In 1992 heb ik twee delen *The American Songbook* opgenomen voor Masters Music, een label uit Roermond. Dat waren in totaal vier cd’s, die ik in twee middagen in Blaricum heb opgenomen. Zestig songs in zeven of acht uur tijd! Het was met Pim, Ruud en Peter Ypma, dus gewoon piano, bas en drums. Maar Pim ging ’s avonds terug naar de studio om er op zo’n elektronisch ding achtergrondjes bij te maken. Dat klonk beeldig. Een imitatie-strijkorkest was het eigenlijk, maar heel jazzy.

Achteraf waren het de laatste platen die ik met Pim heb gemaakt.

♪

Pim was een echte binnenvetter. Als hem iets dwarszat, ging er meestal een maand overheen voor hij eindelijk vertelde wat er aan de hand was. Ik moest echt moeite doen om het eruit te krijgen. Als hem iets mankeerde en ik zei: 'Ga nou eens naar de dokter, laat het even nakijken,' dan zei hij altijd: 'Helemaal niet nodig, ben je gek.' Hij was op veel gebieden een angsthaas die moeilijk voor zichzelf kon opkomen. Maar hij was nooit bang voor zijn gezondheid.

Daarom was ik zo verbaasd toen hij op een dag opeens zei: 'Ik ben toch zo ontzettend moe.' We waren net terug uit Curaçao, waar we hadden gewerkt, en Pim moest naar Canada met de *Gevleugelde vrienden* – dat trio met Louis van Dijk en Pieter van Vollenhoven. 'Maar ik heb geen zin, want ik ben zo moe,' zei Pim.

Ik zei: 'Joh, dat kun je niet afzeggen. Je kunt die jongens toch niet in de steek laten.'

'Nee natuurlijk, dat kan niet.' Dus na een paar dagen thuis vertrok hij alweer naar Canada.

Terug uit Canada was hij helemaal over zijn toeren, zo vreselijk moe. Maar na een week was hij weer vrij normaal, dus hij ging toch maar aan het werk. Ik kan het me nog goed herinneren, we hadden een optreden op Texel gehad en op de veerboot terug zat ik tegenover hem. Ik zat hem aan te kijken, ook met de gedachte dat hij steeds zo moe was, en ik zeg: 'Ja maar Pim, je ziet er zo vreemd uit. Je hebt een hele vreemde huidskleur en je klaagt constant over moe zijn. Ga nou eens naar een dokter, laat je een keer goed onderzoeken.'

Ik moest praten als Brugman, maar uiteindelijk is hij naar de huisarts gegaan. Die stuurde hem door naar het ziekenhuis in Hilversum en daar werd hij onderzocht door een internist. Een paar dagen later kwam de uitslag. De internist zei: 'Ik heb wel wat vlekjes op je longen gezien, maar je hebt vreselijk veel gerookt, Pim, dus dat kunnen best littekentjes van het roken zijn.'

Dat optreden op Curaçao was voor een dokterscongres geweest en Pim had daar een heel aardig contact gekregen met een hartspecialist van het Bronovo-ziekenhuis in Den Haag. Toen hij plotseling nog zieker werd, heeft Pim hem gebeld. 'Kom hier maar eens naartoe,' zei die man. 'Dan zal ik ervoor zorgen dat je meteen wordt geholpen.'

Via die hartspecialist belandde Pim bij de kankerspecialist van het Bronovo en die heeft hem helemaal onderzocht. Toen het onderzoek klaar was, zei hij tegen Pim: 'Nu wil ik uw vrouw en dochter even spreken.' Dus wij werden gebeld en we reden naar Den Haag.

Leila en Pim en ik zaten tegenover die man en hij zei: 'Bereid u maar voor op het allerergste. Uw man heeft kanker aan zijn pancreas.'

'Maar wat zijn dan die kringeltjes op zijn longen?' vroeg ik.

'Dat zijn de uitzaaiingen.'

Zonder die uitzaaiingen hadden ze nog kunnen opereren, maar nu was er niets meer aan te doen. 'U heeft nog een paar maanden en dan is het over.'

Ik moet zeggen dat Pim het laconiek opnam. Ik was veel meer

in paniek. Het was eigenlijk het spiegelbeeld van het moment dat bij mij borstkanker werd ontdekt. Nu was ik totaal van de kaart. Ik had iets van: ik geloof het niet, hou toch op met die onzin.

Pim zei: 'Rita, wees nou verstandig, leg je er nou maar bij neer.'

Leila zei ook: 'Mama, hou er eens even rekening mee dat je bezig bent met het begeleiden van iemand die aan het sterven is.'

Dan zei ik: 'Ach donder op, dat is niet waar. Die man gaat helemaal niet dood.' Ik wilde het niet toelaten. Dat kon toch niet: een man die altijd zo sterk was en die nooit iets mankeerde. Maar in mijn hart wist ik dat het wel zo was.

♪

Ik heb het meeste verdriet gehad om het feit dat hij zo leed. Hij werd zo ziek, hij werd zo vreselijk ziek. Zo'n grote man, die Leila en ik dan samen uit zijn bed moesten tillen en op onze rug naar de badkamer moesten slepen.

Leila heeft hem van het begin tot het eind verzorgd, want ik kon het niet. Op den duur kon hij ook niet meer eten. Hij lag in zijn bed en zij kwam elke avond de sonde in zijn neus inbrengen. Leila had een tijdje diergeneeskunde gestudeerd, dus ze wist precies hoe ze dat moest doen, zodat de sonde niet in zijn longen stak, maar naar zijn maag ging. Zo kreeg hij dan nog wat voedsel binnen, maar hij spuugde alles uit.

Hij heeft nog wel chemotherapie gehad in het AMC in Amsterdam. Dat leek in het begin een beetje aan te slaan. Maar ik vond dat ze hem daar keihard bejegenden. Ik stond een keer samen met een oncoloog aan het voeteneind van zijn bed. De oncoloog zei tegen Pim: 'Als dit nou ook niet aanslaat, hebben we nog wel andere middeltjes.' Alsof hij een soort proefkonijn was. Daar krijg je als patiënt ook geen opkikker van.

Pim heeft ook even de alternatieve geneeskunst geprobeerd, iets van vissen-haaienmeel. Maar hij hield al helemaal niet van vis en dit stonk werkelijk de beker uit. Hij ging ervan over zijn nek, dus we zijn er snel mee gestopt.

Op een gegeven moment werd hij heel erg opstandig. Hij was zo woedend op alles en iedereen dat hij tegen mij zelfs zei: 'Jij hébt helemaal geen kanker gehad.' Ik was blijven leven; daarom kon ik geen kanker hebben gehad. Ik liet hem maar kletsen.

Hij is nog zo lang mogelijk doorgegaan met de *Gevleugelde vrienden.* Dat was een gekend repertoire, helemaal afgestemd op Pieter van Vollenhoven, dus daar hoefde hij zich niet voor in te spannen. Als hij soms een kleine opleving had, vroeg hij Leila: 'Wil je de auto even pakken en mij er naartoe rijden? We hadden vanavond moeten werken en ik voel me goed, ik wil meespelen.' Hij was werkelijk vel over been, hij zag er niet meer uit, maar Leila trok hem dan zijn pak aan, zette hem in de auto en bracht hem naar de plek waar de jongens aan het spelen waren. Hij wilde toch nog levend zijn, bezig blijven. Zelf was ik gestopt met werken zodra de ziekte bij Pim werd ontdekt. Ik had zo'n verdriet, ik had nooit kunnen zingen.

Dat Pim ziek was stond natuurlijk in de kranten, maar de roddelpers liet ons gelukkig met rust. Er is maar één keer een fotograaf geweest die hier tegenover in de bosjes ging liggen en met de telelens een foto van Pim heeft gemaakt. Dat was toen hij net had gehoord dat hij niet lang meer te leven had. Die foto heeft, geloof ik, in de *Story* gestaan. Als ik die fotograaf nog eens tegenkom, schop ik zijn kop in elkaar.

♪

Op het laatst had Pim er vrede mee. Hij vroeg alleen nog aan de dokter: 'Ik stik toch niet, hè.'

'Nee hoor,' zei de dokter. 'Je stikt niet, jongen. Je valt in slaap en je wordt gewoon niet meer wakker.' Want hij kreeg natuurlijk elke dag een dikke morfineprik.

Ik had hem al gevraagd: 'Wat wil je, schat, wil je begraven worden of gecremeerd?'

Toen keek hij me met zo'n lieve glimlach aan en zei: 'Ik wil wel graag begraven worden. Komen jullie dan af en toe nog even naar mij toe?' Hij was zo'n fijn mens, een lief mens die voor iedereen alles overhad, terwijl hij zelf altijd onzeker was, een beetje bangig van alles. Die man was één bonk liefde, echt waar.

Hij wist dat hij de Bird Award kreeg. Die zou hem op het North Sea Jazz Festival worden uitgereikt, op zondag 14 juli 1996. Hij heeft alles geprobeerd om daar nog bij te zijn. Hij probeerde te eten, te drinken. Dat kon hij al helemaal niet meer, maar hij probeerde het toch. Ach god, en dat is ook niet gelukt. Op 3 juli is hij gestorven.

Toen moest ik de Bird Award voor hem in ontvangst nemen. Dat was verschrikkelijk zwaar, in die volle PWA-zaal. Ik huilde, ik kon nauwelijks uit mijn woorden komen. En de televisie nam het allemaal op. Nog steeds, als ze een programma over mij maken, is het eerste dat ze vragen: 'Vindt u het goed als we dat fragmentje gebruiken?' Dan zeg ik bij voorbaat: 'Nee, alsjeblieft.' Want als ik dat zie, ga ik weer de vernieling in.

Leila had een tekst voor me gemaakt, die ik uiteindelijk toch zelf heb voorgelezen:

'Toen ons duidelijk werd dat Pim niet zou kunnen doen wat hij zo graag had gewild – hier te staan om zijn Bird Award in ontvangst te nemen – was mijn eerste impuls, te zeggen dat ik het niet zou aankunnen dit voor hem te doen. Maar beseffende wat het ook voor mij betekende, toen ik in '91 deze mooie award mocht ontvangen, heb ik besloten hier toch te verschijnen.

'Zingen kan ik nu niet, dat zal iedereen kunnen begrijpen. Maar wetende hoe gelukkig Pim was, toen hij tijdens zijn ziekbed het nieuws hoorde dat hij verkozen was, en hoe hij hier naartoe werkte, maar zich op de streep een halt heeft moeten laten toeroepen, ben ik ervan overtuigd dat ik de enige ben die dit moet doen. Als eerbetoon aan mijn man, die mij en het trio ruim 35 jaar geleid en begeleid heeft, en zo zorgde dat de jazz in Nederland nog steeds leeft.

'Ik dank, namens Pim, de jury en u, ons publiek, dat ons door de jaren heen zo trouw is gebleven. Met een buiging voor mijn man neem ik hier vanmiddag afscheid van u, maar ik hoop oprecht, dat ik over een tijdje weer de kracht zal vinden om, zoals Pim het wilde, toch weer voor u te staan.

'Pim, hier is hij, en hij krijgt een mooi plekje naast de mijne.'

Hoofdstuk 15

The Lady Strikes Again

Acht jaar na het overlijden van Pim Jacobs woont Rita Reys nog altijd in de fraaie bungalow in Tienhoven, die ze samen met hem in 1991 kocht. Haar dochter Leila, haar schoonzoon Peter Termohlen en haar kleinzoon Robin zijn inmiddels bij haar ingetrokken, maar ze laat haar zelfstandigheid daardoor niet aantasten. Leila Jacobs is sinds 2001 algemeen directeur van het Cultureel Centrum Maarssen, dat ze heeft omgedoopt tot Pim Jacobs Theater.

Zelf zit Rita Reys in haar tachtigste levensjaar nog vol plannen. Met haar nieuwe begeleidingsgroep treedt ze overal in Nederland op. Het publiek staat onveranderlijk versteld van haar vitaliteit en musiceerdrift. In augustus 2004 voltooide ze de opnamen van haar nieuwe cd. Een volgende plaat staat al op het programma.

Europe's First Lady Of Jazz is nog lang niet aan stoppen toe.

Rita Reys:

Ik was echt achterlijk toen Pim doodging. Ik kon niet eens een cheque uitschrijven. Daar is geen barst aan, maar ik had het nog nooit hoeven doen. Ik wist ook niet eens meer hoe ik auto moest rijden. Ik was natuurlijk door Wessel vreselijk in de watten gelegd, maar door Pim nog tien keer zo erg. Alle zakelijke dingen had ik altijd met een gerust hart aan hem overgelaten. Dus ik had alles verloren: de man die van je houdt en waarmee je praten kunt, je maatje, je leider, de man waarmee je werkt en soms gezellig uitgaat. Je leven is ineens – *boem!* – helemaal afgelopen.

Daarbij kwam dat Leila verliefd werd op Peter, de dokter die Pim de laatste weken van zijn leven had begeleid. Ze is vier jaar later ook met hem getrouwd. Ik was dus helemaal alleen: mijn man dood, mijn dochter en mijn kleinzoon die ik bijna niet meer zag – het was verschrikkelijk. Ik heb hier ook gezeten: o god, haal me alsjeblieft weg.

Ik heb later een keer geprobeerd het van me af te schrijven. Als ik het nu teruglees, krijg ik het weer te kwaad:

'Ik had alles wat ik als vrouw maar wensen kon. Een lieve succesvolle man, een fijne dochter en een kleinzoon. Een succesvolle carrière samen met hem. En ik raakte alles kwijt. De laatste drie jaar sinds de dood van Pim heb ik als een half mens geleefd. Ik had verdriet en pijn en was eenzaam. En toch heb ik me uit die kille en donkere wereld weten te knokken. Ik had bijna geen kracht meer en verloor zelfs de wil om te leven. Ik heb mezelf geleerd alleen te zijn en ben er nu aan gewend. Ik begin nu weer een beetje mens te worden. De emoties over zijn dood zijn wat gelijkmatiger geworden. De pieken zijn wat minder hoog, de dalen wat minder diep. Maar het gemis blijft heel zwaar.'

♪

Ik heb nooit overwogen om helemaal te stoppen, want ik kan niet zonder mijn werk. Maar ik moest alles opnieuw gaan opbouwen en daar heb je tijd voor nodig. Dat ik het weer heb opgepakt, was ook te danken aan Lex Jasper. Lex was op de begrafenis van Pim en ik kende hem heel goed. Ik had in 1983 al een plaat met hem gemaakt, *Memories Of You*. Daarop zong ik met Pim, Ruud en Peter Ypma, maar Lex Jasper had de arrangementen geschreven en hij dirigeerde het orkest, een Engelse big band met strijkers.

Lex is een jongen met een lief karakter en veel aandacht voor mensen. Hij heeft me geregeld opgebeld, gevraagd hoe het ging, wanneer ik weer ging zingen. Ik wist dat hij goed piano kon spelen, dus toen hij een keer bij me was, heb ik gezegd: 'Ik wil wel weer gaan werken, maar ik moet een goeie pianist hebben.'

Mijn eerste optreden na Pims overlijden was op 19 december 1996, voor *TROS Sesjun* in Nick Vollebregt's Jazzcafé in Laren, met Lex, Ruud en Peter Ypma. Dat viel niet mee, want het stond zwart van de fotografen en de journalisten. Toch heb ik geweldig gewerkt. De jongens zeiden: 'Hoe is het in godsnaam mogelijk dat je die power hebt om te zingen.' Ik had fantastisch succes, maar ik zal nooit vergeten dat ik na afloop een journalist tegen een fotograaf hoorde zeggen: 'Goh, wat kan dat wijf zingen, maar wat jammer dat ze niet is gaan janken.'

Aan één kant moest ik er ontzettend om lachen, aan de andere kant dacht ik: ja ellendeling, da's maar goed ook – lekker hè, dat je dat nou niet meemaakt. Op die momenten ben ik oersterk.

Ik werd ook benaderd door Otto Vriezenberg van Quintessence Records, die zei: 'Je moet maar weer eens een mooie plaat gaan maken.' We zijn om de tafel gaan zitten met Ruud en Otto en Lex en Imme Schade van Westrum. Daar kwam het plan uit voor *Loss Of Love*, een album met de songs van Henry Mancini, gearrangeerd door Lex Jasper. Eind 1997 zijn eerst de orkestpartijen opgenomen door de Radio-Philharmonie Hannover, een fantastisch mooi symfonieorkest waar Lex vaak als gastdirigent voor stond.

We zijn met z'n allen wel een week in Hannover geweest om alle arrangementen goed te leren. Daarna heb ik mijn partijen ingezongen in de Fieldwork Studios in Oegstgeest. De ritmesectie is daar ook opgenomen. Dat had wel in Hannover gekund, maar de jongens vonden het lekkerder om rechtstreeks met mij samen te spelen. Ruud Jacobs was de producer van de cd, maar hij was inmiddels uit het trio gestapt, omdat het niet meer klikte tussen hem en Peter Ypma. Hij werd bij die opname vervangen door bassist Martin Wind en later door Marius Beets.

Ook door al het reizen en ons verblijf in Hannover was *Loss Of Love* een enorm dure productie, maar de plaat heeft niet veel gedaan. Henry Mancini schrijft nu eenmaal gekke muziek, die het publiek absoluut niet begrijpt. Gelukkig kwam twee jaar later *The Lady Strikes Again*, met de trio's van Lex Jasper en Cor Bakker, geproduceerd door Imme Schade van Westrum, en dat werd een bestseller. Otto Vriezenberg heeft zijn geld er dus toch wel uitgehaald.

Ik heb vijf jaar heerlijk met Lex Jasper gewerkt. We waren echt volop aan de slag. We zijn naar Indonesië geweest, naar Zuid-Afrika, naar Marbella, overal gingen we heen. Ons laatste optreden was in Terneuzen. De volgende ochtend stond Lex op de terugweg naar Groningen ergens voor een rood stoplicht te wachten. Er kwam ineens een vrouw met een hele zware auto aan. In plaats van op de rem te drukken gaf ze een rotklap op het gas en reed ze hem van achteren aan. Lex was er natuurlijk niet op bedacht, dus zijn hoofd sloeg naar achteren, met als gevolg een zeer ernstige whiplash. Het is al drie jaar geleden, maar hij kan nog steeds niets doen.

Na Lex heb ik een paar andere pianisten geprobeerd, maar die bevielen me niet genoeg om mee door te gaan – tot Peter Beets aanbood om mij te begeleiden, de broer van Marius die al in het trio speelde. Peter is nog hartstikke jong, ik moest hem wel een beetje regisseren. Hij was in het begin zo speels dat hij een uur later alweer was vergeten wat we hadden ingestudeerd. Het was voor hem ook allemaal nieuw en vreemd, maar inmiddels doet hij het erg leuk.

Ik ben dus een tijdje begeleid door de Beets Brothers, soms ook met de derde broer erbij, saxofonist Alexander Beets. Peter Ypma hield er na dertig jaar mee op. Hij kreeg het te druk met zijn werk op het Rotterdams Conservatorium en zijn studie van de Indonesische muziek. In zijn plaats kwam Joost Patocka, die al veel met de Beets Brothers werkte. Joost is ook jong, maar al zo rijp en zo relaxed, echt een geboren drummer. Voor mij is hij de beste.

Inmiddels heb ik een nieuwe groep, waar Peter Beets en Joost Patocka nog steeds in zitten. De anderen zijn Martijn van Iterson, Ruud Jacobs en Ferdinand Povel. Martijn is een fantastische gitarist, Ruud speelt haast nog beter bas dan vroeger, en Ferdinand is een heerlijke saxofonist om mee te werken. Hij blaast prachtige dingen achter me, harmonisch en smaakvol, daar ga je van zweven. Het is een genot om met die jongens op te treden en dat doen we ook zoveel mogelijk.

♪

Ik studeer nog steeds nieuw repertoire in. Het begint er meestal mee dat ik een liedje op een plaat hoor en denk: dat is leuk, dat wil ik ook gaan zingen. Dan zet ik het even op een bandje, zodat ik niet constant die plaat hoef te draaien, en dan schrijf ik de tekst uit. Als ik iets niet kan verstaan of als bepaalde woorden mij vreemd voorkomen, bel ik de muziekbibliotheek bij de radio op. Daar hebben ze het bijna altijd, met tekst en al. Of anders bel ik Imme Schade van Westrum; die haalt het dan voor me van internet.

A Sleepin' Bee is bijvoorbeeld een song uit 1954 van Harold Arlen en Truman Capote met een heel aparte melodie. Barbra Streisand zingt het als een ballad, héél hysterisch, maar wel duidelijk en ongelooflijk mooi. Ik wil het anders gaan doen, als een medium stuk, en ik ben nu bezig de tekst te leren. Dat is niet eenvoudig, want het is een soort neger-slang:

When a bee lies sleepin' in the palm of your hand,
You're bewitched, and deep in love's long looked-after land.
Where you'll see a sun-up sky with a mornin' moon,
and where the days go laughin' by, as love comes a callin' on you.

Sleep on bee, don't waken, can't believe what just passed.
He's mine for the takin', I am happy at last.
Maybe I dreams, but he seems sweet golden as a crown
A sleepin' bee done told me, I will walk with my feet off the ground
when my one true love, I has found.

Dan ben ik een hele tijd bezig om die woorden zo in me te krijgen, dat ik straks als ik het ga zingen precies weet waarover ik het heb. Het is een vreemde tekst, dus voordat je die als een automatisme in je kop hebt... Toch moet je het zo doen, anders lukt het nooit om het goed te timen en het verhaal te vertellen. Ik lig het ook in bed te studeren. Dan denk ik: nou moet ik toch echt gaan slapen, anders ben ik morgenochtend doodmoe. Maar dan zing ik dat liedje zelfs in mijn slaap.

Er zijn momenten dat ik tijdens het zingen heel geroerd raak. Het klinkt misschien idioot, dat je van jezelf geroerd kunt raken, maar het is absoluut een feit. Ik heb het vooral als ik met strijkers zing. Dan kan ik zo geëmotioneerd raken van de muziek die ik zelf maak en de muziek die erachter wordt gespeeld, dat ik even moet stoppen. Zo ga ik in die teksten op.

Het is natuurlijk anders als ik op de bühne voor de duizendste keer *Love For Sale* zing, maar ook dan moet je het gevoel overbrengen. Dat doe je door je constant weer in te leven in de tekst die op dat papiertje staat. Een acteur of een actrice moet toch ook 1001 keer hetzelfde verhaal waarmaken. Het heeft niets te maken met hoe je stemming vóór het optreden is. Dat staat er helemaal buiten. Het publiek verwacht van je dat je goed werk levert – dat is eigenlijk het geheim – dus je brengt jezelf in een soort trance.

Pim zei altijd: 'Jij bent twee mensen. Je bent op de bühne totaal anders dan je in werkelijkheid bent.' En dat is ook zo. Zodra ik de bühne op vlieg, ben ik een ander wezen. Ik weet niet wat dat is, ik heb er geen verklaring voor. Ik ben aan het zingen, aan het werk, en dan vergeet ik alles.

Coda

Tribute to Pim

'Ze zingt vandaag loeizuiver,' zegt Ruud Jacobs met bewondering in zijn stem. Hij zit in de controlekamer van de Fieldwork Studios in Oegstgeest en kijkt door het glas naar Rita Reys in de opnameruimte. Haar enige gezelschap bestaat uit de microfoon, de muziekstandaard met de songteksten en de koptelefoon op haar hoofd. Ze heeft haar jasje uitgetrokken en staat in een laag uitgesneden oranje hemdje te zingen, swingend en gesticulerend, in volle muzikale vervoering. 'Niet te geloven zo open als die stem is, steengoed,' stelt Ruud Jacobs vast. 'Ze zingt de stukken elke keer anders en het is allemaal goed getimed. Er is in Nederland niemand anders die dit kan.'

Even later komt Rita Reys de controlekamer binnen. 'Het gaat heerlijk, eindelijk is mijn stem weer los,' zegt ze vergenoegd. 'Nu merk je dat ik zondag heb gewerkt en daarna vier dagen in de studio heb gezeten. Zie je wel, een zangeres móét zingen. Je kunt niet langer dan hooguit drie dagen zonder zingen.'

Producer Joost Patocka, ook in de controlekamer, stelt voor om *When Sunny Gets Blue* nog eens op te nemen. De nieuwe versie overtreft alle voorgaande: expressief, ontroerend, spannend, kippenvel bij de luisteraar. 'Ze zingt als een tierelier,' zegt Ruud Jacobs. 'En wat een beleving, goed zeg!' voegt zijn zoon Roeland Jacobs, directeur van Fieldwork, eraan toe.

Als de laatste noot is verklonken, springt Rita Reys achter de microfoon op en neer van plezier. 'Nog eentje?'

‘Laten we ze allemaal nog een keertje doen,’ zegt Joost Patocka.

Er zijn vier dagen uitgetrokken voor het opnemen van de cd *Beautiful Love (A Tribute to Pim Jacobs)* en op de laatste dag, vrijdag 20 augustus 2004, valt alles op zijn plaats.

♪

Maandag en dinsdag waren grotendeels besteed aan de instrumentale tracks. Pianist Peter Beets, bassist Ruud Jacobs en gitarist Martijn van Iterson werkten het hele repertoire af. Rita Reys zong wel steeds mee, opdat de muzikanten konden reageren op de zangeres die ze moesten begeleiden, maar ze draaide grotendeels op halve kracht. ‘Mijn zingen moet nog komen,’ zei ze.

Niettemin bemoeide ze zich krachtdadig met de muzikale opzet van de vertolkingen. ‘Nee nee, dit is het goeie ritme niet,’ zei ze dinsdag na de eerste repetitie van *I Get Along Without You Very Well*. ‘Ik wil het als een swingende ballad doen, gewoon één chorus, geen solo’s, en het coda weglaten.’

‘Schoon in zijn eenvoud,’ zei Martijn van Iterson.

‘Ja, schoon in zijn eenvoud,’ beaamde Rita Reys.

‘Zij wil die *double-feeling*,’ legde Ruud Jacobs de anderen uit. ‘Martijn raspt in dubbel tempo en wij spelen gewoon de ballad.’ En na afloop: ‘De vorm is goed zo, die moeten we even onthouden.’

Tweeënhalf uur later ging het bij de opname toch weer anders. Nadat de eerste *take* was uitgelopen op een soort strikt danstempo, zei Rita Reys: ‘We moeten het toch als een ballad doen, jongens. Sinatra zingt het ook helemaal vrij, bij hem staat het bijna stil.'

'Maar die heeft nog een bos strijkers achter zich,' zei Ruud Jacobs.

De derde *take* leverde een bevredigende instrumentale track op, waarbij opviel dat Rita Reys ook op halve kracht doorleefd wist te zingen.

'Mooi als het zo leeg is,' zei Joost Patocka.

'Het is echt een verhaaltje,' zei Rita Reys, en ze bestelde een thee met honing.

'Het is heel geconcentreerd werk, totaal anders dan een bühne-set,' verklaarde ze. 'Als ik hier zou doen wat ik op de bühne doe, loopt iedereen gillend weg.'

'Plaatjes maken is discipline, hè,' zei Ruud Jacobs.

♪

Met de cd *Beautiful Love (A Tribute to Pim Jacobs)* wil Rita Reys enerzijds herinneringen oproepen aan *Marriage In Modern Jazz* uit 1960, de eerste plaat waarop ze werd begeleid door het klassieke trio Pim Jacobs (piano), Ruud Jacobs (bas) en Wim Overgaauw (gitaar). Tegelijk zoekt ze in haar tachtigste levensjaar de muzikale uitdaging, want ze heeft louter songs uitgekozen die ze nog nooit eerder heeft opgenomen.

Vrijdagmiddag passeren ze in snel tempo de revue: *Under A Blanket Of Blue, When Sunny Gets Blue, Beautiful Love, But Beautiful, You're My Everything, What Is There To Say, Smile* – het ene stuk gaat nog voorspoediger dan het andere. 'We hadden twee dagen uitgetrokken voor de vocale tracks en de laatste halve dag doen we alles,' zegt Joost Patocka verbaasd.

Om 16.00 uur wordt het opgewekt swingende *I Hear Music* opgenomen.

Om 16.10 uur volgt *Devil May Care*, waarin Rita Reys de laatste woorden met liefkozend raffinement over het coda uitrekt.

Om 16.17 uur is het onstuimige *I've Got My Love To Keep Me Warm* aan de beurt (dat uiteindelijk niet op de cd zal belanden).

Om 16.25 uur krijgt *I Get Along Without You Very Well* zijn definitieve vocale vertolking, vol intieme zeggingskracht.

'Prachtig hoor,' zegt Ruud Jacobs tijdens het terugluisteren.

'Mooi hè,' vindt Rita Reys zelf ook.

Om 16.32 uur wordt *Hey There* nog een keer vertolkt. Rita Reys masseert de woorden met vanzelfsprekende autoriteit en geeft de repeterende titel '*Hey there*' keer op keer een nieuwe ritmische gedaante.

Om 16.37 uur zegt producer Joost Patocka: 'Klaar, mevrouw.'

Een half uur later, in de auto onderweg naar huis, zegt Rita Reys: 'Ik ben intens gelukkig als ik zing.'

Verantwoording

Anneke Muller is de peetmoeder van dit boek geweest. Zij publiceerde in 1999 het boekje *Blue Burton*, een hommage aan de Nederlandse jazz-zangeres Ann Burton (1933-1989), en vatte daarna het idee op om iets soortgelijks te doen met Rita Reys. Overleg tussen Anneke Muller, Rita Reys en Bert Vuijsje leidde, met instemming van alle betrokkenen, tot de beslissing dat de beide laatsten het boek samen zouden schrijven.

In het voorjaar van 2004 hebben wij zestien ochtenden met elkaar gesproken. Die gesprekken vormden de basis voor de vijftien hoofdstukken waarin het levensverhaal van Rita Reys wordt verteld. Bert Vuijsje schetste de historische context en voegde een intro, een intermezzo en een coda toe.

Onze dank gaat uit naar Linda Harpenau, die de eerste transcriptie van de gespreksopnamen maakte, en naar Marianne Bernard en Erik van den Berg, die het manuscript van dit boek kritisch meelazen.

Daarnaast zijn er velen die ons informatie verschaften of anderszins de weg wezen. Ook zij verdienen onze dank:

George Avakian (New York), mr. Frans G. Bauduin (vice-president Rechtbank Amsterdam), Leo Boudewijns, Willem Breuker, Pawel Brodowski (Warschau), Jurjen Donkers, Gemeentearchief Amsterdam, Gemeentearchief Rotterdam, Mercedes Grootscholten, Ruud Jacobs, Herbert Keller (documentatie *de Volkskrant*), Bas de Koning (NVPI), Koninklijke Bibliotheek

(Den Haag), Ruud van Lieshout, Guus Luijters, Rindert Meijer, Constant Meijers, Harm Mobach, Dan Morgenstern (Institute of Jazz Studies, Newark, N.J.), Jan J. Mulder, Alanna Nash (Louisville, Kentucky), Herman Openneer, Phil Pastras (Californië), Jan Prins, Rijksarchief in Noord-Holland (Haarlem), Imme Schade van Westrum, Cees Schrama, Otto Spronk, Trude Sveen, John J. Vis, Odette Vlessing, Skip Voogd, Aad Wagenaar, Ditmer Weertman (Nederlands Jazz Archief), Dick de Winter, mr. P.M. Witteman, Erica de Wijs (Rotterdams Conservatorium) en Henk Zwartenkot.

Alle verantwoordelijkheid voor eventuele fouten en onnauwkeurigheden in dit boek ligt niettemin bij ons.

RITA REYS & BERT VUIJSJE

Tienhoven & Amsterdam, september 2004.

Belangrijkste prijzen en onderscheidingen

Rhythme Poll
1954: Beste Nederlandse zangeres.
1955: geen Rhythme Poll georganiseerd.
1956: Beste Nederlandse zangeres.
1957: Beste Nederlandse zangeres.
1958: Beste Nederlandse zangeres.
1959: Beste Nederlandse zangeres.
1960: Beste Nederlandse zangeres.

1958: *Playboy Jazz Poll* (USA), nominatie als beste zangeres.

1960: Het Pim Jacobs-trio met Rita Reys wint de Grote Prijs voor de beste Europese combo op het jazzfestival van Antibes/Juan-les-Pins.

Edisons
1961: Rita Reys en het Pim Jacobs-trio: *Marriage in Modern Jazz* (Philips).
1969: *Rita Reys Today* (Philips).
1971: *Rita Reys Sings Burt Bacharach* (CBS).
1972: *Rita Reys Sings Michel Legrand* (CBS).
1988: Rita Reys & Louis van Dijk: *Two For Tea* (Polydor).

1963: Prijs voor de beste vocaliste op het Jazz Festival Praag.

Jazzwereld Poll
1966: Beste Nederlandse zangeres.
1967: Beste Nederlandse zangeres.

Gouden Platen
1971: *Rita Reys Sings Burt Bacharach* (CBS).
1972: *Rita Reys Sings Michel Legrand* (CBS).
1992: Rita Reys: *The American Songbook, Volume 1* (Masters Music).
1992: Rita Reys: *The American Songbook, Volume 2* (Masters Music).

1980: Ereburger van de stad New Orleans.

1981: Ridder in de Orde van Oranje Nassau.

1991: *Certificate of Appreciation for her promotion of the American Song Book* (uitgereikt door de Amerikaanse ambassadeur in Nederland).

1991: *Bird Award* (categorie Jazzmuziek in Nederland).

Discografie van Rita Reys

Samenstelling Henk Zwartenkot

Rita Reys begon haar officiële platencarrière tijdens een verblijf met Wessel Ilcken in Zweden nog juist in het 78-toerentijdperk.De drie Artist-platen opgenomen in Zweden zijn haar enige originele 78-toerenopnamen. Er bestaan nog twee Philips 78-toerenplaten, P 17415 H (1 plaatkant) en P 17633 H, die zijn overgenomen van LP's. Daarnaast bestaan er enkele niet-handelsplaten uit de zeer vroege periode (1949-1951), toen Rita Reys optrad met Piet van Dijk and his Dutch Radio Dance Orchestra, en verder enkele opnamen van het Rita Reys Sextet. Soms waren dit op glas- of aluminiumplaten geregistreerde opnamen (een schijf waarop een gelatine- en later een lak-achtige stof was gespoten, waarop de klankregistratie direct werd gesneden). Deze opnamen worden aan het begin van de discografie kort genoemd. De vele privé-opnamen van radio- of tv-uitzendingen of concerten zijn niet in de discografie opgenomen. Ook moesten wegens ruimtegebrek opnamen die bewaard zijn gebleven in de archieven van o.a. De Wereldomroep (tegenwoordig Radio Netherlands) en andere omroeporganisaties in binnen- en buitenland, worden weggelaten.
De titels zijn vrijwel steeds vermeld in de volgorde zoals ze op de originele plaat staan. Wanneer de titels incorrect en/of de componisten c.q. tekstdichters foutief op de LP/CD hoes of -etiket staan, is dat in de tekst gecorrigeerd. Op heruitgaven en/of verzamelplaten zijn soms wijzigingen, veranderingen, meer of juist minder uitgebreide gegevens te vinden; waar wenselijk is daarmee rekening gehouden.
Van de vele verzamelalbums wordt aan het eind van de discografie een samenvatting gegeven met het jaartal van de originele uitgave. Hierbij is niet getracht een complete opsomming te geven, maar zijn wel de belangrijke jazz-LP's en -CD's vermeld. Ook zijn niet opgenomen verzamelingen met slechts korte fragmenten van opnamen.
Aanduidingen in de discografie zijn (78) voor een 78-toerenplaat, (si) voor een 45-toeren-single, (ep) voor een extended play (4 titels, 45 toeren); (lp) en (cd) spreken voor zich. De platen in de bekende Philips LP-series P 10000 R (25cm), B/P 08000 L en P 12000 L serie zijn mono-opnamen. Ook de meeste singles en ep's zijn mono. Vanaf circa 1966 zijn de LP's steeds stereo en vanaf 1990 zijn alleen maar CD's uitgegeven. Voor het overige is steeds zoveel mogelijk aangegeven of het om mono- of stereo-uitgaven gaat. Musicassettes zijn buiten beschouwing gelaten, omdat de inhoud steeds identiek is aan de gelijknamige LP.
Zonder de hulp van velen die zich hebben ingespannen om de juiste informatie boven water te krijgen, was deze discografie niet zo compleet geweest. Toch volgen er ongetwijfeld nog aanvullingen en correcties. Een discografie is eigenlijk nooit af. Correcties en verbeteringen zijn altijd welkom bij de samensteller. Veel hulp kreeg ik in het bijzonder van:
AVRO-medewerkers (Richard Groothuizen, Hidde Teppema), Dick Bakker, Gerard Bielderman, Herman Pieter de Boer, Max Bolleman, Henk Braaksma, Alois Broeke, Eddy Christiani, Fred Dekker (Metropole Orkest), Jurjen Donkers (Rita Reys website), Lubomír Dorůžka (Tsjechië), Willem Duys, Tonny Eyk, Sytze Gardeniers, Harry de Groot, Dick Kuijs (Radio Netherlands), Hans Langeweg, Rob Meyn, Nederlands Jazz Archief-medewerkers (Ira Kuntz, Jan Brouwer, Jan Ophuis), Fred Oster, Joost Patocka, Ferdinand Povel, Pär Rittsel (Zweden), Carl Schulze, Dick Sleeman, Cees Stam, Michel Tersteenge (editor/publisher Warm Sounds), Piet van Tienen, John J. Vis (oud-directeur Artone/CBS, thans Frankrijk), Skip Voogd, Gé Voskuylen (Mirasound), Cor de Vries †, Otto Vriezenberg, Bert Vuijsje, Arild Wideröe (Zwitserland), Hans van Willigenburg, George Wright (USA) en Rudolf Zweers.
Geraadpleegde tijdschriften: Muziek, Symphonie & Swing, Tuney Tunes, Disco Discussies, Rhythme, Philharmonic, Bulletin van het Nederlands Jazz Archief, Jazzwereld, Jazz Freak.

HISTORISCHE OPNAMEN

Naar verwachting zal het Nederlands Jazz Archief eind 2004 een CD uitbrengen met historische opnamen van Rita Reys. De precieze samenstelling is nog niet bekend, maar de CD omvat waarschijnlijk zeldzame en/of niet eerder uitgebrachte (radio)opnamen met Piet van Dijk and his Dutch Radio Dance Orchestra (1949), Rita Reys Sextet (1950) Lars Gullins Quartet (1953), Ove Linds Sextet (1953), Wessel Ilcken Combo (1956), Mat Mathews (1957), Boy's Big Band (1961) en Romance in Jazz (1959).

PIET VAN DIJK and his DUTCH RADIO DANCE ORCHESTRA

Piet van Dijk ts, cl, leider, Ado Broodboom tp, Wim Vermie cl, ts, Joop Philips p, Daan Pfann g, Ted Powder b, Wessel Ilcken d, Thom Kelling vo, g, Rita Reys vo.
Er zijn enkele privé-opnamen uit 1949 bekend, zoals "La Negrita", "'A' you're adorable (The alphabet song)" en "El Cumbanchero".

RITA REYS SEXTET

Rita Reys vo, Karel Reys as, Joop Ayal ts, Arie C. Roos p, Henk Jongeleen b, Wessel Ilcken d.
Ook hiervan zijn enkele privé-opnamen uit 1950 en '51 bekend, zoals "Bewitched", "Mean to me", "Charge account", "'Deed I do" en enkele instrumentale nummers. Van de radioplaten voor AFN Munich (genoemd in *Rhythme*, juni 1951) is waarschijnlijk niets bewaard gebleven

RITA REYS, sång LASSE GULLINS KVARTETT

Lasse Gullin as, Gunnar Svensson p, Simon Brehm b, W.J. Ilcken d.

		Stockholm, Zweden, 2 maart 1953
FG 507	'Deed I do (Hirsch, Rose)	Artist B 3095 (78)
FG 508	Over the rainbow (Harold Arlen, Edgar Yipsel Harburg)	Artist B 3095
FG 509	Lullaby in rhythm (Hirsch, Goodman, Sampson, Profit)	Artist B 3097 (78)
FG 510	She's funny that way (Whiting, Moret)	Artist B 3097

Bezetting is als vermeld op de etiketten; Gullin speelt op de beide laatste titels echter baritonsax. Op de Artist-plaatetiketten wordt hij *Lasse* Gullin genoemd, een populaire versie van zijn echte voornaam Lars. Van "She's funny that way" is recentelijk een niet uitgebrachte take teruggevonden. Alle vier titels zijn heruitgebracht op CD: Dragon DRDC 234 (Zweden), getiteld Lars Gullin 1953 vol. 2 **"Modern Sounds"**. Verdere opnamen op deze CD zijn van diverse Lars Gullin-groepen, Kettill Ohlsson, Bob Laine en Jack Norén.

RITA REYS, sång OVE LINDS SEXTETT

Ove Lind cl, Bo Kallström vib, Hasse Erikson p, Rolf Berg g, Gunner Almstedt b, Jack Norén d.

		Stockholm, Zweden, 24 september 1953
FG 534	There's a small hotel (Rodgers, Hart)	Artist B 3131 (78)
FG 535	Exactly like you (Fields, McHugh)	Artist B 3131

JAZZ BEHIND THE DIKES — Philips P 10078 R (25cm lp)
RITA REYS, vocal accompanied by the WESSEL ILCKEN COMBO

Toon van Vliet ts, Dick Bezemer tb, Gerard van Rooyen p, Chris Bender b, Wessel Ilcken d. Arr. Dick Bezemer en Gerard van Rooyen.
Produced by Michiel A. de Ruyter. Engineering Jos Ditmars

	Hof van Holland, Hilversum, 17 januari 1955
My funny Valentine (Rodgers, Hart)	Philips B 08006 L (lp), P 17415 H (78) 318058 PF (si), Columbia CL 904 (lp)(USA)

Overige titels op deze 25cm LP zijn van Wessel Ilcken Combo, Rob Madna Trio, Tony Vos Quartet, Stido Alstrøm Trio. Philips P 17415 H (78) als **RITA REYS** (vocal) with **THE WESSEL ILCKEN COMBO** (keerzijde is "A dandy line" van The Wessel Ilcken Combo van deze LP). Philips 318058 PF (si) als **Rita Reys** (vocal) with **The Wessel Ilcken Combo** (keerzijde is **Rita Reys with Orchestra directed by Tom Dissevelt** "Spring can really hang you up the most", uit 1957). De LP's Philips B 08006 L en Columbia CL 904 zijn getiteld **"The Cool Voice of Rita Reys"**. Philips B 08006 L is ook in Brazilië uitgebracht op Columbia LPCB 42010 onder dezelfde titel. Gerard van Rooyen wordt later ook genoemd als Gerry of Jerry van Rooyen.
In de serie **"Jazz Behind The Dikes"** verschenen drie LP's. Een compilatie hiervan verscheen in 1969 op een 2LP box Philips H 72BG 221, dezelfde platen in 1977 nog eens op een dubbele LP-set Philips 6677043 (de LP-platen van box en set zijn genummerd 845042 en 845043), en ten slotte, maar nu compleet, in 1991 op CD Philips 848810-2 en 848811-2 (volume 1 en 2). Al deze uitgaven bevatten vier extra titels uit juni 1957 van een vocale Wessel Ilcken EP (Philips 422167 PE) **"His voice, his drums and his combo"**, die niet op de Jazz Behind The Dikes-LP's verschenen.

JAZZ BEHIND THE DIKES No. 2 — Philips B 08000 L
THE WESSEL ILCKEN COMBO with RITA REYS, vocal

Gerard van Rooyen tp, Toon van Vliet ts, Rob Madna p, Dick Bezemer b, Wessel Ilcken d. Arr. Gerard van Rooyen.
Produced by Michiel A. de Ruyter. Engineering Jos Ditmars
Hof van Holland, Hilversum, 16 augustus 1955

I should care (Alex Stordahl, Paul Weston, Sammy Cahn)	Philips B 08006 L (lp)
There will never be another you (Gordon, Warren)	Philips B 08006 L

Overige titels op deze 30cm LP zijn van The Wessel Ilcken Combo, The Herman Schoonderwalt Septet, The Tony Vos Quartet, The Rob Madna Trio en The Frans Elsen Quartet. Beide titels ook op Columbia CL 904 (lp) (USA) en Columbia B-9033 (ep) (USA) beide getiteld **"The Cool Voice of Rita Reys"**. Op de hiervoor genoemde 2LP-compilaties van de drie "Jazz Behind The Dikes" LP's is het nummer "I should care" niet opgenomen; uiteraard wel op de CD-uitgave.

RITA REYS with the WESSEL ILCKEN COMBO — Philips 422080 PE (ep)

Ack van Rooyen tp, Herman Schoonderwalt bars, Rob Madna p, Dick Bezemer b, Wessel Ilcken d. Arr. Jerry van Rooyen.

Hof van Holland, Hilversum, 16 februari 1956

Moonlight in Vermont (Blackburn, Suessdorf)
Ill wind (you're blowin' me no good) (Koehler, Arlen)

Hoewel opgenomen tijdens de session voor de LP **"The Cool Voice of Rita Reys"** verschenen deze titels destijds uitsluitend op EP.

THE COOL VOICE OF RITA REYS — Philips B 08006 L
RITA REYS with the WESSEL ILCKEN COMBO

Ack van Rooyen tp, Herman Schoonderwalt bars, Rob Madna p, Dick Bezemer b, Wessel Ilcken d.
Arr. Gerry van Rooyen.

Hof van Holland, Hilversum, 16 februari 1956

It's all right with me (Cole Porter)	Philips 422080 PE
Gone with the wind (Magidson, Wrubel)	Philips 422080 PE
But not for me (I. Gershwin, G. Gershwin)	

Alle drie titels op Columbia CL 904 (lp) (USA) **"The Cool Voice of Rita Reys"**.

RITA REYS with Mat Mathews and vocal group — Audiodisc, niet uitgebracht

Close-harmony vocal group (vermoedelijk "The 4 Most" bestaande uit Al Evans, Chuck Sedacca, Joe Derise en Marv Flacon), Mat Mathews accordeon, waarschijnlijk met Herbie Mann fl, Joe Puma g, Oscar Pettiford b en Osie Johnson d.

New York City, ca. mei 1956

Mary Rose (Pi Scheffer, Jan Vogel, Han Dunk, Tommie Conner)
Lovers will meet (onbekend)
How high the moon (Morgan Lewis, Nancy Hamilton)
I never knew (that roses grew) (Gus Kahn, Ted Fiorito)

"Mary Rose" is de Engelstalige versie van de Nederlandse song "Bloesem van seringen"; de oorspronkelijke tekst was van Han Dunk; Tommie Conner is de Engelse tekstdichter. Mat Mathews is de artiestennaam van de Nederlander Matthieu Schwartz. Van deze opnamen bestaan een of meer proefexemplaren.

THE COOL VOICE OF Rita Reys — Philips B 08006 L
RITA REYS with THE JAZZ MESSENGERS

Donald Byrd tp, Hank Mobley ts, Horace Silver p, Doug Watkins b, Art Blakey d. Arr. Gerry van Rooyen (1), Horaca Silver & Rita Reys (2), Donald Byrd (3).

Columbia studio, New York City, 3 mei 1956

CO 56022	Taking a chance on love (1) (LaTouche, Fetter, V. Duke)	Philips P 17633 H (78)
CO 56023	That old black magic (1) (Mercer, Arlen)	Philips 422259 PE (ep)
CO 56024	You'd be so nice to come home to (2) (Cole Porter)	Philips P 17633 H
CO 56025	I cried for you (3) (Freed, Arnheim, Lyman)	Philips 422259 PE

Alle vier titels zouden ook op een geplande EP Philips 422349 PE worden uitgebracht, maar bevestiging van het bestaan van deze plaat kon niet worden verkregen.

Donald Byrd tp, Ira Sullivan ts, Kenny Drew p, Wilbur Ware b, Art Blakey d. Arr. Horace Silver.

Columbia studio, New York City, 25 juni 1956

CO 56230	My one and only love (Mellin, G. Wood)	Philips 422259 PE(ep)
CO 56231	Spring will be a little late this year (Loesser)	Philips 422259 PE

"Taking a chance on love" en "Spring will be a little late this year" ook op Columbia B-9033 (ep, USA). Alle zes titels op Columbia CL 903 (lp, USA). Beide uitgaven onder dezelfde albumtitel als Philips. Alle titels van Philips B 08006 L ook op Fontana 657013 XPL (lp) en Philips PHCE 4140 (cd, Japan). Arrangeurs en opnamedata op de hoes van B 08006 L zijn niet correct. Ook de opnamedatum 14 mei 1956 op Philips P 17633 H (78) is foutief.
De arrangementen van Gerry van Rooyen werden oorspronkelijke geschreven voor de Wessel Ilcken Combo en hier uitgevoerd door The Jazz Messengers. Horace Silver en Rita Reys werkten het arrangement uit vlak voor de opnamesessie en die van Donald Byrd werd "on the spot" geschreven. Horace Silver had zijn arrangementen al geschreven voor hij The Jazz Messengers verliet.

The cool voice of Rita Reys No. 2 — Philips P 08010 L
RITA REYS with orchestra directed by Tom Dissevelt

Karel Reys as, Ko Ikelaar fl, Pim Jacobs p, Ruud Jacobs b, Wessel Ilcken d. Verder waarschijnlijk Wim Kat mellofoon, Joop Elders fl, Sem Nijveen, Benny Behr, Guus Valten, Lucien Grignard viool, Heinz Hermann altviool, Jan Olivier cello en anderen. Arr. Tom Dissevelt

Hof van Holland, Hilversum, 25 maart 1957

Old devil moon (Harburg, Lane)	Philips 422145 PE (ep)
Star eyes (Raye, De Paul)	Philips 422144 PE (ep)
The song is you (J. Kern, Hammerstein II)	Philips 422145 PE
Keepin' myself for you (Youmans, Clare)	Philips 422145 PE
Falling in love with love (Hart, Rodgers)	Philips 422145 PE
Spring can really hang you up the most (Wolf, Landesman)	Philips 422144 PE, 318058 PF (si)

Keerzijde van de Philips single 318058 PF is "My funny Valentine" (uit 1955). Philips 422144 PE (ep) is simpelweg getiteld **"Rita Reys"**. Philips 422145 PE (ep) is getiteld **"The song is I"**

The cool voice of Rita Reys No. 2 — Philips P 08010 L
RITA REYS with orchestra directed by Jan Corduwener

Orkest van 22 musici met waarschijnlijk: Lucien Grignard, Benny Behr, Lex Cachet, Maup Cohen, Guus Valten, Piet Kelfkens, Paul van Amstel violen, Lo Broekhoven, viool, altviool, Heinz Hermann altviool, Joop Elders fluit, onbekend tr, tb, fl, french horn en andere blazers en strijkers. Pim Jacobs p, Ruud Jacobs, Wessel Ilcken d. Arr. Jan Corduwener

Hof van Holland, Hilversum, 26 en 27 maart 1957

He's my guy (Raye, De Paul)	Philips 422144 PE (ep)
There is no greater love (Jones, Symes)	Philips 422146 PE (ep)
Please be kind (Chaplin, Cahn)	Philips 422146 PE
Where are you? (McHugh, Adamson)	Philips 422146 PE
They didn't believe me (Jerome Kern, Reynolds)	Philips 422146 PE
Only a moment ago (Ager, Billy Rose)	Philips 422144 PE

Philips P 08010 L in Amerika uitgebracht op Epic LN 3522 (lp) als **"Her name is Rita Reys"**. Philips P 08010 L is ook op Philips 6440051 (stereo, 1972) getiteld **"The cool voice of Rita Reys"**. Philips 422146 PE (ep) is getiteld **"There is no greater...."**. Op de originele LP P 08010 L staan de Tom Dissevelt-arrangementen op de A-kant en de Jan Corduwener-arrangementen op de B-kant, maar op de heruitgave uit 1972 staan ze gedeeltelijk door elkaar.

NEW VOICES — Dawn DLP 1125 (lp) (USA)
RITA REYS accompanied by Mat Mathews

Mat Mathews accordion, Harry Lookofsky viola d'amour, Barry Galbraight g, Milt Hinton b, Osie Johnson d. Arr. Mat Mathews.
Produced by Chuck Darwin.

New York City (USA), mei 1957

You stepped out of a dream (Gus Kahn, Nacio Herb Brown)	Philips 422444 PE (ep)
It's mine after all (Chuck Darwin, Mat Mathews)	Philips 422444 PE
When the blues come on (Chuck Darwin, Al Cohn)	Philips 422444 PE
All of you (Cole Porter)	Philips 422444 PE

Overige titels op deze Amerikaanse LP zijn van Sylvia Pierce en Peggy Serra, Amerikaanse zangeressen met wisselende begeleiding van bekende Amerikaanse jazzmusici. Sylvia Pierce was de echtgenote van orkestleider en pianist Nat Pierce.
De correcte naam voor een viola d'amour is "viola d'amore". In jazzmuziek komen we dit instrument zelden tegen; het werd gebruikt in de renaissance- en barokmuziek. Het is van ongeveer gelijke grootte als een altviool, heeft zeven snaren (soms zes) en als bijzonderheid daaronder nog eens zeven (of zes) losse, meetrillende snaren en geeft een zogenaamde warme klank.
Philips 422444 PE (ep) (op EP-hoesje als 422444 *BE*) is getiteld **"When the blues come on"**. Alle titels behalve "All of you" heruitgebracht op de Mat Mathews-CD **"The gentle art of love"** Blue Moon DCD 111 (Spanje).

Alles op één plaat — 99208 DR
Rita Reys Jos Cleber en zijn Cosmopolitainorkest

Orkest met uitgebreide strijkerssectie en rhythme (mogelijk Pim Jacobs p, Ruud Jacobs b en Wim Overgaauw g). Arr. Jos Cleber.
Samenstelling en productie Karel Prior, Flip van der Schalie en Jan Koopman.

AVRO radio-uitzending, vermoedelijk ca. begin-midden 1958

That old black magic (Johnny Mercer, Harold Arlen)

Deze 25cm LP werd uitgebracht ten bate van de Nederlandse jeugd en gesponsord door vele bedrijven. Overige opnamen op deze LP zijn van populaire radio- en tv-artiesten uit die periode.

Two "jazzy" people — Philips P 08203 L
Rita Reys and Bengt Hallberg with rhythm accompaniment

Bengt Hallberg p, Gunnar Johnson b, Egil Johansen d.

Stockholm, Zweden, 14, 15 en 16 december 1958

Avalon (Rose, Jolson, De Sylva)	
Prelude to a kiss (Mills, Gordon, Ellington)	(alleen Rita Reys en Bengt Hallberg)
Don't get around much anymore (Russell, Ellington)	
Three little words (Ruby, Kalmar)	(instrumentaal)
I'm glad there is you (Dorsey, Madeira)	
I didn't know what time it was (Hart, Rodgers)	
Stardust (Parish, Carmichael)	(alleen Rita Reys en Bengt Hallberg)
Love for sale (Cole Porter)	
Lullaby of the leaves (Petkere, Young)	
I fall in love too easily (Cahn, Styne)	(alleen Bengt Hallberg)
Cabin in the sky (Latouche, Duke)	
After you've gone (Creamer, Layton)	(instrumentaal)

Belangrijkste uitgaven: Alle titels ook op Fontana Special 6428109 (stereo) en in Japan heruitgebracht als CD Universal B 000084 TBX (2003) beide onder dezelfde albumtitel. Vier titels (de nrs. 3, 6, 8 en 11) ook op Philips 421516 PE (ep) getiteld **"Love for sale"**. Zie ook verzamelalbums.

ROMANCE IN JAZZ
Orkest o.l.v. Sem Nijveen, Rita Reys vocal

Ado Broodboom t, Sem Nijveen viool, Pim Jacobs, p, Ruud Jacobs b, Cees See d en anderen. Arr. Theo Loevendie.

VARA, Hilversum, 17 juni 1959

Love for sale (Cole Porter)
The nearness of you (Ned Washington, Hoagy Carmichael)

Deze opnamen werden door Michiel de Ruyter van de draadomroep-uitzending opgenomen.

RITA REYS met het trio Pim Jacobs — Philips 318326 PF (si)

Pim Jacobs p, Harry de Groot marimba, Ruud Jacobs b, Cees See d. Arr. Harry de Groot.

Hof van Holland, Hilversum, 18 december 1959

1 F Zon in Scheveningen (Harry de Groot, Willy van Hemert)
2 F Venus bespied (De Groot, Van Hemert)

De single werd heruitgebracht op Philips 327736 JF (si, 1964), serie Favorieten Expres (fotohoes). Op verzamel-LP's worden verschillende bezettingen genoemd. Ze zijn geen van alle correct.

Marriage in Modern Jazz — Philips P 08052 L
Rita Reys and the Pim Jacobs Trio

Pim Jacobs p, Ruud Jacobs b, Wim Overgaauw g.

Hof van Holland, Hilversum, 23 juni 1960

Summertime (G. & I. Gershwin, DuBose Heyward)	Philips 433126 PE (ep)
Broadway (Woode, McRae, Bird)	Philips 433126 PE
I've got the world on a string (Koehler, Arlen)	Philips 433030 PE (ep)
No moon at all (Mann, Evans)	Philips 433029 PE (ep)
How deep is the ocean (I. Berlin)	Philips 433030 PE
Have you met Miss Jones (Hart, Rodgers)	Philips 433126 PE
Too close for comfort (Bock, Holofcener, Weiss)	Philips 433126 PE
Like someone in love (Burke, Van Heusen)	Philips 433029 PE
I'm getting sentimental over you (Bassman, Washington)	Philips 433029 PE
Thou swell (Rodgers, Hart)	Philips 433029 PE
Willow weep for me (Ronell)	Philips 433030 PE
But not for me (G. & I. Gershwin)	Philips 433030 PE

"Summertime" en "Too close for comfort" ook op Philips 318439 PF (si). Philips 433029 PE en 433030 PE (ep) zijn getiteld: **"Marriage in Modern Jazz no. 1 en no. 2"**. Philips 433126 PE (ep) is getiteld **"Summertime"**. Alle titels van de LP P 08052 L ook op Philips XPL 655011 (lp) en 6440043 (lp) (beide stereo). Alle titels op CD Mercury 848 307-2, steeds onder dezelfde albumtitel. Zie ook verzamelalbums.

1er FESTIVAL EUROPEEN DU JAZZ Antibes - Juan les Pins 1960 — Barclay No 84081
Trio Pim Jacobs et Rita Reys

Pim Jacobs p, Ruud Jacobs b, Wim Overgaauw g.

Live concert, Festival d'Antibes-Juan les Pins, Frankrijk, 13 juli 1960

Thou swell (Rodgers, Hart)

Verdere titels op deze LP zijn van Jazz de Belgrade (voormalig Joegoslavië), Pierre Bouru (Zwitserland), Erik Moseholm (Denemarken), Hans Koller (Oostenrijk) Trio Pim Jacobs "Old devil moon" (Lane, Harburg) en Jacques Pelzer (België).

JAZZ PICTURES AT AN EXHIBITION — Philips P 08062 L
RIT REYS and the PIM JACOBS TRIO featuring: KENNY CLARKE drums

Pim Jacobs p, Ruud Jacobs b, Wim Overgaauw g, Kenny Clarke d.

Live concert, Singer Concertzaal, Laren (NH), 12 oktober 1961

I'm gonna sit right down and write myself a letter (Young, Ahlert)	Philips 318701 PF(si)
Autumn leaves (Les feuilles mortes) (Kosma, Prévert, Mercer)	Philips 318701 PF
Cherokee (Noble)	Philips 433140 PE(ep)
Poor butterfly (Golden, Hubbell)	Philips 433139 PE(ep)

Can't we be friends? (James Paul Warburg, Kay Swift) Philips 433139 PE
I get a kick out of you (Porter) Philips 433139 PE
I remember Clifford (Benny Golson, Jon Hendricks) Philips 433139 PE
Tangerine (Mercer, Schertzinger) Philips 433140 PE
Speak low (Nash, Weill) Philips 433140 PE
What's new (Haggart, Burke) Philips 433140 PE

Belangrijkste uitgaven: Fontana QY 825300 (stereo) (lp), Philips SFX 10516 (Japan) (stereo) (lp) (prod. 1977). Alle titels op CD Mercury 846 242-2 en Philips CD EJD 1008 (Japan) (prod. 1989). De Japanse CD-uitgave is voorzien van een boekje met Engelstalige songteksten. Philips 433139/140 PE (ep's) zijn getiteld **"Jazz Pictures (at an exhibition) no. I / no. 2"**.

RITA REYS with BOY'S BIG BAND conducted by BOY EDGAR

Bert Grijsen, Wim Kuilenburg, Karel Roberti en Ado Broodboom tp, Rudi Bosch en Tommy Green tb, Cees Smal ventiel-tb, Tinus Bruijn, Theo Loevendie, Herman Schoonderwalt, Harry Verbeke, Jos van Heuverzwijn en Toon van Vliet saxen, Cees Slinger p, Jacques Schols b, John Engels d. Arr. Theo Loevendie (1) en Boy Edgar (2).

VARA-radiouitzending, Hilversum, 25 oktober 1961.

Come rain or come shine (1) (Johnny Mercer, Harold Arlen)
I got rhythm (2) (George Gershwin, Ira Gershwin)

De opnamen zijn door Michiel de Ruyter van de VARA-uitzending opgenomen.

RITA REYS with The Pim Jacobs Combo — Philips 318841 PF (si)

Toon van Vliet ts, Pim Jacobs p, Ruud Jacobs b, Wim Overgaauw b, Gerard van Bezey d, Wim Kuilenburg percussion.

Hof van Holland, Hilversum, 5 november 1962

1 F Desafinado (Hendricks, Cavanaugh, Jobim, Mendonca) Philips 433169 PE (ep)
2 F One note samba (Jobim, Mendonca, Hendricks) Philips 433169 PE

Rita Reys sings Bossa Nova — Philips 433169 PE (ep)
RITA REYS with The Pim Jacobs Combo

Toon van Vliet ts, Pim Jacobs p, Ruud Jacobs b, Wim Overgaauw b, Gerard van Bezey d, Wim Kuilenburg percussion.

Hof van Holland, Hilversum, 18 januari 1963

Brazil (Barroso, Russell)
Ain't he sweet (=Ain't she sweet) (Yellen, Ager)

RITA REYS with The Pim Jacobs Combo — Philips 327503 JF (si)

Toon van Vliet ts, Pim Jacobs p, Ruud Jacobs b, Wim Overgaauw b, Gerard van Bezey d, Wim Kuilenburg percussion.

Hof van Holland, Hilversum, 8 februari 1963

1 F Meditation (Jobim, Mendonca, Gimbel)
2 F Fly me to the moon (Howard)

Deze en volgende singles verschenen in een fotohoes.

RITA REYS at the Golden Circle Club, Stockholm — Philips P 08099 L
Rita Reys and the Pim Jacobs Trio — Philips 840333 PY (stereo)

Pim Jacobs p, Ruud Jacobs b, Wim Overgaauw g.

Live concert, Gyllene Cirkeln (Golden Circle), Stockholm (Zweden), 28 mei 1963

Get out of town (Cole Porter) Philips 433261 PE(ep)
Stella by starlight (Washington, Young) Philips 433261 PE
I love you (Cole Porter) Philips 433261 PE
You go to my head (Gillespie, Coots)
You stepped out of a dream (Kahn, Brown) Philips 433261 PE
Stompin' at the Savoy (Goodman, Sampson, Webb, Razaf) Philips 433262 PE(ep)
Easy living (Robin, Rainger) Philips 433262 PE
Easy to love (Cole Porter) Philips 433262 PE

Sophisticated lady (Mills, Parish, Ellington)
Don't get around much anymore (Russell, Ellington) Philips 433262 PE
The way you look tonight (Kern, Fields)

De EP's Philips 433261 PE en 433262 PE zijn getiteld: **"Rita Reys at the Golden Circle Club no. 1"** en **"no. 2"**. Ook uitgebracht op CD Philips UCCM 9047 (Japan, 2001).

JAZZ SIR, THAT'S OUR BABY — Philips P 12903 L
Rita Reys and the Dutch Swing College Band — Philips 840334 PY (stereo)

Ray Kaart tp, Dick Kaart tb, Peter Schilperoort cl, p-1, Arie Ligthart g, bj-2, Bob van Oven b, Louis de Lussanet d.

Dansschool Van der Meulen, Den Haag, 31 juli 1963

Lazy river (Carmichael, Arodin) Philips 433286 PE(ep
Moonglow (Hudson, De Lange, Mills) Philips 433285 PE(ep)
Exactly like you (McHugh), Fields) Philips 433284 PE)ep)
I'm gonna sit right down and write myself a letter -1 (Young, Ahlert) Philips 433285 PE

Dansschool Van der Meulen, Den Haag, 8 september 1963

Solitude (Ellington, De Lange, Mills) Philips 433284 PE
After you've gone (Creamer, Layton) Philips 433284 PE
Basin street blues (Williams) Philips 433285 PE
The music goes 'round and around (R. Hodgson, E. Farley, M. Riley) niet uitgebracht

Dansschool Van der Meulen, Den Haag, 27 september 1963

Yes sir, that's my baby -2 (Donaldson, Kahn) Philips 433284 PE
Goody-goody (Mercer, Malneck) Philips 433285 PE
Mood indigo (Ellington, Mills, Bigard) Philips 433286 PE
(My) Melancholy baby (Burnett, Watson, Norton) Philips 433286 PE
Ain't he sweet (= Ain't she sweet) (Yellen, Ager) Philips 433286 PE
Jingle bells (J. S. Pierpont) niet uitgebracht

Zowel de mono- als de stereo-versie verscheen in een zogenaamde klaphoes én in een normale hoes. Belangrijkste uitgaven: alle uitgebrachte titels Fontana 857054 XPY en Fontana 6428066 (beide stereo). De drie EP's eveneens op Philips 760726-727-728 PV (stereo)(ep). Alle albums zijn getiteld **"Yes sir, that's our baby"** en de EP's ook maar als **no.1, no. 2, no. 3.** "Solitude" en "Ain't he sweet" ook op de LP's Philips P 12729 L en 844017 PY (stereo) getiteld: **"Boys meet girls"**. Verdere titels op die LP's zijn van Conny van den Bos, Karin Kent, Conny van Bergen, Francis van Rooy, Anneke Grönloh, Trea Dobbs en Leddy Wessel, allen met The Dutch Swing College Band. "Exactly like you" en "Yes sir, that's my baby" ook op reclame-single North State AA 111.098 E als Rita Reys met "North State huisorkest The Dutch Swing College Band" (op beide titels is een korte reclametekst ingedubd, gesproken door Willem Duys). Deze beide titels met "After you've gone" en "In my solitude" ook op North State AA 111.099 E (ep), maar hier geen gesproken reclametekst. Alle titels op CD Philips 826 765-2

JAZZ JAMBOREE 63 vol. 1 — Muza XL 0192
RITA REYS - voc PIM JACOBS TRIO

Pim Jacobs p, Ruud Jacobs b, Wim Overgaauw g.

Live concert, Jazzfestival, Philharmonic-Hall, Warsaw, Polen, 27 oktober 1963

The music goes 'round and around (Ed Farley, Mike Riley, Red Hodgson)
I cried for you (Arthur Freed, Gus Arnheim, Abe Lyman)
Get out of town (Porter)
Stompin' at the Savoy (Benny Goodman, Edgar Sampson, Chick Webb, Andy Razaf)
Fly me to the moon (Howard)
I remember Clifford (Benny Golson, Jon Hendricks)
Love for sale (Porter)
Don't get around much anymore (Duke Ellington, Bob Russell)

Verdere titels op deze LP zijn van: London City Stompers, Allan Botschinsky Quintet en een gelegenheidscombinatie van Johnny Griffin ts, Kenny Drew p, Ruud Jacobs b en Wim Overgaauw g in "Cherokee" .

PALAVER '64 **Palaver '64 VR 030**
RITA REYS EN HET TRIO PIM JACOBS
Pim Jacobs p, Ruud Jacobs b, Wim Overgaauw g.
Live concert, Irene hal, Jaarbeursgebouw, Utrecht, 7 mei 1964
I got a plenty o' nuttin' (DuBose Heyward, George Gershwin)
Fly me to the moon (Bart Howard)

Verdere titels op deze LP zijn van medewerkers aan deze Hemelvaartsdag-viering, o.a. Mahalia Jackson.

RITA REYS with The Pim Jacobs Combo **Philips 327685 JF (si)**
Pim Jacobs p, Ruud Jacobs b, Wim Overgaauw g, Gerard van Bezey d.
Phonogramstudio, Hilversum, 28 mei 1964
1 F Can 't buy me love (J. Lennon, P. McCartney) Philips 433260 PE
2 F All my lovin' [Close your eyes] (J. Lennon, P. McCartney) Philips 433260 PE

Single uitgebracht in de serie Favorieten Expres

RITA REYS with The Pim Jacobs Orchestra **Philips 327710 JF (si)**
Cees Smal tp, bugel, Rudy Bosch tb, Herman Schoonderwalt as,Toon van Vliet bars, Pim Jacobs p, Ruud Jacobs b, Wim Overgaauw g, Cees See d.
Phonogramstudio, Hilversum, 23 juli 1964
1 F Bluesette (Gimbel, Thielemans) Philips 433260 PE
2 F The music goes 'round and around (Hodgson, Farley, Riley) Philips 433260 PE

Philips 433260 PE (ep) als **"Rita Reys and the Pim Jacobs Combo"** en getiteld **"Can't buy me love"** alleen op etiket.

Rita Reysová. Pim Jacobs Trio **Supraphon 0265 (ep)**
Rita Reys voc, Pim Jacobs p, Ruud Jacobs b, Wim Overgaauw g.
Live concert Lucerna Hall, 1e International Jazz Festival, Praag, Tsjechië, 25 oktober 1964
Fly me to the moon (Howard)
Sophisticated lady (Duke Ellington, Irvin Mills, Mitchell Parish)
Get out of town (Cole Porter)
Willow weep for me (Ann Ronell)

De opnamedatum staat in de meeste discografieën foutief als 25 oktober 1965 en in een Tsjechische discografie zelfs als 25 augustus 1965.

JAZZ JAMBOREE 64 vol. 1 **Muza XL 0239**
Rita Reys – voc Pim Jacobs Trio
Pim Jacobs p, Ruud Jacobs b, Wim Overgaauw g.
Live concert, Jazzfestival, Philharmonic-Hall, Warsaw, Polen, 26 oktober 1964
Willow weep for me (Ann Ronell)
Bluesette (Jean "Toots"Thielemans, Norman Gimbel)
Summertime (George Gershwin, DuBose Heyward)

Verdere titels op deze LP zijn van: Pim Jacobs Trio, "Airegin" (S. Rollins), Flavio Ambrosetti All Stars; Helena Bleharova-voc & Gustav Brom Big Band; een gelegenheidscombinatie van Rolf Kuhn cl, Joachim Kuhn p, T. Wójcik b, A. Dqbrowski d. en een tweede combinatie o.l.v. Aladar Pege b, W. Karolak p, A. Dqbrowski d.

Congratulations in Jazz **Philips P 12955 L**
Rita's greatest successes in new interpretations **Philips 840358 PY (stereo)**
RITA REYS with The Pim Jacobs Trio and guests
Pim Jacobs p, Ruud Jacobs b, Wim Overgaauw g.
Phonogramstudio, Hilversum, 5 januari 1965
You'd be so nice to come home to (C. Porter)
Spring can really hang you up the most (T. Wolf, F. Landesman)
My funny Valentine (R. Rodgers, Hart)

Spring will be a little late this year (F. Loesser)
Waltz for Debby (Bill Evans, Gene Lees) Philips 327827 JF (si)

Dick Berk d toegevoegd.

zelfde opnamesessie

Whisper not (Benny Golson, Leonard Feather)
Love for sale (C. Porter)
On Green Dolphin Street (Kaper, Washington)
There will never be another you (Harry Warren, Mack Gordon)

Herman Schoonderwalt cl toegevoegd.

Phonogramstudio, Hilversum, 7 januari 1965

I cried for you (Freed, Arnheim, Lyman)
Summertime (G. Gershwin, DuBose Heyward, I. Gershwin)
That old black magic (H. Arlen, J. Mercer)
It's all right with me (C. Porter)

Rudy Brink ts vervangt Herman Schoonderwalt, Wim van der Beek conga drums toegevoegd.

Phonogram studio, Hilversum, 21 januari 1965

The boy (girl) from Ipanema (N. Gimbel, A. C. Jobim, De Moraes) Philips 327827 JF (si)

De opnamedata op de LP-hoes zijn niet geheel correct. De single Philips 327827 JF werd uitgebracht in de serie Jazz Expres

Tunes van toen — Philips P 12971 L
Rita Reys

Pim Jacobs p, Ruud Jacobs b, Wim Overgaauw g.

A.V.R.O. TV studio, Bussum, 28 april 1965

I'm beginning to see the light (H. James, Ellington, Hodges, Don George)

Alle titels van deze LP ook op Fontana 626300 QL (ook mono). Verdere titels op deze LP zijn van populaire artiesten en een gelegenheidsorkest onder de naam "The Liberators" o.l.v. Jack Bulterman.

RITA REYS MEETS OLIVER NELSON — Philps P 12700 L
Philips 840381 PY (stereo)
Rita Reys with orchestra arranged and conducted by Oliver Nelson

Art Farmer bugel, Benny Bailey tp, Åke Persson tb, Lee Konitz as, Herman Schoonderwalt ts, Sahib Shihab bars, bars + fl -1, Pim Jacobs p, Ruud Jacobs b, Wim Overgaauw g, Stu Martin d, Wim van der Beek calabazo -2. Arr. and orchestra conductor Oliver Nelson.
Sound-engineer Ruud van Lieshout.

Phonogramstudio, Hilversum, 16 oktober 1965

It could happen to you (Burke, Van Heusen)
Quiet nights of quiet stars (Corcovado) -1, -2 (A. Jobim, B. Kaye, G. Lees)
Call me irresponsible (Jimmy van Heusen, Sammy Cahn)
You don't know what love is -1 (D. Raye, De Paul)

Cees Smal tp, Eric van Lier tb en Piet Noordijk as toegevoegd. Klaus Doldinger ts vervangt Herman Schoonderwalt.

Phonogramstudio, Hilversum, 17 oktober 1965

Satin doll (Duke Ellington, Billy Strayhorn, Johnny Mercer)
Wives and lovers (H. David, B. Bacharach)
Ill wind (you're blowing me no good) -1 (Koehler, Arlen)
Phonogramstudio, Hilversum, 18 oktober 1965
The very thought of you -1 (R. Noble)
The second time around (Jimmy van Heusen, Sammy Cahn)
If I were a bell -1 (F. Loesser)

Noot: Lee Konitz as-solo in "Wives and Lovers" en "Ill wind", Piet Noordijk as-solo in "If I were a bell". De opnamedetails op de LP-hoes zijn niet geheel correct. Alle titels op CD Philips EJD 1044 (Japan, 1990) met tekstboekje in Japans, maar als extra alle songteksten in het Engels.

Rita Reys with the Pim Jacobs COMBO **Philips 327938 JF (si)**
Tony Vos ss, as-1, Pim Jacobs p, Ruud Jacobs b, Wim Overgaauw g, Stu Martin d.
Phonogramstudio, Hilversum, 8 november 1965
1 F Yesterday (J. Lennon, P. McCartney)
2 F Little boat (Barquinho) -1 (Menescal, Boscoli, Kaye)

RITA REYS and ROB DE NIJS with the PIM JACOBS COMBO **Philips JF 333519 (si)**
Tony Vos ss-1, Pim Jacobs p, Ruud Jacobs b, Wim Overgaauw g, Han Bennink d.
Phonogramstudio, Hilversum, 23 maart 1966
1 F New fashioned waltz (Nygammal Vals) -1 (B. A. Wallin, B. Lindroth, R. Ericson)
2 F Side by side (H. Woods)

Rita Reys with the Pim Jacobs Combo **Philips JF 333594 (si)**
Tony Vos as, Pim Jacobs p, Ruud Jacobs b, Wim Overgaauw g, Wally Bishop d, Wim van der Beek percussie.
Phonogramstudio, Hilversum, 20 augustus 1966
1 F I don't want to play (Jequibau) (M. Albanese, C. Pereira, A. Brandt)
2 F The shadow of your smile (J. Mandel, P. F. Webster)

RITA A GO-GO **Philips 844048 PY**
RITA REYS and the Pim Jacobs Orchestra
Cees Smal tp, bugel, Herman Schoonderwalt ts, Ferdinand Povel ts, Joop Mastenbroek bars,
Pim Jacobs p, orgel, Ruud Jacobs b, Wim Overgaauw g, Gerard van Bezey d, Jorge Souto latin percussion. Arr. en productie Tony Vos.
Geluidsregistratie Albert Kos.
Live concert, Go-Go Club, Loosdrecht, 5 juli 1967
Call me (T. Hatch)
Don't let me be misunderstood (B. Benjamin, S. Marcus, G. Caldwell)

Zonder Ferdinand Povel. Evert Overweg d en Wim van der Beek latin percussion, vervangen Gerard van Bezey en Jorge Souto.
Live concert, Go-Go Club, Loosdrecht, 6 juli 1967
Sunny (B. Hebb)
Say no more (Mas que nada) (J. Ben, N. Gimbel)
So nice (Summer samba) (M. Valle, P. S. Valle, N. Gimbel)
Day tripper (J. Lennon, P. McCartney)
A day in the life of the fool (Manha de carnaval) (L. Bonfa, A. Maria, C. Sigman)
Goin' out of my head (T. Randazzo, B. Weinstein)
I put a spell on you (Hawkins)
Goodbye sadness (Tristeza) (H. Lobo, Niltinho, N. Gimbel)

Rita Reys met orkest o.l.v. Ruud Bos **Philips 334524 JF (si)**
John Bannet, Eddy Engels, Jaap Leben en onbekend tp, Rudy Bosch en onbekend tb, Eric van Lier bas-tb, Piet Noordijk en Herman Schoonderwalt as, Rudi Brink en Sander Sprong ts, Leo Gerritse bars, Frans Elsen p, Wim Overgaauw g, Rob Langereis b, Cee See d. Concertmeester bij de strijkerssectie* was Benny Behr (8 violen, 1 altviool, 1 cello). Arr. en orkestleider Ruud Bos.
Phonogramstudio, Hilversum, 20-21 juni 1968
1 F Come to Scheveningen (M. A. de Smit)
2 F Jij herinnert mij * (A. v. d. Gein, W. v. Dam)

Noot: "Come to Scheveningen" opgenomen 21 juni. "Jij herinnert mij" op 20 of 21 juni.

MIES IN CARRE· **Philips 88426 DL**
Rita Reys en Willem Duys met orkest o.l.v. Willem Duys
Willem Duys (p), met combo o.l.v. Tonny Eyk: Carl Schulze vibrafoon, Eddie Christiani g, Dub Dubois b, Cor van den Berg d. Arr. Tonny Eyk.
Geluidsregistratie Jos Ditmars
Live TV uitzending van N.T.S., Theater Carré, Amsterdam, 9 mei 1969
I can't give you anything but love, baby (J. McHugh, D. Fields)

De plaat was een promotie-LP voor de Stichting Bisschop Beckers (zorg voor het geestelijk gehandicapte kind). Verdere titels zijn veelal korte fragmenten en reportages van de TV-uitzending.

RITA REYS TODAY **Philips 849013 PY**

Engelse big band met blazers- en strijkerssectie o.l.v. Peter Knight Arr. and conducted by Peter Knight.
Producer Johnny Franz

Philips studio, Stanhope Place, London, 30 mei 1969

The moment of truth (F. Satterwhite, F. Scott)
What the world needs now is love (B. Bacharach, H. David)
Sing a rainbow (A. Hamilton)
The look of love (B. Bacharach, H. David)

Zie verder onder 2 en 4 juli 1969.

RITA REYS **Philips niet uitgebracht**

Clark Terrry tp, Zoot Sims ts, Pim Jacobs p, Milt Hinton b, Alan Dawson d.

Live concert International Jazz Festival, New Orleans, 5 of 6 juni 1969

Get out of town (Cole Porter)
Willow weep for me (Ann Ronell)
On Green Dolphin Street (Ned Washington, Bronislau Kaper)
I'm getting sentimental over you (Ned Washington, George Bassman)
Broadway (Henry Woode, Teddy McRae, Bill Bird)

Deze Philips-opnamen werden genoemd in diverse tijdschriften en ook op de cover van het Philips-album "Rita Reys Today". Het concert werd echter niet op plaat uitgebracht. De opnamen zijn recentelijk voor een deel boven water gekomen, compleet met aankondigen door Willis Conover. Twee concerten werden gegeven, donderdagnacht in de Ballroom van het Royal Orleans Hotel en vrijdag in het Municipal Auditorium van New Orleans. Van welk concert de opnamen afkomstig zijn niet bekend. Van het andere concert zijn de opnamen (nog) niet gevonden, Philips nam volgens *Down Beat* wel beide concerten op.

RITA REYS TODAY **Philips 849013 PY**

Engelse big band met blazers- en strijkerssectie o.l.v. Peter Knight Arr. and conducted by Peter Knight.
Producer Johnny Franz

Philips studio, Stanhope Place London, 2 en 4 juli 1969

When I look in your eyes (L. Bricusse)
On a clear day you can see forever (B. Lane, A. J. Lerner)
Our language of love (M. Monnot, A. Breffort, J. More, D. Heneker, M. Norman)
Soon it's gonna rain (H. Schmidt, T. Jones)
More than you know (E. Eliscu, W. Rose, V. Youmans)
You'd better love me (H. Martin, T. Gray)
Baubles, bangles and beads (R. Wright, G. Forest)
Come back to me (B. Lane, A. J. Lerner)

"On a clear day you can see forever" zou ook op Philip 335070 JF (si) voorkomen (keerzijde onbekend) maar van het bestaan van deze geplande single is geen bevestiging gevonden. Alle titels van dit album ook op Fontana 6343 029 als: **"Rita Reys in London"**.

RITA REYS with THE PIM JACOBS TRIO Radio Wereldomroep (onbekend box nr)

Pim Jacobs p, Ruud Jacobs b, Wim Overgaauw g.

Studio Wereldomroep, Hilversum, ca. 1969-1970

I'm getting sentimental over you (Washington, Bassman)

Deze box werd uitgebracht door Radio Wereldomroep/Radio Netherlands voor uitsluitend gebruik door radiostations wereldwijd. De box was niet te vinden in het archief van de Wereldomroep en niet achterhaald kon worden of het een box met LP's of muziekbanden betreft. Volgens het in het Nederlands Jazz Archief aanwezige tekstblad van de box bevat het 14 programma's van elk ca. 15 minuten van uitsluitend moderne Nederlandse jazz.

ONCE UPON A SUMMERTIMEKoch Jazz 3-6919-2 (1999)
The Netherlands Metropole Orchestra conducted by Dolf van der Linden.
Rita Reys vocal

Arr. Rob Pronk. Productie Joop de Roo. Uitvoerende productie Maarten Hartveldt.

NPS radio-uitzending, Hilversum, 8 april 1970

Soon it's gonna rain (Tom Jones, Harvey Schmidt)

Verdere titels van Rita Reys op deze verzamel-CD te vinden onder Dolf van der Linden 16/10-1973, 05/10-1977, Lex Jasper 25/09-1987, 24/11-1987 en Dick Bakker 29/01-1998.

RITA REYS **Philips 6012016 (si)**
ORCHESTRA and CHOIR conducted by BERT PAIGE

Big band met fluiten, blazers- en strijkerssectie.
Arie Jongman fl, Wim Overgaauw g, Evert Overweg d, Letty de Jong background vocal. Arranged by George Andrews and Bert Paige. (Festival Internacional da Cançao Popular – Rio de Janeiro 1970/'71.) Conductor Bert Paige.

Phonogramstudio, Hilversum, 25 september 1970

1 W Just be you (Toots Thielemans, Joe Sechler)

RITA REYS
Big band met fluiten, blazers- en strijkerssectie. Arranger/conductor: Bert Paige.

Zelfde opnamesessie

2 W Lazy kitten (Pieter Goemans)

RITA REYS SINGS BURT BACHARACH **CBS S 64253**
Orchestra arranged & conducted by Rogier van Otterloo

De bezetting bestaat voor een deel uit de blazers- en strijkerssectie van het Metropole Orkest, aangevuld met solisten als Cees Smal tp, bugel, mogelijk Rudi Bosch tb, Ferdinand Povel ts, Carl Schulze vibrafoon, Rob Franken keyboards, orgel, Frans Elsen p, Wim Overgaauw g en Ruud Jacobs b.
Geproduceerd door John J. Vis en Ruud Jacobs. Geluidsregistratie Luc Ludolph.

Studio Luc Ludolph, Nederhorst den Berg, voorjaar 1971

One less bell to answer
Paper maché
The windows of the world
Raindrops keep fallin' on my head
A house is not a home (alleen gitaarbegeleiding door Wim Overgaauw)
There's always something there to remind me CBS 7488 (si)
Alfie
They long to be close to you
I'll never fall in love again
Make it easy on yourself
Do you know the way to San Jose CBS 7488
This girl's in love with you

Alle composities van Burt Bacharach, alle teksten van Hal David. De eerste opnamen werden gemaakt in de Soundpush-studio in Blaricum, maar al snel werd duidelijk dat de studio te klein was voor het volume van het orkest. Alle opnamen werden overgedaan in de studio van Luc Ludolph; alleen de vocale Soundpush-track van "Alfie" werd, vanwege de uitzonderlijke goede vertolking in de definitieve montage gebruikt. Het album verscheen in juli/augustus 1971 in een klaphoes met foto, maar bestaat ook in een normale hoes. Alle titels ook op CBS 53301(lp, 1973) en op CD CBS 462642-2 (1989). Alle titels ook op CD Artone/Columbia Col 494326 9 (1999). Alle titels ook op CD Pink Records ART 2004015 (Artone/Sony music, 2004)

RITA REYS SINGS MICHEL LEGRAND **CBS S 65037**
Music arranged & conducted by Rogier van Otterloo
Featuring: Louis van Dyke, piano / Jean 'Toots' Thielemans, harmonica / Sem Nijveen, violin / Voices: Letty de Jong, Mary Duys & Marian di Giovanni.

De bezetting bestaat ook hier voor een deel uit de blazers- en strijkerssectie van het Metropole Orkest, aangevuld door solisten als Ferdinand Povel ts, Carl Schulze vibrafoon, Wim Overgaauw g en Ruud Jacobs b. Louis

van Dijk p alle titels, Jean "Toots" Tielemans harmonica -1
Geproduceerd door John J. Vis en Ruud Jacobs. Geluidsregistratie Luc Ludolph.
Studio Luc Ludolph, Nederhorst den Berg, ca. juni-juli 1972
Once upon a summertime (La Valse des Lilas) -1
(Michel Legrand, Eddy Barclay, Eddy Marnay, Johnny Mercer)
Ask yourself why (uit de film "The swimming pool")
(Michel Legrand, Marilyn & Alan Bergman)
What are you doing the rest of your life (uit de film "The happy ending")
(Michel Legrand, Marilyn & Alan Bergman)
I will wait for you (Les parapluies de Cherbourg) (uit de film "Les parapluies de Cherbourg")
(Michel Legrand, Jacques Demy, Norman Gimbel)
The hand's of time (Brian's song) (uit de TV productie "Brian´s song)
(Michel Legrand, Marilyn & Alan Bergman)
Where is the love (Sur les quais) (uit de film "Les parapluies de Cherbourg")
(Michel Legrand, Andrew Culverwell, Jody Cameron)
The summer knows (uit de film "Summer of '42") -1
(Michel Legrand, Marilyn & Alan Bergman)
Watch what happens (Récit de Cassard) (uit de film "Les parapluies de Cherbourg")
(Michel Legrand, Jacques Demy, Norman Gimbel)
The years of my youth (Comme elle est longue à mourir ma jeunesse)
(Michel Legrand, Drejac, Hal Shaper)
The windmills of your mind (Les moulins de mon Coeur)
(uit de film "The Thomas Crown affair")
(Michel Legrand, Eddy Marnay, M. & A. Bergman)
Pieces of dreams (uit de film " Pieces of dreams") -1
(Michel Legrand, Marilyn & Alan Bergman)

Dit album verscheen in september 1972 in een zogenaamde klaphoes evenals de originele Quadrophonic-versie CBS CQ 65037. Beide uitgaven bestaan ook in een normale hoes. Alle titels ook op CBS 53366 (lp, 1974), Epic ECLP 76 (lp, Japan). Alle titels ook op CD Columbia 472754-2 (1992)

OUR FAVORITE SONGS — CBS S 65620
Rita Reys & Trio Pim Jacobs

Pim Jacobs p, Ruud Jacobs b, Peter Ypma d.
Geproduceerd door John J. Vis en Ruud Jacobs. Geluidsregistratie Dick Sleeman.
Dureco studio, Weesp, ca. zomer 1973

Moonlight in Vermont (K. Suessdorf, J. Blackburn)	CBS 26609 (cd)
My Funny Valentine (R. Rodgers, L. Hart)	CBS 26609
Lover man (Davis, Sherman, Ramirez)	
Two sleepy people (F. Loesser, H. Carmichael)	
The nearness of you (N. Washington, H. Carmichael)	
When I fall in love (E. Heyman, V. Young)	
Here's that rainy day (J. Burke, J. van Heusen)	
In the wee small hours of the morning (B. Hilliard, D. Mann)	
Where or when (R. Rodgers, L. Hart)	CBS 26609
Spring can really hang you up the most (F. Landesman, T. Wolf)	

Zie voor verdere titels op de CD CBS 26609 onder het album **"That old feeling"** (1979)

ONCE UPON A SUMMERTIME — Koch Jazz 3-6919-2 (1999)
The Netherlands Metropole Orchestra conducted by Dolf van der Linden. Rita Reys vocal

Arr. Jerry van Rooyen. Productie Joop de Roo. Uitvoerende productie Maarten Hartveldt.
NPS radio uitzending, Hilversum, 16 oktober 1973
Brian's song (Hands of time) (Michel Legrand, Alan & Marilyn Bergman)

Verdere titels van Rita Reys op deze verzamel CD te vinden onder Dolf van der Linden 08/04-1970, 05/10-1977, Lex Jasper 25/09-1987, 24/11-1987 en Dick Bakker 29/01-1998.

RITA REYS SINGS THE GEORGE GERSHWIN SONGBOOK — CBS 80580
Music arranged and conducted by Rogier van Otterloo
Featuring Pim Jacobso, piano

Big band van Britse (radio)musici met blazers-en strijkerssectie en ritmegroep.
Geproduceerd door John J. Vis en Ruud Jacobs. Geluidsregistratie Mike Ross.

CTS studio, London, 1975

Background vocals in de Topesa-studio, Blaricum, 1975
Embraceable you
Love walked in
Oh, Lady be good!
But not for me
The man I love
They can't take that away from me
Summertime
I loves you Porgy
A foggy day
Someone to watch over me
Love is here to stay
Soon

Alle composities en teksten van George & Ira Gershwin, "Summertime" en "I loves you Porgy" zijn van George & Ira Gershwin en DuBose Heyward. Alle titels ook op CD Columbia 472755-2 (1992).

MET N.R.V. DE WERELD ROND — CBS special products LSP 13165
RITA REYS, zang

Pim Jacobs p, Ruud Jacobs b, Peter Ypma d. Toegevoegd is een blazers- en strijkerssectie.
A Blue Mouse production. Geluidsregistratie waarschijnlijk Dick Bakker.

Waarschijnlijk opgenomen in de Topesa-studio, Blaricum, 1975

April in Paris (V. Duke, E. Y. Harburg)
A foggy day in London town (G. & I. Gershwin)

Verdere titels op de LP zijn van verschillende combo's: Orkest Dick Bakker; Sem Nijveen viool; en Piet Noordijk as. De herkomst van deze opnamen is onduidelijk. "A foggy day in London town" is niet dezelfde uitvoering als "A foggy day" (de correcte titel) op The George Gershwin Songbook. Deze LP werd uitgegeven ter gelegenheid van het zeventigjarig bestaan van de Nederlandse Reisvereniging (N.R.V.), opgericht in 1906. Blue Mouse bv was een agency- en productie maatschappij voor Rita Reys & Pim Jacobs en Willem Duys.

WILLY ALBERTI ZIET ABRAHAM — Philips 6641549
Rita Reys & Willy Alberti met orkest o.l.v. Harry van Hoof

Rita Reys en Willy Alberti vocaal duet.
Productie Job Maarse. Geluidsregistratie Pieter Nieboer

Phonogramstudio, Hilversum, augustus 1976

Quiéreme mucho (Augustin Rodriguez, Georg Roig)

Verdere titels op deze dubbel-LP zijn van verschillende populaire artiesten, veelal samen met Willy Alberti. Dit album werd uitgebracht ter gelegenheid van Willy Alberti's vijftigste verjaardag. Alle titels eveneens op Philips 6300239 (2lp). Het duet met Rita Reys staat ook op de tweedelige CD-box **"De Onvergetelijke Willy Alberti"** (deel 1) label ABCD 30016-2, en op de CD CNR 22211132 in de serie Hollands Glorie onder de titel **"Duetten met Willy Alberti"** (2004).

ONCE UPON A SUMMERTIME — Koch Jazz 3-6919-2 (1999)
The Netherlands Metropole Orchestra conducted by Dolf van der Linden.
Rita Reys vocal

Arr. Rogier van Otterloo. Productie Jan van Riemsdijk. Uitvoerende productie Maarten Hartveldt.

NPS-radiouitzending, Hilversum, 5 oktober 1977

Here's that rainy day (Jimmy van Heusen, Johnny Burke)

Verdere titels van Rita Reys op deze verzamel-CD te vinden onder Dolf van der Linden 08/04-1970, 16/10-1973, Lex Jasper 25/09-1987, 24/11-1987 en Dick Bakker 29/01-1998.

THAT OLD FEELING — CBS 83981
RITA REYS with The Pim Jacobs Trio featuring Johnny Griffin

Johnny Griffin ts, Pim Jacobs p, Ruud Jacobs b, Peter Ypma d.

Geproduceerd door John J. Vis en Ruud Jacobs. Geluidsregistratie Emile Elsen en Sytze Gardenier.

Dureco-studio, Weesp, 27 augustus 1979
Too marvelous for words (J. Mercer, Whiting)
Fly me to the moon (B. Howard)
Poor butterfly (R. Hubbell, J. Golden)
My foolish heart (V. Young, A. Washington)
Mr. Wonderful (Bock, Holofcener, Weiss)
That old feeling (L. Brown, S. Fain)
Over the rainbow (H. Arlen, E. Y. Harburg)
Remember (Irving Berlin)
Everything happens to me (Adair, Dennis)
Isn't it romantic (Richard Rogders, Lorenz Hart)
The touch of your lips (R. Noble)

De opnamen werden in één dag voltooid, met nog slechts enkele correcties van vocals en trio op 30 en 31 augustus 1979. Alle titels ook op CD CBS 26609 (1985) plus drie titels van het CBS album **"Our Favorite Songs"** (1973).

LIEDJES VAN TOON — UTOPIA music 9198805
Rita Reys Metropole Orkest o.l.v. Rogier van Otterloo

In de blazerssectie o.a. Chris Waldhoben tp, Rudy Bosch en Fred Volmar tb, Piet Noordijk en Ad van den Hoed as, Joop Mastenbroek en Tinus Bruijn ts, Wiebe Schuurmans bars. In de ritmegroep Dick Schallies p, Wim Overgaauw g, Rob Langereis b, Evert Overweg d. Strijkerssectie o.l.v. Ernô Olah. Arr. Rogier van Otterloo. Productie Maurice Hermans. Geluidsregistratie Karel Sarton (NOS) en Eurosound-studio, Nijmegen.

Live concert, De Speeldoos, Zaandam, 15 februari 1980
27 roses (Toon Hermans, Erich Segal)

Verdere titels op deze LP zijn van verschillende populaire zangeressen en zangers van hetzelfde concert.

THE DUTCH SWING COLLEGE JUBILEE CONCERT — Philips 6601003
On the occasion of the 35th anniversary — Philips 818497-1
12 Original line-ups 1945-1980 Guests: Beryl Bryden, Rita Reys

Productie Roy Beltman. Geluidsregistratie Ruud van Lieshout

Line up 1963-1964:
Ray Kaart tp, Dick Kaart tb, Peter Schilperoort cl, Arie Ligthart g, Koos Serierse b, Louis de Lussanet d, Rita Reys vocal.

Live concert, Willem Alexander Zaal, Nederlands Congresgebouw, Den Haag, 30 mei 1980
Moonglow (Hudson, De Lange, Mills)
Yes sir, that's my baby (Donaldson, Kahn)
After you've gone (Creamer, Layton) — niet uitgebracht

All line ups 1945-1980:
Kees van Dorsser, Wybe Buma, Joost van Os, Oscar Klein, Ray Kaart tp, Bert de Kort kornet, Wim Kolstee, Dick Kaart tb, Bob Kaper, Jan Morks cl, Dim Kesber ss, Peter Schilperoort ss en bars, Pim Jacobs, Joop Schrier p, Hans Vlig p en g, Arie Ligthart bjo, Otto Gobius, Wout Steenhuis g, Chris Bender, Chris Smildiger, Henk Bosch van Drakenstein b, Eddie Hamm tuba, Huub Janssen, Tonny Nüsser, Louis de Lussanet d, Beryl Bryden washboard, Rita Reys vocal

Finale van zelfde concert

C jam blues (Ellington)

De soli zijn van Dim Kesber cl, Joost van Os tp, Bob Kaper cl en Wim Kolstee tb met Hans Vlig p; Rita Reys met Pim Jacobs p; Ray Kaart tp met Pim Jacobs; Kees van Dorsser tp met Joop Schrier p; Joop Schrier p met Hans Vlig g; Huub Janssen en Tonny Nüsser d. Niet alle musici van de verschillende "Line ups" die tijdens het concert optraden speelden in de finale mee, ondanks de aanduiding "All line ups". De pianisten wisselden elkaar af. De LP Philips 818497-1 verscheen in de serie Music for the Millions.

RITA REYS SINGS ANTONIO CARLOS JOBIM Philips 6423460

Orchestra arranged and conducted by Rogier van Otterloo. Strijkerssectie o.l.v. Benny Behr (concertmeester). Featuring the Pim Jacobs Quartet: Pim Jacobs p, Ruud Jacobs b, Wim Overgaauw g, Peter Ypma d & percussion.

Productie Ruud Jacobs. Geluidsregistratie John van den Houten

Wisseloord studios, Hilversum, 1e helft juli 1981

How insensitive (Insensatez) (A.C. Jobim, V. de Moraes, N. Gimbel)
Dindi (R. Gilbert, L. Oliveira, A. C. Jobim)
Só danço samba (V. de Moraes, A. C. Jobim) Philips 6017357 (si)
Once I loved (O amor en Paz) (A. C. Jobim, V. de Moraes, R. Gilbert)
Quiet night of quiet stars (Corcovado) (A. C. Jobim, G. Lees)
This happy madness (Estradabranca) (A.C. Jobim, G. Lees)
Triste (A. C. Jobim) Philips 6017357
Song of the Sabia (N. Gimbel, A. C. Jobim)
Meditation [Meditacao) (A.C. Jobim, N Mendonça, N. Gimbel)
Once again (Outra vez) (A.C. Jobim, G. Lees)

Philips 6423460 (lp) heeft ten minste twee edities gekend. De eerste met donkerblauw etiket heeft op kant 1 in het vinyl bij de uitloopgroef het productiejaar 1980 ingeperst. Dit is een vergissing, omdat de opnamen in 1981 werden gemaakt. (Kant 2 heeft wel 1981 in het vinyl staan.) De latere editie heeft lichtblauwe etiketten en bij de uitloopgroef geen jaartal meer ingeperst. Alle titels ook op Philips 6375508 (lp) (1983) in de serie Music for the Millions en op Mercury 842627-2 (cd)

RITA REYS MEMORIES OF YOU UTOPIA music 814273-1
Rita Reys with Trio Pim Jacobs and orchestra

Big band van Engelse musici, met blazers- en strijkerssectie. Pim Jacobs p, Ruud Jacobs b, Peter Ypma d. Arranged and conducted by Lex Jasper.

Productie Ruud Jacobs. Geluidsregistratie Dick Lewsey en Emile Elsen.

Ochestra recorded at C.T. S. studio's, Wembley, Londen, voorjaar of begin zomer 1983

Wisseloord studios, Hilversum, begin zomer 1983
The shadow of your smile (J. Mandel, P. F. Webster)
Little white lies (W. Donaldson)
Memories of you (E. Blake, A. Razaf)
Moonglow (Hudson, de Lange, Mills)
Little girl blue (R. Rodgers, L. Hart)
All the way (J. van Heusen, S. Cahn)
When I fall in love (V. Young, E. Heyman)
Pick yourself up (J. Kern, D. Fields)
Bewitched (R. Rodgers, L. Hart)
Early autumn (Burns, Herman, Mercer)
Deep Purple (P. de Rose, M. Parish)

Alleen de achtergrond-vocals werden in de Wisseloord studio opgenomen, geluidsregistratie Emile Elsen. Alle titels ook op CD Utopia 814273-2

LIVE AT THE CONCERTGEBOUW RCA PL 71123
Rita Reys and Trio Pim Jacobs, special guest Louis van Dijk (piano)

Pim Jacobs p, Ruud Jacobs b, Peter Ypma d

Geproduceerd door Blue Mouse bv. Geluids registratie door NOS technische ploeg, TROS radio.

Live concert, Concertgebouw, Amsterdam, 7 april 1985

Thou swell (R. Rodgers, L. Hart)
Watch what happens (M. LeGrand, J. Demy, N. Gimbel)
Please don't talk about me when I´m gone (Stept, Clare, Palmer)
My funny Valentine (R. Rodgers, L. Hart)
It's all right with me (C. Porter)
Poor butterfly (Golden, Hubbell)
'Deed I do (Walter Hirsch, Fred Rose)

Louis van Dijk p toegevoegd
I cried for you (Freed, Arnheim, Lyman)

Rita Reys en Louis van Dijk p alleen
Misty (E. Garner, J. Burke)

De overige stukken op deze lp zijn instrumentale vertolkingen. Pim Jacobs is op de rechter luidspreker te horen, Louis van Dijk op de linker. Alle titels ook op CD RCA PD 71123. Een aantal of mogelijk alle CD-labels foutief bedrukt als Rita *Keys*.

HAVE YOURSELF A MERRY LITTLE CHRISTMAS Polydor 831254-1
Rita Reys, Trio Pim Jacobs en orkest o.l.v. Rogier van Otterloo

Pim Jacobs p, Ruud Jacobs b, Peter Ypma d, Ack van Rooyen tp, Roel Koster hoorn, Ruud Brink ts, Arie Jongman fl, Martin de Ruiter hobo, Ernô Olah concertmeester strijkersgroep (gedeeltelijk van het Metropole Orkest).
Arr. and conducted by Rogier van Otterloo.
Muzikale adviezen: John J. Vis, Imme Schade van Westrum. Geluidsregistratie Emile Elsen.
Wisseloord studios, Hilversum, september en oktober 1986
Have yourself a merry little Christmas (Hugh Martin, Ralph Blane)
Winter Wonderland (Felix Bernard, Dick Smith)
It's Christmas time (Anita Kerr)
God rest ye merry, gentleman (trad.)
The Christmas waltz (Jule Styne, Sammy Cahn)
The bell that couldn't jingle (Larry Kusik, Burt Bacharach)
The star Carol (Alfred S. Burt, Wihla Hutson)
Let it snow! Let it snow! Let it snow! (Jule Styne, Sammy Cahn)
The Christmas song (Chestnuts roasting on an open fire) (Mel Tormé, Robert Wells)
The first Noël (trad.)
Frosty the snowman (Jack Rollens, Steve Nelson)
White Christmas (Irving Berlin)

Alle titels ook op Polydor CD 831254-2. Deze LP werd door verzekeringsmij. ZwitserLeven als kerstgeschenk aan relaties gegeven onder de titel **"In a Christmas Mood"** met als releasenummer Zwitser Leven Rita 831254-1.

TWO FOR TEA Polydor 833893-1
Rita Reys & Louis van Dijk

Louis van Dijk p.
Productie Pim Jacobs. Geluidsregistratie Dick Bakker
Topesa-studio, Blaricum, zomer 1987
People will say we're in love (R. Rodgers, O. Hammerstein)
It might as well be spring (R. Rodgers, O. Hammerstein)
The way you look tonight (J. Kern, D. Fields)
Skylark (H. Carmichael, J. Mercer)
You're the cream in my coffee (Brown, De Sylva, Henderson)
Tea for two (Victor Youmans, Irving Ceacar)
Smoke gets in your eyes (J. Kern, O. Harbach)
When I take my sugar to tea (S. Fain, I. Kahal, P. Norman)
Violets for your furs (M. Dennis, T. Adair)
Dancing on the ceiling (R. Rodgers, L. Hart)
Autumn in New York (V. Duke)
I wished on the moon (R. Rainger, D. Parker)
The nearness of you (H. Carmichael, N. Washington) (alleen op CD)
Fallin' in love with love (R. Rodgers, L. Hart) (alleen op CD)

Alle titels van de LP ook op CD Polydor 833893-2 plus de twee extra titels.

ONCE UPON A SUMMERTIME — Koch Jazz 3-6919-2 (1999)

The Netherlands Metropole Orchestra conducted by Lex Jasper.
Rita Reys vocal

Martin de Ruiter (hobo), Rosetty de Ruiter-Verwoerdt (harp). Arr. Lex Jasper en Henk Meutgeert *.
Productie Jan van Riemsdijk. Uitvoerende productie Maarten Hartveldt.

NPS radio uitzending, Hilversum, 25 september 1987

Falling in love with love (Richard Rodgers, Lorenz Hart)
The way you look tonight (Jerome Kern, Dorothy Fields)
Skylark (Hoagy Carmichael, Johnny Mercer)
Violets for your furs * (Matt Dennis, Tom Adair)

Verdere titels van Rita Reys op deze verzamel-CD te vinden onder Dolf van der Linden 08/04-1970, 16/10-1973, 05/10-1977, Lex Jasper 24/11-1987 en Dick Bakker 29/1-1998.

The Netherlands Metropole Orchestra conducted by Lex Jasper.
Rita Reys vocal

Piet Noordijk as-solo. Arr. Lex Jasper.
Productie Jan van Riemsdijk. Uitvoerende productie Maarten Hartveldt.

NPS radio uitzending, Hilversum, 24 november 1987

I'll be seeing you (Sammy Fain, Irving Kahal)

Verdere titels van Rita Reys op deze verzamel-CD te vinden onder Dolf van der Linden 08/04-1970, 16/10-1973, 05/10-1977, Lex Jasper 25/09-1987 en Dick Bakker 29/01-1998.

RITA REYS SWING & SWEET — Blue Note 7954432 (cd)

Pim Jacobs p, Ruud Jacobs b, Wim Overgaauw g, Bernhard Berkhout cl -1, Frits Landesbergen vibrafoon -2, Peter Ypma d, Max Bolleman claves -3. Arr. Frits Landesbergen *.
Geluidsregistratie Max Bolleman

Studio 44, Monster, 6, 7, 8, 9 augustus 1990
I thought about you (J. Mercer, J. van Heusen)
That's all (A. Brandt, B. Haymes)
I'm old fashioned -2 (J. Kern, J. Mercer)
The way you look tonight -1,-2 (J. Kern, D. Fields)
Lover man (where can you be?) -1 (J. Davis, J. Sherman, R. Raminez)
Just in time (J. Styne, B. Comdon, A. Green)
Cheek to cheek -1,-2 (I. Berlin)
My romance * -2 (R. Rodgers, L. Hart)
Just one of those things -1,-2 (C. Porter)
Skylark (J. Mercer, H. Carmichael) (begeleiding alleen vibrafoon)
Just Friends * -1,-2 (J. Klenner, S. Lewis)
So many stars * -2,-3 (S. Mendes, A. Bergman, M. Bergman)
Do I love you * -1,-2 (C. Porter)
The old fashioned way -1,-2 (George Garvarentz, Al Kasha, Joel Hirschhorn) (alleen uitgebracht op Nikkelen Nelis verzamel-CD)

De meeste nummers werden in één keer "live" met de combo opgenomen, enkele nummers werden echter nog op 8 en 9 augustus ingezongen.

RITA REYS THE AMERICAN SONGBOOK volume 1 — Music-All-In 3862012

Pim Jacobs p, strings-keyboard en vibrafoon-keyboard, Ruud Jacobs b, Peter Ypma d.
Geluidsregistratie Dick Bakker.

Topesa-studio, Blaricum, ca. voorjaar 1992

CD 1

What a difference a day makes (Grever, Adams)	Premium PR 27811
Stars fell on Alabama (Parish, Perkins)	Premium PR 27811
September in the rain (Dubin, Warren)	
You must believe in spring (Michel Legrand, Alan & Marilyn Bergman)	Premium PR 27811
Can't we be friends (Kay Swift, James Warburg)	Premium PR 27811

Baubles, bangles and beads (Wright, Forrest)	
The folks who live on the hill (Kern, Hammerstein)	
They say it's wonderful (Berlin)	
Body and soul (Green, Heyman, Sour, Eyton)	Premium PR 27811
Second time around (Cahn, Van Heusen)	Premium PR 27811
I concentrate on you (Porter)	Premium PR 27811
Gone with the wind (Magidson, Wrubel)	Premium PR 27811
Over the rainbow (Arlen, Harburg)	Premium PR 27811
There'll never be another you (Warren, Gordon)	
Thanks for the memory (Robin, Rainger)	Premium PR 27811

CD 2

I've got you under my skin (Porter)	Premium PR 27811
How long has this been going on (G. & I. Gershwin)	
I could have danced all night (Lerner, Loewe)	Premium PR 27811
In the wee small hours (of the morning) (David Mann, Bob Hilliard)	Premium PR 27811
Like someone in love (Burke, Van Heusen)	
Waltz for Debby (Evans, Lees)	Premium PR 27811
The man I love (G. & I Gershwin)	Premium PR 27811
You'd be so nice to come home to (Porter)	
Moonlight in Vermont (Suesdorf, Blackburn)	Premium PR 27811
Satin doll (Billy Strayhorn, Duke Ellington, Johnny Mercer)	Premium PR 27811
Dindi (Jobin, Oliveira, Gilbert)	
I'm gettin' sentimental over you (Bassman, Washington)	Premium PR 27811
These foolish things (Marvell, Strachey, Link)	Premium PR 27811
Old devil moon (Edgar Yipsel Harburg, Burton Lane)	
Soon it's gonna rain (Harvey Schmidt, Tom Jones)	

In Japan verscheen een selectie van 19 titels op CD Premium records PR 27811 getiteld **"The Songbook"** (2002)

RITA REYS THE AMERICAN SONGBOOK volume 2 Music-All-In 3862022
Pim Jacobs p, strings-keyboard en vibrafoon-keyboard, Ruud Jacobs b, Peter Ypma d.
Geluidsregistratie Dick Bakker.

Topesa-studio, Blaricum, ca. voorjaar 1992

CD 1

Stompin' at the Savoy (Goodman, Razaf, Samson, Webb)
It's a lovely way to spend an evening (Adamson, McHugh)
Easy to love (Porter)
Rainbow (Russ Hamilton)
It could happen to you (Burke, Van Heusen)
I'll remember April (Don Raye, Gene de Paul, Pat Johnston)
I've grown accustomed to her face (Lerner, Loewe)
The song is you (Kern, Hammerstein)
You go to my head (Coots, Gillespie)
Star eyes (Don Raye, Gene de Paul)
Too close for comfort (Bock, Holofeener, Weiss)
If I should lose you (Leo Robin, Ralph Rainger)
That old feeling (Fain, Brown)
The things we did last summer (Styne, Cahn)
How deep is the ocean (Berlin)

CD 2

Teach me tonight (Cahn, de Paul)
The days of wine and roses (Mercer, Manchini)
I won't dance (Jerome Kern, Otto Harbach, Oscar Hammerstein II)
Try a little tenderness (Woods, Campbell, Connelly)
All the things you are (Kern, Hammerstein)
What'll I do (Berlin)

Georgia on my mind (Hoagy Carmichael, Stuart Gorrell)
Come dance with me (Jimmy van Heusen, Sammy Cahn)
Speak low (Kurt Weill, Ogden Nash)
My foolish heart (Washington, Young)
The touch of your lips (Noble)
Spring will be a little bit late this year (Loesser)
Willow weep for me (Ronell)
He's my guy (Ray, De Paul)
God bless the child (Herzog, Holiday)

Voor het vibrafoongeluid werd een keyboard Casio Celviano AP 5 gebruikt. De beide dubbel-CD's werden circa 1 juli 1992 uitgebracht. Heruitgave (ca. 2003) van deze dubbel-CD's onder dezelfde albumnaam **The American Songbook** in the Gold Serie van Galaxy music/ZYX music 232003 2 en 232004 2.

TENDERLY **Roman disc 280711**
Rita Reys and The Pim Jacobs Trio
Pim Jacobs p, strings-keyboard en vibrafoon-keyboard, Ruud Jacobs b, Peter Ypma d. Arr. Pim Jacobs.
Productie Blue Mouse b.v. Geluidsregistratie Dick Bakker.
Topesa-studio, Blaricum, ca. zomer 1992

Tenderly (W. Ross, J. Lawrence)
It's only a papermoon (Harold Arlen, Edgar Yipsel Harburg, Billy Rose)
He's funny that way (N. Moret, R. Whiting)
They can't take that away from me (G. and I. Gershwin)
Mona Lisa (J. Livingstone, R. Evans)
You took advantage of me (R. Rodgers, L. Hart)
Moon river (H. Mancini, J. Mercer)
Where or when (R. Rodgers, L. Hart)
I'll be seeing you (Sammy Fain, Irving Kahal)
Thou swell (R. Rodgers, L. Hart)
Autumn leaves (Kosma, Prevent, Mercer)
My ship (K. Weill, I. Gershwin)
Lonesome road (N. Shilkret, G. Austin)
Our love is here to stay (G. and I. Gershwin)
I could write a book (R. Rodgers, L. Hart)
Two sleepy people (H. Carmichael, F. Loesser)

Alle titels ook op CD Rondo music 50373 **The very best of Rita Reys** (1995).

WIM OVERGAAUW 65th ANNIVERSARY CONCERT **RNDiscs RN 009**
Rita Reys
Pim Jacobs p, Ruud Jacobs b, Wim Overgaauw g.
Productie Dick Kuijs. Geluidsregistratie Paul Schoenmakers, Max Rozenbeek.
Live at Nick Vollebregt's Jazzcafé, Laren, 24 november 1994.

Just one of those things (C. Porter)
The shadow of your smile (Johnny Alfred Mandel, Paul Francis Webster)

Deze CD werd in 1996 door Radio Netherlands (v/h Wereldomroep) uitgebracht t.g.v. de 65ste[e] verjaardag van Wim Overgaauw en uitgegeven voor uitsluitend gebruik door radiostations wereldwijd. Verdere titels op deze CD zijn van verschillende gelegenheidscombinaties met Wim Overgaauw g, Pim Jacobs p, Ruud Jacobs b, Maarten van der Grinten g, Martijn van Iterson g, Jesse van Ruller g, Frank Wingold g, Tom Beek ts, Johan Plomp b, Joost Lijbaart d.

ONCE UPON A SUMMERTIME **Koch Jazz 3-6919-2 (1999)**
The Netherlands Metropole Orchestra conducted by Dick Bakker.
Rita Reys vocal
Productie Imme Schade van Westrum en Jan Steeman. Uitvoerende productie Maarten Hartveldt.
AVRO radio uitzending, Hilversum, 29 januari 1998

Soon (George en Ira Gershwin) Koch Jazz 3-6924-2(cd)

Make it easy on yourself (Burt Bacharach, Hal David)
Once upon a summertime (Michel Legrand, Eddy Barclay, Johnny Mercer)

Verdere titels van Rita Reys op deze verzamel-CD te vinden onder Dolf van der Linden 08/04-1970, 16/10-1973, 05/10-1977 en Lex Jasper 25/09-1987, 24/11-1987. Koch Jazz 3-6924-2 is een sampler van het Metropole Orkest met telkens een nummer van een andere solist: Colin Anthony, Zoot Sims, Ernestine Anderson, Clare Fischer, Lee Konitz, Lou Levy/Pinky Winters, Ronnie Cuber, Ack van Rooyen, Nancy Marano, Bart van Lier, Lee Gibson, Nick Brignola, Bud Shank/Bob Cooper, Bob Brookmeyer, Bill Holman, Lois Lane, Neil Richardson Singers, Greetje Kauffeld, Lew Tabackin, Jeff Beal, Madeline Bell, Jiggs Whigham en Leo Janssen.

LOSS OF LOVE — Quintessence Records QS 900.911-2 (1998)
RITA REYS sings Henry Mancini

Radio-Philharmonie Hannover, concertmaster Volker Worlitzsch. Tony Lakatos ts, Lex Jasper p, Martin Wind b, Peter Ypma d. Arr. en conductor Lex Jasper.
Productie Ruud Jacobs, Geluidsregistratie Manfred Kietzke. Dubbing en mixing Mike Butcher.

Groot orkest opgenomen in N.D.R. studio, Hannover, ca. november 1997
Rita Reys en combo opgenomen in Fieldwork Studio, Oegstgeest, ca. december 1997

Days of wine and roses (Johnny Mercer)	(The Pink Panther)
From moment to moment (Johnny Mercer)	(Moment to moment)
Moon river (Johnny Mercer)	(Breakfast at Tiffany's)
Two for the road (Leslie Bricusse)	(Two for the road)
Charade (Johnny Mercer)	(Charade)
Loss of love (Bob Merrill)	(Sunflower)
Too little time (Don Raye)	(The Glenn Miller Story)
Mr. Lucky (Jay Livingston, Ray Evans)	(Mr. Lucky)
Slow hot wind (Norman Gimbel)	
We (Rod McKuen)	(Me, Natalie)
Dreamsville (Jay Livingston, Ray Evans)	(TV-serie Peter Gunn)
Dear heart (Jay Livingston, Ray Evans)	(Dear Heart)
How soon (Al Stillman)	(Richard Boone TV-show)
Whistling away the dark (Johnny Mercer)	(Darling Lili)

Alle composities van Henry Mancini; de tekstschrijvers staan per song genoemd. Mancini componeerde voornamelijk voor film en TV-producties, die tussen haken worden vermeld.

THE LADY STRIKES AGAIN — Quintessence Records QS 900.917-2

Productie Imme Schade van Westrum. Geluidsregistratie Bob Schimscheimer en Jelke Haisma.

RITA REYS met Trio Lex Jasper

Lex Jasper p, Marius Beets b, Peter Ypma d.

Mirasoundstudio, NCRV-gebouw, Hilversum, 13 en 14 september 1999

I'm beginning to see the light (D. Ellington, J. Hodges, D. George, H. James)
All of you (C. Porter)
I'm shadowing you (Johnny Mercer, Blossom Dearie)
Get out of town (C. Porter)
Give me the simple life (H. Ruby, R. Bloom)
Never, never land (J. Styne, B. Comden, A. Green)

RITA REYS met Trio Cor Bakker

Cor Bakker p, Ruud Jacobs b, Frits Landesbergen d, d + vibrafoon -1.

Mirasoundstudio, NCRV-gebouw, Hilversum, 13 en 14 september 1999

All or nothing at all -1 (A. Altman, J. Lawrence)
I've got a crush on you (G. en I. Gershwin)
You do something to me (C. Porter)
I wish you love (Charles Trenet, Lee Wilson)
A nightingale sang in Berkeley Square (E. Maschwitz, M. Sherwin, J. Strachey)
You turned the tables on me (S. D. Mitchell, L. Alter)

Rita Reys en Mathilde Santing vocal duet, zelfde begeleiding.

zelfde opnamedatum

People will say we're in love (R. Rodgers, O. Hammerstein II)

RITA REYS met The Rosenberg Trio

Stochelo Rosenberg solo-g, Nous'che Rosenberg ritme-g. Nonnie Rosenberg b.
Mirasoundstudio, NCRV-gebouw, Hilversum, 29 september 1999
Honeysuckle rose (T. Waller, A. Razaf)
Ain't misbehavin' (T. Waller, A. Razaf, H. Brooks)

Rita Reys met Stochelo Rosenberg g en Ruud Jacobs b.

zelfde opnamedatum
Cry me a river (A. Hamilton)

Op 27 september 1999 werden de vocals bij de opnamen met Lex Jasper en Cor Bakker ingezongen. Op 19 en 21 oktober 1999 werden de vocals ingezongen bij het Rosenberg Trio en Stochelo Rosenberg. De titels staan in volgorde van de begeleidende combo's.

THE RITA REYS STORY Songs of a lifetime — Nikkelen Nelis NN 500505

Lex Jasper p.

Wisseloord-studio's, Hilversum, 20 maart 2000

Little girl blue (Rodgers, Hart)
In the wee small hours of the morning (Mann, Hilliard)
It might as well be spring (Rodgers, Hammerstein II)

Trio Lex Jasper

Rita Reys in vocaal duet met Leila Jacobs.
Lex Jasper p, Marius Beets, Martijn Vink d.

Zelfde opnamesessie

When I take my sugar to tea (Fain, Kahal, Norman)

Deze vier nummers werden opgenomen voor een 4CD-box die najaar 2004 zal verschijnen. De overige nummers op deze box zijn heruitgaven van eerdere opnamen. Zie verzamelalbums.

30 JAAR SESJUN — Sesjun CD 0301
Jazz Ochestra of the Concertgebouw

met Peter Guidi, Tineke Postma, Joris Roelofs, Rita Reys, Rein de Graaff, The Four Freshmen.

Henk Meutgeert orkestleider, Rini Swinkels tp, bugel (lead), Wim Both, Jan van Duikeren, Ruud Breuls en Menno Daams tp, bugel, Martijn Sohier tb (lead), Jeroen Rol en Hansjörg Fink tb, Martien de Kam bas-tb, Joris Roelofs as, cl (lead), Jorg Kaaij as, fl, cl, Jan Menu en Sjoerd Dijkhuizen ts, cl, Juan Martinez bars, bas-cl, Peter Beets p, Jesse van Ruller g, Jos Machtel b en Martijn Vink d. Rita Reys (vo), Menno Daams solo tp. Arr. Henk Meutgeert.
Productie Dick de Winter. Eurosound geluidsregistratie Joost Dellehem, Peter Thissen
Live concert Tros Sesjun, radio-uitzending, Singer Concertzaal, Laren (N.H.), 24 april 2003
Skylark (H. Carmichael, J. Mercer)

De overige titels zijn van verschillende arrangeurs met solisten uit het orkest en diverse gasten.

RITA REYS LIVE IN CONCERT — Maxanter Records CD Max 75190
Featuring: Beets Brothers, Jarmo Hoogendijk

Jarmo Hoogendijk tp, Alexander Beets ts, Peter Beets p, Marius Beets b, Joost Patocka d.
Productie Marius en Peter Beets. Geluidsregistratie Joost Dellebarre
Live concert, Bowlingworld, Den Haag, 6 november 2003
I love you (C. Porter)
I'm old fashioned (J. Kern, J. Mercer)
The shadow of your smile (J. Mandel, P. F. Webster)
Love for sale (C. Porter)
Watch what happens (Michel Legrand, Norman Gimbel)

In the wee small hours of the morning (D. Mann, B. Hilliard)
The song is you (J. Kern, O. Hammerstein)
I thought about you (J. van Heusen, J. Mercer)
Detour ahead (L. Carter, H. Ellis, J. Frigo)
On green dolphin street (Bronislau Kaper, Ned Washington)
Fly me to the moon (B. Howard)

RITA REYS BEAUTIFUL LOVE A Tribute to Pim Jacobs
Fieldwork Records FWR 260404

Peter Beets p, Martijn van Iterson g, Ruud Jacobs b.
Productie Joost Patocka en Ruud Jacobs. Geluidsregistratie Mike Butcher
Fieldwerk Studios, Oegstgeest, 16, 17 en 19, 20 augustus 2004
I'm putting all my eggs in one basket (Irving Berlin)
Under a blanket of blue (Marty Symes, Allen J. Neiburg, Jerry Livingston)
Smile! (John Turner, Geoffrey Parsons, Charles Chaplin)
Devil may care (Johnny Burke, Harry Warren)
When sunny gets blue (Jack Segal, Marvin Fisher)
Hey there! (Richard Adler, Jerry Ross)
Beautiful love (Haven Gillespie, Victor Young, Wayne King, Egbert van Alstyne)
Don't explain (Arthur Herzog Jr., Billie Holiday)
I hear music (Frank Loesser, Burton Lane)
But beautiful (Johnny Burke, Jimmy van Heusen)
Alone together (Howard Dietz, Arthur Schwartz)
I get along without you very well (Jane Brown Thompson, Hoagy Carmichael)
You're my everything (Mort Dixon, Joe Young, Harry Warren)
What's there to say (Edgar Yipsel Harburg, Vernon Duke)
I've got my love to keep me warm (Irving Berlin) (niet uitgebracht)

De instrumentale tracks werden opgenomen op 16 en 17 augustus, Rita Reys zong de vocals in op 19 en 20 augustus.

VERZAMELALBUMS (Compilaties van eerder verschenen platen)

Er is van afgezien om iedere LP of CD te noemen waarop een enkele track van Rita Reys is verschenen. Er bestaan internationale jazz-CD's met een enkele track van haar, maar er zijn ook verzamelalbums waarop één nummer van Rita Reys staat terwijl de rest van populaire (niet jazz) artiesten is. Wel zijn alle verzamelalbums met Nederlandse jazz opgenomen. De CBS/Columbia-verzamelalbums staan voor een beter overzicht bij elkaar.
De tracks op de verzamelalbums staan vermeld met jaar van opname, zodat terugzoeken naar het origineel eenvoudig is. Helaas was het niet altijd mogelijk het jaar van uitgifte (productie) te traceren. In een enkel geval werd een verkeerd gespelde titel gecorrigeerd.

The Rita Reys Collection — Philips 6678018 (stereo) (2lp) (1975-'76)

LP 1
My funny Valentine (1955) / It's all right with me (1956) / Gone with the wind (1956) / I cried for you (1956) / You'd be so nice to come home to (1956) / The song is you (1957) / You stepped out of a dream (1957) / Stardust (1958) / Zon in Scheveningen (1959) / Summertime (1960) / Too close for comfort (1960) / Desafinado (1962).
LP 2
Solitude (1963) / Can't buy me love (1964) / Bluesette (1964) / Waltz for Debby (1965) / You don't know what love is (1965) / More than you know (1969) / The moment of thruth (1969) / I'm gonna sit right down and write myself a letter (1961) / Poor butterfly (1961) / Can't we be friends? (1961) / Cherokee (1961) / I remember Clifford (1961) / I get a kick out of you (1961).

Relax with Rita & Pim — **Philips 861814 LCY** (stereo) (lp) (1975)
Music for the millions Rita Reys — **Philips 6375484** (stereo) (lp) (1982)
Gast op Schiphol — **Philips 6375484** (stereo) (lp) (1982)?

The Best of Rita Reys **Philips 6440150** (stereo) (lp) (1986)?
Relax with Rita & Pim **Philips EJD 1030** (cd) (Japan) (1989)
(Deze CD heeft als bijzonderheid een boekje met de Engelse songteksten)
Rita Reys with the Pim Jacobs Combo
Desafinado (1962) / Bluesette (1964) / The boy from Ipanema (1965) / My funny Valentine (1965) / The shadow of your smile (1966) / Love for sale (1965) / Zon in Scheveningen (1959) / Yesterday (1965) / Summertime (1965) / Waltz for Debby (1965) / Can't buy me love (1964) / Fly me to the moon (1963).
(Productiejaar van "My funny Valentine" en "Love for sale" staat niet correct op de LP)

Rita's request **Philips 822775-1 (lp) (1984)**
Rita Reys Trio Pim Jacobs and guests
Too close for comfort (1960) / Desafinado (1962) / Summertime (1960) / Can't buy me love (1964) / Zon in Scheveningen (1959) / Bluesette (1964) / I'm gonna sit right down and write myself a letter (1961) / My funny Valentine (1955) / Waltz for Debby (1965) / Memories of you (1983) / The shadow of your smile (1983) / So danço samba (1981).

Rita Reys - Pim Jacobs **Philips ZSY 884619 (Stereo) (lp)**
Rita Reys and the Pim Jacobs Trio/Combo
Get out of town (1963) / Stella by starlight (1963) / I love you (1963) / You go to my head (1963) / You stepped out of a dream (1963) / Stompin' at the Savoy (1963) / Desafinado (1962) / Yesterday (1965) / The shadow of your smile (1966) / The boy from Ipanema (1965) / Waltz for Debby (1965) / Fly me to the moon (1963).

Het Beste van Toen en Thans (vol. 8) **Readers Digest DRDS 9008 (lp)**
Jasjes kort en pijpen nauw – Rita Reys
My funny Valentine (1965).
Verdere titels op deze LP zijn van Pia Beck, Wessel Ilcken, Pim Jacobs, Ger van Leeuwen, Rob Madna, Johnny Meyer, Het Miller Sextet, Sem Nijveen, Paul Ruys en Tony Vos.

Rita Reys First Lady of Jazz **Mercury 528540-2 (2cd) (1995)**
CD 1
'Deed I do (1953) / Exactly like you (1953) / My funny Valentine (1955) / There'll never be another you (1955) / I should care (1955) / It's all right with me (1956) / Gone with the wind (1956) / Taking a chance on love (1956) / That old black magic (1956) / You'd be so nice to come home to (1956) / I cried for you (1956) / My one and only love (1956) / Spring will be a little late this year (1956) / The song is you (1957) / Old devil moon (1957) / He's my guy (1957) / Where are you? (1957) / All of you (1957) / When the blues come on (1957) / I didn't know what time it was (1958) / Avalon (1958) / Love for sale (1958) / Zon in Scheveningen 1959) / Venus bespied (1959).
CD 2
No moon at all (1960) / How deep is the ocean (1960) / Willow weep for me (1960) / But not for me (1960) / Thou swell (1960) / I get a kick out of you (1961) / I remember Clifford (1961) / Speak low (1961) / Get out of town (1963) / Sophisticated lady (1963) / The way you look tonight (1963) / Solitude (1963) / Yes sir that's our baby (DSCB) / Moonglow (1963) / Bluesette (1964) / Summertime (1965) / Spring can really hang you up the most (1965) / Waltz for Debby (1965) / Wives and lovers (1965) / You don't know what love is (1965) / If I were a bell (1965) / A day in the life of a fool (Manha de Carnaval) (1967) / More than you know (1969) / You'd better love me (1969).

Rita Reys The Ballad Album **Mercury 528 543-2 (cd) (1995)**
There is no greater love (1957) / You go to my head (1963) / Soon it's gonna rain (1969) / I should care (1955) / My funny Valentine (1965) / It's mine after all (1957) / I'm glad there is you (1958) / You don't know what love is (1965) / Like Someone in love (1960) / My one and only love (1956) / Willow weep for me (1960) / What's new (1961) / Spring will be a little late this year (1965) / Prelude to a kiss (1958) / When I look in your eyes (1969) / Spring can really hang you up the most (1957) / Star eyes (1957) / Easy living (1963).

De geschiedenis van de Nederlandse jazz **The Musik Marketeers muma 65313 (1998)**

Rita Reys
He's my guy (1957).
Verdere titels op deze CD behorend bij het gelijknamige boekje en uitgegeven door De Bijenkorf, zijn van: The

Ramblers, Het AVRO Dansorkest o.l.v. Klaas van Beeck, Dutch Swing College Band, Pia Beck, Piet Noordijk Quartet, Ruud Brink & Het Metropole orkest, The Rein de Graaff Trio, Willem Breuker Kollektief & Mondriaan Strings, Ben van den Dungen/Jarmo Hoogendijk Quintet, Michiel Borstlap, The Houdini's, Saskia Laroo, New Cool Collective, Hans Dulfer.

Introducing Dutch Jazz Masters — Mercury 565721-2 (1999)
Rita Reys

Zon in Scheveningen (1959).
Verdere titels op deze CD zijn van Coleman Hawkins met The Ramblers, Swing Papas, Orchestra of The Dutch Swing College, Decca Swing Combo, The Millers, Pia Beck Trio, Rob Madna Trio, Pim Jacobs Three, Ton van Duinhoven, The Diamond Five, Ann Burton, Loosdrecht Festival Big Band, Greetje Kauffeld, Wim Overgaauw, Rob Agerbeek Trio, Flashback Quartet, Toots Thielemans & Louis van Dijk, Bernard Berkhout en Frits Landesbergen en Wim Overgaauw met Trio Pim Jacobs, The Rosenberg Trio feat. Stéphane Grappelli.

Dutch Jazz Masters vol 3 — Mercury 538587-2 (1999)

Rita Reys

My funny Valentine (1955) / There'll never be another you (1955) / Taking a chance on love (1956) / My one and only love (1956) / You'd be so nice to come home to (1956) / Spring can really hang you up the most (1957) / Avalon (1958) / Venus bespied (1959) / Too close for comfort (1960) / I remember Clifford (1961) / Cherokee (1961) / Fly me to the moon (1963) / Basin Street blues (1963) / Bluesette (1964) / The boy from Ipanema (1965) / It could happen to you (1965) / Sunny (1967) / Come to Scheveningen (1968) / On a clear day you can see forever (1969) / Lazy kitten (1970) / The shadow of your smile (1983) / Moonglow (1983).

Dutch Jazz Masters vol 4 — Mercury 565817-2 (1999)
Ellingtonia behind the dikes Rita Reys

Don't get around much anymore (1958) / Sophisticated lady (1963).
Verdere titels op deze CD zijn van The Ramblers Dance Orchestra, Jack Bulterman and his Orchestra, The Dutch Swing College Band, Van Lion & His Big Band (=Ger van Leeuwen), Louis van Dijk Trio, Jan Huydts Trio, The Dukes, Cees Schrama Trio, Pim JacobsTrio, The Skymasters, The Rosenberg Trio, Lydia van Dam & Metropole Orchestra conducted by Jerry van Rooyen, Big Band of the Hilversum Conservatory of Music conducted by Gunther Schuller.

Dutch Jazz Masters vol 6 — Mercury 565877-2 (1999)
Leading ladies & gents Rita Reys

I'm getting sentimental over you (1960) / Summertime (1965).
Verdere titels op deze CD zijn van Topy Glerum met The Ramblers, Jan de Vries met Orkest Ernst van 't Hoff, Nelly Verschuur met Orkest Dick Willebrandts, Sanny Day met Miller Sextet, Annie de Reuver met The Skymasters, Ria Joy en Henk Scheffer met The Rhythm Club, Paul Ruys met The Millers, Eddy Doorenbos met The Pia Beck Trio, Riedel van Kleef met Kwartet Ger van Leeuwen, Greetje Kauffeld met Kwartet Tony Vos, Leddy Wessel met Jack van Poll Three-Oh, Francis van Rooy met The Dutch Swing College, Ann Burton, Edwin Rutten, Greetje Kauffeld met Orchestra conducted by Rob Pronk, Pia Beck, Gé Titulaer, Soesja Citroen Denise Jannah, Astrid Seriese en Ronald Douglas. De Dutch Jazz Masters-serie bestaat uit 11 CD's met opnamen uit zeventig jaar Nederlandse jazz historie. De opnamen komen alle uit het Phonogram-archief (Decca, Fontana, Philips).

Dutch Jazz Giants vol 6 — Point Entertainment Ltd 0971 (1999)
Ladies of Jazz Rita Reys

The second time around (1992) / If I should lose you (1992).
Verdere titels op deze CD zijn van Carmen Gomes, Lils Mackintosh, Lydia van Dam en Deborah J. Carter. De serie Dutch Jazz Giants bestaat uit tien CD's met opnamen uit de modernere Nederlandse jazz geschiedenis.

Rita Reys Summertime — Rotation 524818-2 (2000)

Summertime (1965) / How deep is the ocean (1960) / I get a kick out of you (1961) / Willow weep for me (1960) / My funny Valentine (1955) / Love for sale (1958) / Gone with the wind (1956) / You don't know what love is (1965) / Old devil moon (1957) / Spring will be a little late this year (1956) / When the blues come on (1957) / Wives and lovers (1965) / The song is you (1957) / No moon at all (1960) / My one and only love (1956) / Bluesette (1964).

Legends of Jazz Rita Reys **Readers Digest 92.109 (3CD box) (2004)**

CD 1

Summertime (1965) / Desafinado (1962) / Thou swell (1960) / Too close for comfort (1960) / Melancholy baby (1963) / Yes sir, that's our baby (1963) / My funny Valentine (1965) / Love is here to stay (1975) / Love walked in (1975) / Too marvellous for words (1979) / Isn't it romantic (1979) / The touch of your lips (1979) / Dindi (1981) / How Insensitive (1981) / Meditation (1981) / Once I loved (1981) / Quiet night of quiet stars (1981) / Triste (1981) / Dancing on the ceiling (1987) / When I take my sugar to tea (1987).

CD 2

That old black magic (1956) / You'd be so nice to come home to (1956) / All of you (1957) / Old devil moon (1957) / Lazy river (1963) / Ain't she sweet (1963) / Exactly like you (1963) / Yes sir, that's my baby (1963) / The boy from Ipanema (1965) / Fly me to the moon (1963) / Love for sale (1965) / The shadow of your smile (1966) / Soon (1975) / Pieces of dreams (1972) / Once again (1981) / Só danço samba (1981) / You're the cream in my coffee (1987) / Autumn leaves (1961) / I'm gonna sit right down and write myself a letter (1961) / Tangerine (1961) / I remember Clifford (1961) / Poor butterfly (1961) / Zon in Scheveningen (1959).

CD 3

How deep is the ocean (1960) / I'm getting sentimental over you (1960) / Like someone in love (1960) / Solitude (1963) / Once upon a summertime (1972) / The hands of time (1972) / What are you doing the rest of your life (1972) / I loves you Porgy (1975) / Someone to watch over me (1975) / Everything happens to me (1979) / My foolish heart (1979) / Over the rainbow (1979) / Autumn in New York (1987) / Fallin' in love with love (1987) / People will say we're in love (1987) / Skylark (1987) / Smoke gets in your eyes (1987) / Tea for two (1987).

The Rita Reys Story Songs of a lifetime
Nikkelen Nelis NN NN 500405 (4CD-box) (2004)

Deze 4CD-box zal vermoedelijk najaar 2004 verschijnen

CD 1 (1953-1961)

Lullaby in rhythm (1953) / I've got the world on a string (1960) / Gone with the wind (1956) / Thou swell (1960) / Spring will be a little late this year (1956) / My funny Valentine (1955) / Star eyes (1957) / Lullaby of the leaves (1958) / You'd be so nice to come home to (1956) / It's mine after all (1957) / Poor butterfly (1961) / They didn't believe me (1957) / Prelude to a kiss (1958) / Ill wind (1956) / Spring can really hang you up the most (1957) / Autumn leaves (1961) / There'll be never another you (1955) / Zon in Scheveningen (1959).

CD 2 (1962-1968)

Desafinado (1962) / Stella by starlight (1963) / Bluesette (1964) / Easy living (1963) / You don't know what love is (1965) / Whisper not (1965) / Basin street blues (1963) / I love you (1963) / A day in the life of a fool (1967) / Summertime (1965) / The boy from Ipanema (1965) / Side by side (1966) / Sunny (1967) / Waltz for Debby (1965) / All my lovin' (1964) / Lazy river (1963) / Yesterday (1965) / Jij herinnert mij (1968).

CD 3 (1969-1979)

Watch what happens (1972) / Moonlight in Vermont (1973) / Make it easy on yourself (1971) / Too marvellous for words (1979) / What the world needs now is love (1969) / Someone to watch over me (1975) / Lover man (1973) / Soon it's gonna rain (1969) / A house is not a home (1971) / Where or when (1973) / Once upon a summertime (1972) / Here's that rainy day (1973) / More than you know (1969) / One less bell to answer (1971) / My foolish heart (1979) / What are you doing the rest of your life (1972) / I can't give you anything but love (1969).

CD 4 (1979-2000)

Mr. Wonderful (1979) / Honeysuckle rose (1999) / The shadow of your smile (1983) / I wished on the moon (1987) / So many stars (1990) / Dindi (1981) / People will say we're in love (1999) / Over the rainbow 1979) / Little girl blue (2000) **(nieuw)** / The old fashioned way (1990) **(niet eerder uitgebracht)** / You must believe in spring (1992) / The Christmas song (1986) / That old feeling (1979) / In the wee small hours of the morning (2000) **(nieuw)** / Two for the road (1997) / It might as well be spring (2000) **(nieuw)** / When I take my sugar to tea (2000) **(nieuw)**.

The Best of Burt Bacharach **CBS 53026 (lp) (1972)**
Rita Reys with Orchestra Arranged and conducted by Rogier van Otterloo

There's always something there to remind me (1971) / Alfie (1971) / Raindrops keep fallin' on my head (1971) / Do you know the way to San José (1971).

Verdere titels op deze LP zijn van Louis van Dijk, Chris Hinze en Wim Overgaauw.

The best of Michel Legrand — **CBS 53048 (lp) (1974)**
Rita Reys with Orchestra Arranged and conducted by Rogier van Otterloo
Where is the love (1972) / What are you doing the rest of your life (1972) / The hands of time (Brian's song) (1972) / Watch what happens (1972) / The years of my youth (1972) / The summer knows (1972).
Verdere titels op deze LP zijn van Louis van Dijk en Wim Overgaauw.

De beste van de Edison winnaars! — **CBS 65243 (lp) (1974)**
Rita Reys with Orchestra Arranged and conducted by Rogier van Otterloo
One less bell to answer (1971) / Once upon a summertime (1972).
Verdere titels op deze LP zijn van: Ann Burton, Louis van Dijk, Chris Hinze, Thijs van Leer en Wim Overgaauw.

Rita Reys Collage — **CBS 84736 (lp) (1980) Columbia 476775-2 (cd) (1994)**
Alfie (1971) / What are you doing the rest of your life (1972) / Embraceable you (1975) / One less bell to answer (1971) / The windmills of your mind (1972) / The man I love (1975) / The windows of the world (1971) / The summer knows (1972) / Oh, lady be good (1975) / Make it easy on yourself (1971) / Once upon a summertime 1972) / I loves you Porgy (1975) / The hands of time (Brian's song) (1972).

Dutch Swing Collage — **CBS 85142 (lp) (1981) Columbia 476772-2 (cd) (1994)**

Rita Reys with The Pim Jacobs Trio featuring Johnny Griffin
Isn't it romantic (1979) / The touch of your lips (1979).
Verdere titels op deze albums zijn van: Swingcombo presented by Pim Jacobs, Louis van Dijk Trio, De Millers, Ann Burton en Pim Jacobs Trio.

Rita Reys / Pim Jacobs Collage CBS 85164 (lp) (1981) Columbia 476774-2 (cd) 1994)
That old feeling (1979) / Over the rainbow (1979) / My funny Valentine (1973) / Moonlight in Vermont (1973) / Everything happens to me (1979) / Two sleepy people (1973) / Here's that rainy day (1973) / Too marvellous for words (1979) / Fly me to the moon (1979) / Where or when (1973) / Poor Butterfly (1979) / My foolish heart (1979) / Mr. Wonderful (1979).

Collage Collection — **CBS 26638 (cd) (1985)**
One less bell to answer (1971) / Too marvellous for words (1979).
Verdere titels op dit album zijn van Rogier van Otterloo, Pim Jacobs, Toots Thielemans, Louis van Dijk, Wim Overgaauw, Ann Burton, Chris Hinze, Laurens van Rooyen, Thijs van Leer en Jan Akkerman.

RITA REYS SONGLIST

Alle songs in alfabetische volgorde met opnamejaar en titel van het album waarop ze te vinden zijn.

27 roses	1980	Liedjes van Toon
A day in the life of the fool	1967	Rita a Go-Go
A foggy day	1975	Sings George Gershwin
A foggy day in London town	1975	Met N.R.V. de wereld rond
After you've gone	1963	Yes sir, that's our baby/D. S. C. B.
After you've gone	1980	Jubilee concert/D.S.C.B. (niet uitgebracht)
A house is not a home	1971	Sings Burt Bacharach
Ain't he sweet	1963	Pim Jacobs Combo/Ph 433169 PE (ep)
Ain't he sweet	1963	Yes sir, that's our baby/D. S. C. B.
Ain't misbehavin'	1999	Lady strikes again/Rosenberg Trio
Alfie	1971	Sings Burt Bacharach
All my lovin'	1964	Pim Jacobs Combo/Ph 327685 JF (si)
All of you	1957	New voices/Mat Mathews
All of you	1999	Lady strikes again/Lex Jasper Trio
All or nothing at all	1999	Lady strikes again/Cor Bakker Trio
All the things you are	1992	American songbook vol 2 CD 2
All the way	1983	Memories of you
Alone together	2004	Beautiful Love
A nightingale sang in Berkeley Square	1999	Lady strikes again/Cor Bakker Trio
April in Paris	1975	Met N.R.V. de wereld rond
Ask yourself why	1972	Sings Michel Legrand
Autumn in New York	1987	Two for tea/Louis van Dijk

Autumn leaves	1961	Jazz pictures at an exhibition
Autumn leaves	1992	Tenderly
Avalon	1958	Two jazzy people/Bengt Hallberg
Basin street blues	1963	Yes sir, that's our baby/D. S. C. B.
Baubles, bangles and beads	1969	Today/Peter Knight Orch.
Baubles, bangles and beads	1992	American songbook vol 1 CD 1
Beautiful love	2004	Beautiful Love
Bewitched	1983	Memories of you
Bluesette	1964	Pim Jacobs Orch./Ph 327710 JF (si)
Bluesette	1964	Jazz Jamboree 64 Warsaw
Body and soul	1992	American songbook vol 1 CD 1
Brian's song	1973	zie: The hands of time (Brian's song).
Brazil	1963	Pim Jacobs Combo/Ph 433169 PE (ep)
Broadway	1960	Marriage in modern jazz
Broadway	1969	New Orleans Jazz Festival (niet uitgebracht)
But beautiful	2004	Beautiful Love
But not for me	1956	Cool voice 1/Wessel Ilcken Combo
But not for me	1960	Marriage in modern jazz
But not for me	1975	Sings George Gershwin
Cabin in the sky	1958	Two jazzy people/Bengt Hallberg
Call me	1967	Rita a Go-Go
Call me irresponsible	1965	Meets Oliver Nelson
Can't buy me love	1964	Pim Jacobs Combo/Ph 327685 JF (si)
Can't we be friends	1961	Jazz pictures at an exhibitian
Can't we be friends	1992	American songbook vol 1 CD 1
Charade	1998	Loss of love/Sings Henry Mancini
Cheek to cheek	1990	Swing & Sweet
Cherokee	1961	Jazz pictures at an exhibition
C jam blues	1980	Jubilee Concert/D.S.C.B.
Come back to me	1969	Today/Peter Knight Orch.
Come dance with me	1992	American songbook vol 2 CD 2
Come rain or come shine	1961	Boy's Big Band/VARA-radio
Come to Scheveningen	1968	Ruud Bos Orkest/Ph 334524 JF (si)
Cry me a river	1999	The lady strikes again/Stochelo Rosenberg
Dancing on the ceiling	1987	Two for tea/Louis van Dijk
Days of wine and roses	1998	Loss of love/Sings Henry Mancini
Day tripper	1967	Rita a Go-Go
Dear heart	1998	Loss of love/Sings Henry Mancini
'Deed I do	1953	Lasse Gullin Kvartett
'Deed I do	1985	Live at the Concertgebouw
Deep Purple	1983	Memories of you
Desafinado	1962	Pim Jacobs Combo/Ph 318841 PF (si)
Detour ahead	2003	Live in concert/Beets Brothers
Devil may care	2004	Beautiful Love
Dindi	1981	Sings Antonio Carlos Jobim
Dindi	1992	American songbook vol 1 CD 2
Do I love you	1990	Swing & Sweet
Don't explain	2004	Beautiful Love
Don't get around much anymore	1958	Two jazzy people/Bengt Hallberg
Don't get around much anymore	1963	Golden Circle Club
Don't get around much anymore	1963	Jazz Jamboree 63 Warsaw
Don't let me be misunderstood	1967	Rita a Go-Go
Do you know the way to San José	1971	Sings Burt Bacharach
Dreamsville	1998	Loss of love/Sings Henry Mancini
Early autumn	1983	Memories of you
Easy living	1963	Golden Circle Club
Easy to love	1963	Golden Circle Club
Easy to love	1992	American songbook vol 2 CD 1
Embraceable you	1975	Sings George Gershwin
Everything happens to me	1979	That old feeling
Exactly like you	1953	Ove Linds Sextett
Exactly like you	1963	Yes sir, that's our baby/D. S. C. B.
Falling in love with love	1957	Cool voice 2/Tom Dissevelt
Falling in love with love	1987	Two for tea (alleen CD-versie)/Louis van Dijk
Falling in love with love	1987	Once upon a summertime/Metropole Orch.
Fly me to the moon	1963	Pim Jacobs Combo/Ph 327503 JF (si)
Fly me to the moon	1963	Jazz Jamboree 63 Warsaw
Fly me to the moon	1964	Palaver '64
Fly me to the moon	1964	Jazz Festival Praag/Supraphon 0265 (ep)
Fly me to the moon	1979	That old feeling
Fly me to the moon	2003	Live in concert/Beets Brothers

From moment to moment	1998	Loss of love/Sings Henri Mancini
Frosty the snowman	1986	Have yourself a merry little Christmas
Georgia on my mind	1992	American songbook vol 2 CD 2
Get out of town	1963	Golden Circle Club
Get out of town	1963	Jazz Jamboree 63 Warsaw
Get out of town	1964	Jazz Festival Praag/Supraphon 0265 (ep)
Get out of town	1969	New Orleans Jazz Festival (niet uitgebracht)
Get out of town	1999	Lady strikes again/Lex Jasper Trio
Give me the simple life	1999	Lady strikes again/Lex Jasper Trio
God bless the child	1992	American songbook vol 2 CD 2
God rest ye merry, gentleman	1986	Have yourself a merry little Christmas
Goin' out of my head	1967	Rita a Go-Go
Gone with the wind	1956	Cool voice 1/Wessel Ilcken Combo
Gone with the wind	1992	American songbook vol 1 CD 1
Goodbye sadness	1967	Rita a Go-Go
Goody-goody	1963	Yes sir, that's our baby/D. S. C. B.
Have you met Miss Jones	1960	Marriage in modern jazz
Have yourself a merry little Christmas	1986	Have yourself a merry little Christmas
Here's that rainy day	1973	Our favorite songs
Here's that rainy day	1977	Once upon a summertime/Metropole Orch.
He's funny that way	1992	Tenderly
He's my guy	1957	Cool voice 2/Jan Corduwener
He's my guy	1992	American songbook vol 2 CD 2
Hey there	2004	Beautiful Love
Honeysuckle rose	1999	Lady strikes again/Rosenberg Trio
How deep is the ocean	1960	Marriage in modern jazz
How deep is the ocean	1992	American songbook vol 2 CD 1
How high the moon	1956	Mat Mathews (niet uitgebracht)
How insensitive	1981	Sings Antonio Carlos Jobim
How long has this been going on	1992	American songbook vol 1 CD 2
How soon	1998	Loss of love/Sings Henri Mancini
I can't give you anything but love, baby	1969	Mies in Carré/Willem Duys
I concentrate on you	1992	American songbook vol 1 CD 1
I could have danced all night	1992	American songbook vol 1 CD 2
I could write a book	1992	Tenderly
I cried for you	1956	Cool voice 1/Jazz Messengers
I cried for you	1963	Jazz Jamboree 63 Warsaw
I cried for you	1965	Congratulations in jazz
I cried for you	1985	Live at the Concertgebouw
I didn't know what time it was	1958	Two jazzy people/Bengt Hallberg
I don't want to play	1966	Pim Jacobs Combo/Ph JF 333594 (si)
If I should loose you	1992	American songbook vol 2 CD 1
If I were a bell	1965	Meets Oliver Nelson
I get a kick out of you	1961	Jazz pictures at an exhibitian
I get along without you very well	2004	Beautiful Love
I got plenty o' nuttin'	1964	Palaver '64
I got rhythm	1961	Boy's Big Band/VARA-radio
I hear music	2004	Beautiful Love
I'll be seeing you	1987	Once upon a summertime/Metropole Orch.
I'll be seeing you	1992	Tenderly
I'll never fall in love again	1971	Sings Burt Bacharach
I'll remember April	1992	American songbook vol 2 CD 1
Ill wind (you're blowin' me no good)	1956	Wessel Ilcken Combo/Ph 422080 PE (ep)
Ill wind (you're blowin' me no good)	1965	Meets Oliver Nelson
I loves you Porgy	1975	Sings George Gershwin
I love you	1963	Golden Circle Club
I love you	2003	Live in concert/Beets Brothers
I'm beginning to see the light	1965	Tunes van toen
I'm beginning to see the light	1999	Lady strikes again/Lex Jasper Trio
I'm getting sentimental over you	1960	Marriage in modern jazz
I'm getting sentimental over you	1969	New Orleans Jazz Festival (niet uitgebracht)
I'm getting sentimental over you	1969/'70	Wereldomroep
I'm getting sentimental over you	1992	American songbook vol 1 CD2
I'm glad there is you	1958	Two jazzy people/Bengt Hallberg
I'm gonna sit right down and write myself a letter	1961	Jazz pictures at an exhibitian
I'm gonna sit right down and write myself a letter	1963	Yes sir, that's our baby/D. S. C. B.
I'm old fashioned	1990	Swing & Sweet
I'm old fashioned	2003	Live in concert/Beets Brothers
I'm putting all my eggs in one basket	2004	Beautiful Love

I'm shadowing you	1999	Lady strikes again/Lex Jasper Trio
I never knew (that roses grew)	1956	Mat Mathews (niet uitgebracht)
In the wee small hours of the morning	1973	Our favorite songs
In the wee small hours of the morning	1992	American songbook vol 1 CD 2
In the wee small hours of the morning	2000	Songs of a lifetime/Lex Jasper
In the wee small hours of the morning	2003	Live in concert/Beets Brothers
I put a spell on you	1967	Rita a Go-Go
I remember Clifford	1961	Jazz pictures at an exhibitian
I remember Clifford	1963	Jazz Jamboree 63 Warsaw
I should care	1955	Jazz behind the dikes 2/Wessel Ilcken Combo
Isn't it romantic	1979	That old feeling
It could happen to you	1965	Meets Oliver Nelson
It could happen to you	1992	American songbook vol 2 CD 1
I thought about you	1990	Swing & Sweet
I thought about you	2003	Live in concert/Beets Brothers
It might as well be spring	1987	Two for tea/Louis van Dijk
It might as well be spring	2000	Songs of a lifetime/Lex Jasper
It's all right with me	1956	Cool voice 1/Wessel Ilcken Combo
It's all right with me	1965	Congratulations in jazz
It's all right with me	1985	Live at the Concertgebouw
It's a lovely way to spend an evening	1992	American songbook vol 2 CD 1
It's Christmas time	1986	Have yourself a merry little Christmas
It's mine after all	1957	New voices/Mat Mathews
It's only a papermoon	1992	Tenderly
I've got a crush on you	1999	The lady strikes again/Cor Bakker Trio
I've got my love to keep me warm	2004	Beautiful Love (niet uitgebracht)
I've got the world on a string	1960	Marriage in modern jazz
I've got you under my skin	1992	American songbook vol 1 CD 2
I've grown accustomed to his face	1992	American songbook vol 2 CD 1
I will wait for you	1972	Sings Michel Legrand
I wished on the moon	1987	Two for tea/Louis van Dijk
I wish you love	1999	The lady strikes again/Cor Bakker Trio
I won't dance	1992	American songbook vol 2 CD 2
Jij herinnert mij	1968	Ruud Bos Orkest/Ph 334524 JF (si)
Jingle bells	1963	Yes sir, that's our baby/DSCB (niet uitgebracht)
Just be you	1970	Bert Paige Orch./Ph 6012016 (si)
Just friends	1990	Swing & Sweet
Just in time	1990	Swing & Sweet
Just one of those things	1990	Swing & Sweet
Just one of those things	1994	Wim Overgaauw 65th Anniversary Concert
Keepin' myself for you	1957	Cool voice 2/Tom Dissevelt
Lazy kitten	1970	Bert Paige Orch./Ph 6012016 (si)
Lazy river	1963	Yes sir, that's our baby/D. S. C. B.
Let it snow! Let it snow! Let it snow!	1986	Have yourself a merry little Christmas
Like someone in love	1960	Marriage in modern jazz
Like someone in love	1992	American songbook vol 1 CD 2
Little boat [Barquinho]	1965	Pim Jacobs Combo/Ph 327938 JF (si)
Little girl blue	1983	Memories of you
Little girl blue	2000	Songs of a lifetime/Lex Jasper
Little white lies	1983	Memories of you
Lonesome road	1992	Tenderly
Loss of love	1998	Loss of love/Sings Henry Mancini
Love for sale	1958	Two jazzy people/Bengt Hallberg
Love for sale	1959	Romance in Jazz/VARA-draadomroep
Love for sale	1963	Jazz Jamboree 63 Warsaw
Love for sale	1965	Congratulations in Jazz
Love for sale	2003	Live in concert/Beets Brothers
Love is here to stay	1975	Sings George Gershwin
Lover man	1973	Our favorite songs
Lover man (where can you be?)	1990	Swing & Sweet
Lovers will meet	1956	Mat Mathews (niet uitgebracht)
Love walked in	1975	Sings George Gershwin
Lullaby in rhythm	1953	Lasse Gullin Kvartett
Lullaby of the leaves	1958	Two jazzy people/Bengt Hallberg
Make it easy on yourself	1971	Sings Burt Bacharach
Make it easy on yourself	1998	Once upon a summertime/Metropole Orch.
Mary Rose [Bloesem van seringen]	1956	Mat Mathews (niet uitgebracht)
Meditation (Meditacao)	1963	Pim Jacobs Combo/Ph 327503 JF (si)
Meditation (Meditacao)	1981	Sings Antonio Carlos Jobim
Melancholy baby, My	1963	Yes sir, that's our baby/D. S. C. B.
Memories of you	1983	Memories of you

Misty	1985	Live at the Concertgebouw
Mona Lisa	1992	Tenderly
Mood indigo	1963	Yes sir, that's our baby/D. S. C. B.
Moonglow	1963	Yes sir, that's our baby/D. S. C. B.
Moonglow	1980	Jubilee concert/D. S. C. B.
Moonglow	1983	Memories of you
Moonlight in Vermont	1956	Wessel Ilcken Combo/Ph 422080 PE (ep)
Moonlight in Vermont	1973	Our favorite songs
Moonlight in Vermont	1992	American songbook vol 1 CD 2
Moon river	1992	Tenderly
Moon river	1998	Loss of love/Sings Henry Mancini
More than you know	1969	Today/Peter Knight Orch.
Mr. Lucky	1998	Loss of love/Sings Henry Mancini
Mr. Wonderful	1979	That old feeling
My foolish heart	1979	That old feeling
My foolish heart	1992	American songbook vol 2 CD 2
My funny Valentine	1955	Jazz behind the dikes 1/Wessel Ilcken Combo
My funny Valentine	1965	Congratulations in Jazz
My funny Valentine	1973	Our favorite songs
My funny Valentine	1985	Live at the Concertgebouw
My one and only love	1956	Cool voice 1/Jazz Messengers
My romance	1990	Swing & Sweet
My ship	1992	Tenderly
New fashioned waltz	1966	duet met Rob de Nijs/Ph JF 333519 (si)
No moon at all	1960	Marriage in modern jazz
Never, never land	1999	Lady strikes again/Lex Jasper Trio
Oh, Lady be good!	1975	Sings George Gershwin
Old devil moon	1957	Cool voice 2/Tom Dissevelt
Old devil moon	1992	American songbook vol 1 CD 2
On a clear day you can see forever	1969	Today/Peter Knight Orch.
Once again (Outra vez)	1981	Sings Antonio Carlos Jobim
Once I loved (O amor en Paz)	1981	Sings Antonio Carlos Jobim
Once upon a summertime	1972	Sings Michel Legrand
Once upon a summertime	1998	Once upon a summertime/Metropole Orch.
One less bell to answer	1971	Sings Burt Bacharach
One note samba	1962	Pim Jacobs Combo/Ph 318841 PF (si)
On Green Dolphin Street	1965	Congratulations in Jazz
On Green Dolphin Street	1969	New Orleans Jazz Festival (niet uitgebracht)
On green dolphin street	2003	Live in concert/Beets Brothers
Only a moment ago	1957	Cool voice 2/Jan Corduwener
Our language of love	1969	Today/Peter Knight Orch.
Our love is here to stay	1992	Tenderly
Over the rainbow	1953	Lasse Gullin Kvartett
Over the rainbow	1979	That old feeling
Over the rainbow	1992	American songbook vol 1 CD 1
Paper maché	1971	Sings Burt Bacharach
People will say we're in love	1987	Two for tea/Louis van Dijk
People will say we're in love	1999	Lady strikes again/Cor Bakker Trio
Pick yourself up	1983	Memories of you
Pieces of dreams	1972	Sings Michel Legrand
Please be kind	1957	Cool voice 2/Jan Corduwener
Please don't talk about me when I'm gone	1985	Live at the Concertgebouw
Poor butterfly	1961	Jazz pictures at an exhibitation
Poor butterfly	1979	That old feeling
Poor butterfly	1985	Live at the Concertgebouw
Prelude to a kiss	1958	Two jazzy people/Bengt Hallberg
Quiet night of quiet stars [Corcovado]	1965	Meets Oliver Nelson
Quiet night of quiet stars [Corcovado]	1981	Sings Antonio Carlos Jobim
Quiéreme mucho	1976	Willy Alberti ziet Abraham/Duet
Raindrops keep fallin' on my head	1971	Sings Burt Bacharach
Remember	1979	That old feeling
Satin doll	1965	Meets Oliver Nelson
Satin doll	1992	American songbook vol 1 CD 2
Say no more [Mas que nada]	1967	Rita a Go-Go
Second time around	1992	American songbook vol 1 CD 1
September in the rain	1992	American songbook vol 1 CD 1
She's funny that way	1953	Lasse Gullin Kvartett
Side by side	1966	duet met Rob de Nijs/Ph JF 333519 (si)
Sing a rainbow	1969	Today/Peter Knight Orch.
Sing a rainbow	1992	American songbook vol 2 CD 1
Skylark	1987	Two for tea/Louis van Dijk

Skylark	1987	Once upon a summertime/Metropole Orch.
Skylark	1990	Swing & Sweet
Skylark	2003	30 Jaar Sesjun
Slow hot wind	1998	Loss of love/Sings Henri Mancini
Smile	2004	Beautiful Love
Smoke gets in your eyes	1987	Two for tea
Só danço samba	1981	Sings Antonio Carlos Jobim
Solitude	1963	Yes sir, that's our baby/D.S.C.B.
So many stars	1990	Swing & Sweet
Someone to watch over me	1975	Sings George Gershwin
Song of the Sabia	1981	Sings Antonio Carlos Jobim
So nice [Summer samba]	1967	Rita a Go-Go
Soon	1975	Sings George Gershwin
Soon	1998	Once upon a summertime/Metropole Orch.
Soon it's gonna rain	1969	Today/Peter Knight Orch.
Soon it's gonna rain	1970	Once upon a summertime/Metropole Orch.
Soon it's gonna rain	1992	American songbook vol 1 CD 2
Sophisticated lady	1963	Golden Circle Club
Sophisticated lady	1964	Jazz Festival Praag/Supraphon 0265 (ep)
Speak low	1961	Jazz pictures at an exhibitian
Speak low	1992	American songbook vol 2 CD 2
Spring can really hang you up the most	1957	Cool voice 2/Tom Dissevelt
Spring can really hang you up the most	1965	Congratulations in jazz
Spring can really hang you up the most	1973	Our favorite songs
Spring will be a little late this year	1956	Cool voice 1/Jazz Messengers
Spring will be a little late this year	1965	Congratulations in jazz
Spring will be a little late this year	1992	American songbook vol 2 CD 2
Stardust	1958	Two jazzy people/Bengt Hallberg
Star eyes	1957	Cool voice 2/Tom Dissevelt
Star eyes	1992	American songbook vol 2 CD 1
Stars fell on Alabama	1992	American songbook vol 1 CD 1
Stella by starlight	1963	Golden Circle Club
Stompin' at the Savoy	1963	Golden Circle Club
Stompin' at the Savoy	1963	Jazz Jamboree 63 Warsaw
Stompin' at the Savoy	1992	American songbook vol 2 CD 1
Summertime	1960	Marriage in modern jazz
Summertime	1964	Jazz Jamboree 64 Warsaw
Summertime	1965	Congratulations in jazz
Summertime	1975	Sings George Gershwin
Sunny	1967	Rita a Go-Go
Taking a chance on love	1956	Cool voice 1/Jazz Messengers
Tangerine	1961	Jazz pictures at an exhibition
Tea for two	1987	Two for tea/Louis van Dijk
Teach me tonight	1992	American songbook vol 2 CD 2
Tenderly	1992	Tenderly
Thanks for the memory	1992	American songbook vol 1 CD 1
That old black magic	1956	Cool voice 1/Jazz Messengers
That old black magic	1958	Alles op één plaat/Jos Cleber Cosmopolitain
That old black magic	1965	Congratulations in jazz
That old feeling	1979	That old feeling
That old feeling	1992	American songbook vol 2 CD 1
That's all	1990	Swing & Sweet
The bell that couldn't jingle	1986	Have yourself a merry little Christmas
The boy from Ipanema	1965	Congratulations in jazz
The Christmas song	1986	Have yourself a merry little Christmas
The Christmas waltz	1986	Have yourself a merry little Christmas
The days of wine and roses	1992	American songbook vol 2 CD 2
The first Noël	1986	Have yourself a merry little Christmas
The folks who live on the hill	1992	American songbook vol 1 CD 1
The hand's of time [Brian's song]	1972	Sings Michel Legrand
The hand's of time [Brian's song]	1973	Once upon a summertime/Metropole Orch.
The look of love	1969	Today/Peter Knight Orch.
The moment of truth	1969	Today/Peter Knight Orch.
The man I love	1975	Sings George Gershwin
The man I love	1992	American songbook vol 1 CD 2
The music goes 'round and around	1963	Yes sir, that's our baby/DSCB (niet uitgebracht)
The music goes 'round and around	1963	Jazz Jamboree 63 Warsaw
The music goes 'round and around	1964	Pim Jacobs Orch./Ph 327710 JF (si)
The nearness of you	1959	Romance in Jazz/VARA draadomroep
The nearness of you	1973	Our favorite songs
The nearness of you	1987	Two for tea [alleen CD versie]/Louis van Dijk

The old fashioned way	1990	Swing & Sweet (op Nikkelen Nelis CD-box)
There is no greater love	1957	Cool voice 2/Jan Corduwener
There'll never be another you	1955	Jazz behind the dikes 2/Wessel Ilcken Combo
There'll never be another you	1965	Congratulations in jazz
There'll never be another you	1992	American songbook vol 1 CD 1
There's always something there to remind me	1971	Sings Burt Bacharach
There's a small hotel	1953	Ove Linds Sextett
The second time around	1965	Meets Oliver Nelson
These foolish things	1992	American songbook vol 1 CD 2
The shadow of your smile	1966	Pim Jacobs Combo/Ph JF 333594 (si)
The shadow of your smile	1983	Memories of you
The shadow of your smile	1994	Wim Overgaauw 65th Anniversary Concert
The shadow of your smile	2003	Live in concert/Beets Brothers
The song is you	1957	Cool voice 2/Tom Dissevelt
The song is you	1992	American songbook vol 2 CD 1
The song is you	2003	Live in concert/Beets Brothers
The star Carol	1986	Have yourself a merry little Christmas
The summer knows	1972	Sings Michel Legrand
The things we did last summer	1992	American songbook vol 2 CD 1
The touch of your lips	1979	That old feeling
The touch of your lips	1992	American songbook vol 2 CD 2
The very thought of you	1965	Meets Oliver Nelson
The way you look tonight	1963	Golden Circle Club
The way you look tonight	1987	Two for tea/Louis van Dijk
The way you look tonight	1987	Once upon a summertime/Metropole Orch.
The way you look tonight	1990	Swing & Sweet
The windmills of your mind	1972	Sings Michel Legrand
The windows of the world	1971	Sings Burt Bacharach
They can't take that away from me	1975	Sings George Gershwin
They can't take that away from me	1992	Tenderly
They didn't believe me	1957	Cool voice 2/Jan Corduwener
The years of my youth	1972	Sings Michel Legrand
They long to be close to you	1971	Sings Burt Bacharach
They say that fallin' in love is wonderful	1992	American songbook vol 1 CD 1
This girl's in love with you	1971	Sings Burt Bacharach
This happy madness (Estradabranca)	1981	Sings Antonio Carlos Jobim
Thou swell	1960	Marriage in modern jazz
Thou swell	1960	1er Fest. Europ. Antibes Juan les Pins
Thou swell	1985	Live at the Concertgebouw
Thou swell	1992	Tenderly
Too little time	1998	Loss of love/Sings Henry Mancini
Too close for comfort	1960	Marriage in modern jazz
Too close for comfort	1992	American songbook vol 2 CD 1
Too marvelous for words	1979	That old feeling
Triste	1981	Sings Antonio Carlos Jobim
Try a little tenderness	1992	American songbook vol 2 CD 2
Two for the road	1998	Loss of love/Sings Henry Mancini
Two sleepy people	1973	Our favorite songs
Two sleepy people	1992	Tenderly
Under a blanket of blue	2004	Beautiful Love
Venus bespied	1959	Pim Jacobs Trio/Ph 318326 PF (si)
Violets for your furs (You brought me)	1987	Two for tea/Louis van Dijk
Violets for your furs	1987	Once upon a summertime/Metropole Orch.
Waltz for Debby	1965	Congratulations in Jazz
Waltz for Debby	1992	American songbook vol 1 CD 2
Watch what happens	1972	Sings Michel Legrand
Watch what happens	1985	Live at the Concertgebouw
Watch what happens	2003	Live in concert/Beets Brothers
We	1997	Loss of love/Sings Henry Mancini
What a difference a day makes	1992	American songbook vol 1 CD 1
What are you doing the rest of your life	1972	Sings Michel Legrand
What'll I do	1992	American songbook vol 2 CD 2
What's new	1961	Jazz pictures at an exhibitian
What's there to say	2004	Beautiful Love
What the world needs now is love	1969	Today/Peter Knight Orch.
When I fall in love	1973	Our favorite songs
When I fall in love	1983	Memories of you
When I look in your eyes	1969	Today/Peter Knight Orch.
When I take my sugar to tea	1987	Two for tea
When I take my sugar to tea	2000	Songs of a lifetime/duet Rita Reys-Leila Jacobs

When sunny gets blue	2004	Beautiful Love
When the blues come on	1957	New voices/Mat Mathews
Where are you	1957	Cool voice 2/Jan Corduwener
Where is the love	1972	Sings Michel Legrand
Where or when	1973	Our favorite songs
Where or when	1992	Tenderly
Whisper not	1965	Congratulations in jazz
Whistling away the dark	1998	Loss of love/Sings Henry Mancini
White Christmas	1986	Have yourself a merry little Christmas
Willow weep for me	1960	Marriage in modern jazz
Willow weep for me	1964	Jazz Festival Praag/Supraphon 0265 (ep)
Willow weep for me	1964	Jazz Jamboree 64 Warsaw
Willow weep for me	1969	New Orleans Jazz Festival (niet uitgebracht)
Willow weep for me	1992	American songbook vol 2 CD 2
Winter Wonderland	1986	Have yourself a merry little Christmas
Wives and lovers	1965	Meets Oliver Nelson
Yes sir, that's my baby	1963	Yes sir, that's our baby/D. S. C. B.
Yes sir, that's my baby	1980	Jubilee concert/D. S. C. B.
Yesterday	1965	Pim Jacobs Combo/Ph 327938 JF (si)
You brought me violets for my furs	1987	zie: Violets for your furs
You'd be so nice to come home to	1956	Cool voice 1/Jazz Messengers
You'd be so nice to come home to	1965	Congratulations in jazz
You'd be so nice to come home to	1992	American songbook vol 1 CD 2
You'd better love me	1969	Today/Peter Knight Orch.
You don't know what love is	1965	Meets Oliver Nelson
You do something to me	1999	Lady strikes again/Cor Bakker Trio
You go to my head	1963	Golden Circle Club
You go to my head	1992	American songbook vol 2 CD 1
You must believe in spring	1992	American songbook vol 1 CD 1
You're my everything	2004	Beautiful Love
You're the cream in my coffee	1987	Two for tea
You stepped out of a dream	1957	New Voices/Mat Mathews
You stepped out of a dream	1963	Golden Circle Club
You took advantage of me	1992	Tenderly
You turned the tables on me	1999	Lady strikes again/Cor Bakker Trio
Zon in Scheveningen	1959	Pim Jacobs Trio/Ph 318326 PF (si)

Namenregister